U0101125

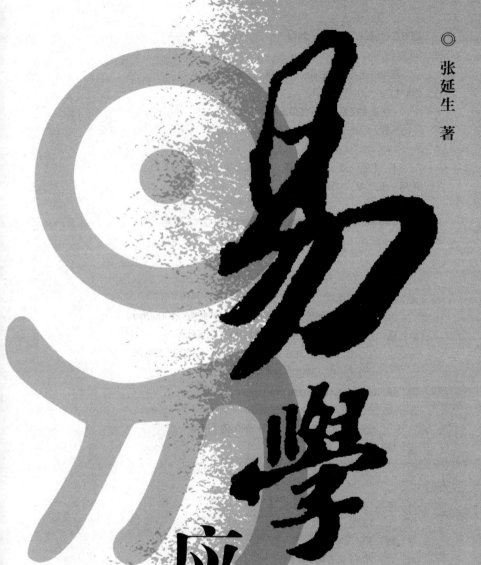

◎ 张延生 著

易學

应用

团结出版社

UNITY PRESS

图书在版编目（CIP）数据

易学应用 / 张延生著 . -- 北京：团结出版社，
2004.06（2023.4 重印）
　（生活易经系列 / 韩金英主编）
　ISBN 978-7-80130-715-6

Ⅰ . ①易… Ⅱ . ①张… Ⅲ . ①象数之学 – 基本知识②
周易 – 研究 Ⅳ . ① B221.5

中国版本图书馆 CIP 数据核字 (2004) 第 021578 号

出　　版：团结出版社
　　　　　（北京市东城区东皇城根南街 84 号　邮编：100006）
电　　话：（010）65228880　65244790（出版社）
　　　　　（010）65238766　85113874　65133603（发行部）
　　　　　（010）65133603（邮购）
网　　址：http://www.tjpress.com
E-mail：zb65244790@vip.163.com
　　　　　tjcbsfxb@163.com（发行部邮购）
经　　销：全国新华书店
印　　装：三河腾飞印务有限公司

开　　本：145mm×210mm　32 开
印　　张：13.5
字　　数：307 千字
版　　次：2004 年 6 月　第 1 版
印　　次：2023 年 4 月　第 15 次印刷

书　　号：978-7-80130-715-6
定　　价：36.00 元

现代**易经**

张延生

讲课实录

济南中国易学研究会成立大会 1989 年 5 月

临汾办班 1997 年 11 月

中国针灸协会易学班 1991 年 8 月

在吉林市委举办讲座 1993 年 1 月

南通易学报告会 1992 年 6 月

中美易经与中医学术研讨会 1998 年 10 月北京

第三届海峡两岸周易学术研讨会 1997 年 8 月北京

作者简介

　　张延生，教授、工程师。男，汉族，1943 年 3 月出生于陕西省延安市瓦窑堡，山东省滕县人，1969 年毕业于北京航空学院发动机工艺系工艺专业。曾任北京航空学院机械厂机加车间钳工班钳工、厂部技术室数控及光电跟踪加工技术与设备的助理工程师、工程师，光明中医函授大学易学教研室主任、教授。曾兼任中国周易研究会副会长、中华名人协会理事、中国医学气功研究会理事、北京中医学院大学生手诊研究协会顾问等职。现任中华易学大会主席、中华周易协会会长兼学术委员会主任，并被数十家企事业单位聘为决策或指导顾问。

　　作者易学特长：象数、易理、义理、易医、应用。

　　作者在北京航空学院上学期间，常背着其父亲首创的"经络测定仪"给人测试诊断，以求经络实质再探。1976 年开始研究气功养生；1979 年研究人体"特异"现象，继接国家任务；1981年始研《易》，后合作发表《弯曲的多维空间及超空间作用力》等论文，引起学术界重视；1987 年入选中国科技馆在香港举办的"中国古代科技展暨现场表演团"，代表中国大陆，中医养生界现场演示（包括"手诊气色形态诊断法"）及学术讲演三个月有余，受到新华社表扬，其事迹为多国与地区电视台、广播电台以及近百种书刊杂志主动专题推介；1988 年出任电视连续剧"师魂"的制片总顾问。与剧组人员共同努力，使该片达到原定目标——1989年荣获"金鸡奖"的头等奖。

主要研究与应用业绩：

在研制无人高空侦察机关键部件、6000吨橡胶压力机、舞台及室内拍摄灯光数控一体化以及光电跟踪、数控等加工工艺技术等方面，均取得重要成果。特别是在研《易》过程中，屡经困惑之忧、顿悟之喜，终于弃传统之法暂不用，自拓学径。即不从训诂、经文辞句入门，而自"象数"开窍、实践中寻理；汇现代科学、技术，反馈研探实践。累30多载心血，精聚体验，汇论己见，不仅探索出学《易》捷径——一套科学的易简学习方法和思维方式，并在领悟中医药、经络、人体科学、传统文化并哲学思想及"象数"易学及其相应"易学"真谛方面，更具独特见地、成果和创新体系。1983年，参与创办"光明中医函授大学"，（李德生、崔月犁任名誉校长，吕炳奎任校长），并于该校任教。同年，在国内率先开始义务传授推广以"气血、颜色、形态"为基础的"望手诊断"的方法。1985年起，于国内外开始开展办学、讲演、学术交流活动，至今已教授学员三万有余、听众近50多万人次，期望易理再探，易华重现。1988年经北京市教育局核准，率先于国内创办起全国性的光明中医函授大学"易经函授班"，学员3000人。自编、统筹易学教材17种、13册、300多万字，既有古《易》原经、原文、原著，又有当今现代科学相应易学论文及论著。率先添补了我国"社会办学"在相应易学教育方面的空白。为了回报与支持"山东大学周易研究中心"的工作，将其提供的所有教材及参考文章（包括版本的复印件），均按当时（1985年）每千字30元的最高稿酬的方式，予以支付，并且由《周易研究》杂志首期发行始，执意作为"易经班"的辅助教材，每期固定订阅3000册（保本）的方式，予以支持。

其后，本人相继出版并发行了：

《易学思想概说——张延生演讲录》《心易》《炁易》《气功与手诊（珍藏版）》《易学入门》《易学应用》《易与和谐》《易象及其延伸——易象延》（上中下三册）《易理数理（一）》《易理数理（二）》《易理数理（三）》《象数易学与应用》（上下两册）、《象数易学与逻辑》《象数易学与逻辑（续）》《易象及其延伸——易象延》（修订版共五册）等15部（22本）著作与《易经与气功》录音带一套（上下集两盘）。

在国际国内的学术会议上，发表了：

"易学象数理论是卦象象爻辞的依据""易学象数理论在医学临床中的应用""研学易学的方法和途径""传统文化中相对平衡相对稳定系统的寻求""是否重视考虑使用繁体象形文字表述系统""'文王重卦说'是又一次确定六十四卦的表述功能""现今研习易学存在的思路问题""由《周易》'病''疾'之爻辞看其象数概念的一斑""'易学'与'数术学'促进了中国数学的发展""应重视'数字筮符'到'几何卦形'的确立与发展""应重视'易理'及传统分类学的研究与发展""应重视'易理'（非'义理'）的研究与发展""对'叁伍以变'的某些认识""八卦卦象与疾病的对应关系""对'错综其数'之'错'，的某些认识""对'错综其数'之'综'的某些认识""简论'儒''老'之'道'内涵的一些认识""分析'大衍筮法'判断的准确性和可能性""对《易》中'和'与'合'之义的某些认识""对'象数易学'中象、数、理、实践之间关系的某些认识""对《易》

中'合''和'之义是创新基础的某些认识""由《二三子》篇中的'其占曰'所想到的""对孔子及其思想需要重新认识""由数或数字起卦的某些方法""某些应用实例的象数与判断结果的分析""由非《易林》排序4096卦各卦所对应的'函象'及其位置所想到的'复合时空论'思想""写作《象数易学与逻辑》一书的出发点与目的"""象数易学'是如何解决寻找不同事物间的同一性问题的""对三至六爻同类型易卦相互作用时，在'象数'计算中表现出的准确率的认识""度量衡与卦、数及其本质性质状态的对应关系"（含六十四卦各卦的具体对应结构模式和具体数据值）"'象数易学'数理表述方法的'合''和''以变，特点"""象数易学，与'十八届三中全会'某些对应内容的本质关系""写作《象数易学与逻辑》及《象数易学与逻辑（续）》集的某些缘由与目的"""象数易学工程学'对'社会主义核心价值观'的某些认识"等数十篇易学功底深厚，揭"象数易学""象数易学工程学""易理学"（含某些正确的"义理学"内容）"易医学""易学象数学""科学易""易科学""现代易"精髓，且影响深远的论文。由于"发古人之未发，言今人之未尽之意"，故引致同仁们高度的好评，并统称其是"象数易学"的"延生易"的独特独创体系和新兴的一门易学学科与领域。

1997年在"东方网景"网络"传统与现代"栏目中，率先开设"延生学苑"专栏，重点宣扬"中国传统文化中相对稳定、相对平衡系统的寻求"以及相应易学及其"象数"方面的基础知识和思想方法。1999年与学员在加拿大多伦多市创立"多成易学会"，并于次年1月在多伦多市举办"多成易学会首届国际易学研讨会"同年创办"多成易学会网站"（www.duosuccess.com），用中英文宣扬中华传统文化及中医、养生等方面的精华。2001年在"太极易"（www. Taichie. Com）网站，再次开设"延生学苑"专栏，专门宣扬中华文化的根基——"象数易学"的以"象数"为根本，为主的相应"易学"文化。2004年春节前在该网站公开发表了，对2004年至2023年期间，世界主要大"运气"的走向与发展大趋势的预测，并强调地指出了：在此其间，中国的东北及其周边所形成的东北亚地区（包括朝鲜、韩国、日本、俄罗斯东部），将形成对未来20年世界政治、经济、军事等起着一定决定性作用的很重要的地区等的宏观预测；此外，还运用自己独创的"象数易学场效应"理论，指导"首钢"香港合资公司徽标（logo）的造型设计；协助策划确定"tom.com"网络公司名称及上市（含退市）时机等。在2006年出版的《易与和谐》一书的前言与内文中一再告诫人们：世界众多发达国家的经济衰退即将到来，2009年"要提防出现类似于2003年的'非典'疫情"等先期性预报等。在2016年与学生开办"象数易学与应用"微信公众号，首次对外发布一系列学术视频讲座等。

此外，对相应易学探讨、研究与应用，作出了破除迷信的"象数易学""象数易学工程学""易理学""科学易""易科学""现代易"等方面的诸多重要的贡献，并将该成果与体系演化成了一种当今新兴的"象数易学"学科及其"工程学"学科和领域，为今后在中国科学院成立"象数易学工程院"做好"象数易""科学易""现代易"诸方面前期的铺垫和准备。

其间：

（1）论证了中国古代"象数易学"的科学性及其某些发展脉络，以及恢复与发展中国古代"象数易学"原貌的必要性和现实意义；

（2）指出了历史上儒家对"易学象数学"特别是对"象数易学"的部分认识误区和基本缺陷——只要是把儒家"形而上"的"义理""易传"等理论与思想，与大量的自然科学规律相结合、相对比较相印证时，往往就会发现其相应的必然性认识与表述方面的诸多缺陷。因为自然事物及其自然科学、技术都有其自己的发展变化和相应而确定的自适应规律（是事物自身与时间对应的变化规律、生物体内生物钟与客观时间相应而自然产生的自适性结果），它不会是仅按照封建统治者意识形态的"形而上"需要而相应地发展，变化自己的适应性规律的；

（3）经过30多年的研究与实践，探索出了一套学习、研究、应用"象数易学"及其相应易学"易理"的独特而简易、有效且与现代科学、技术、工程、政治、经济、军工、生活、工作、文教、外交、党建等许多领域相结合的"延生易"的认识与表述的很多成套及系统性方法，并在长期的客观实践中，取得一系列成果，而且在易学界破除迷信的工作中，作出了"易理易"（不仅是"义理易"）"科学易""易科学""工程易""现代易"诸方面的贡献；

（4）论证了"象数易学"思维模式与方法及其相应易学思想，对于构建和谐社会与和谐世界的重要意义，以及"象数易学"及其相应易学思想中，易卦、易爻的"以变""合""和""统一""融和"（不是"融合"）"同一性"等发展观，是如何对应与指导我们"科学发展""马克思主义中国化""中国特色的社会主义"以及"有机辩证统一思想为主。形式与无机辩证统一思想相辅"的"世界观""方法论""认识论"等方面的创新思路及结果获取的诸多模式和一些系统性的成套的解决方法和方案；

（5）在以上研发的基础上，建立了以易卦自身"符号学"（含数字型、阴阳爻卦型、方位结构分布型、多层型、组合型、集合型、复合型、类集集合型等）为基本根据的"象数易学"自身所自然具有的一系列"易理学"理论、方法及思想的"延生易"的认识与表述体系（仍含有某些正确的相应《周易》"义理学"和"易学象数学"的"象数学"内容）。而且在"易理学"的内涵方面，在继承与发扬了传统"象数易学""易理学""易学象数学""义理学"等原有正确的表述特点及功能外，更是具备了能广泛深入地继承、学习、研发、弘扬及表述过去、现在及未来等，对各种事物进行"公式"性认识与表述的"卦变""爻变""象变""数变""象数变""符变""位变""性变""质变"等的发展变化状态、关系及其相应规律，以及在"自然科学""社会科学""人文学术"等诸多学科、领域方面的与"时间逻辑学"紧密相关联的"类集集合论"（含"历史集合"）在"分类本质定性学"基础上的认识与表述的"组合学"在"系统论""整体论"方面的认述功能（含"过程学""比较学""时间逻辑学"等）和作用——其中，并不仅仅仍是保持了"象数易学"及相应易学其原有的"命运关怀"的功能与作用，以及运用这些"象""数""理""实践"等学问的基本知识和经验，仍然还可以专门用来理解及解释《易经》《周易》《周易大传》及其儒家在此基础上的各种衍生作品的卦、彖、象、爻、辞、传、句、章等的诠释学方面的功能和作用；

（6）在以上认识的基础上，"延生易"又创立了：在"一阴一阳之谓道"的"对应统一"世界观启导下的"本体论"思想方法论的："阴"≡"阳"或"阳"≡"阴"（即 A=A）的与"形式逻辑"直接对应的易卦、易爻、易象、易数、易符等对应性的认识与表述功能及体系，以及"阴"≠"阳"或"阳"≠"阴"（即 A≠A）的与"有机辩证逻辑"直接对应的易卦、易爻、易象、易数、易符等的各自及其组合的认识与表述功能及体系。其中，卦爻组构的"几何"空间状态及其"过程学"与"时间逻辑学"和"时间易学"的"时空统一"的"延生易"的对应认识与表述体系及方法，使"象数易学"及其"易理学"（不仅是"义理学"），形成了以"形式逻辑"与"辩证逻辑"统而为一的"有机辩证统一逻辑"的"天地生合一"（含人）的认识与表述的"系统论""整体论"体系和方法。即是说，形成了数、卦、象、场、信息、能量、结构、状态、本质的"大一统"的系统性认识与表述的模式和体系。也就是说，数即是卦；卦即是场、态；场、态即是能量与状态；状态即是象；象即是信息；信息即是数与卦；信息即是数与卦都有其各自相同或不同的本质——该九者之间的关系，是相互联系着的，是不可也不可能完全分开的"统一场论"的相互作用（情感）关系——知道其中任何一项的信息、数据或结果，都能相应地推导出其他任何一项所直接或间接相对应的信息、数据与结果。

故而，张延生教授进一步倡导并提出了：我们当前研发"延生易"及其"象数易学"的主要目的，是期望在中国传统文化推导方法的精华与西方现代科学推演（演绎）及归纳方法的精华组合中，构建起某些互通性的以有机辩证思想为主体并辅以与无机辩证思想和形式思想相结合的归纳、统一、"合和"与推演（演绎）、分解、"以变"的认识与表述的（比较、对比）平台和模式——使有自然科学背景的广大读者和好研学易者，了解、接近、接受"象数易学"及其相应的易学思想；使有传统文化背景的读者和好研学易者，在尽量不违背正确传统表述内涵、意义、方法的基础上，能科学化地掌握与运用"象数易学"及其相应易学的思想与方法——借以启发大家如何在优秀传统文化精华的"中国特色"前提下，来解决一些文化、思维、精神、价值及哲理等许多方面的世界观、方法论、认识论等诸多方面认识、表述与实践的一些"时间集合"（含"历史集合"）"类集集合""象数集合""复合空间集合""复合时空集合""多宇宙集合""时空统一集合"等等的系统性、整体性思想和理论的一些具体、针对与抽象的对应结构模型、数理及其相对应的种种"理性与形象思维必须对应结合且相互印证"的根据等问题。

同时，张延生教授依然希望：我们应当在这个举世文化，似乎正在披靡于西方文化的（盲从）时代，仍能为我们中华民族的优秀文化及其传统思想和方法的精华，留下正常思维、理性及批判性思维的种子和弘扬的机会——绝不能再让那些打着"反伪科学"幌子和旗号的自身确实又是"伪科学"者的各类人物，仍以违反"科学探索"认识与表述精神和思想的胡搅蛮缠的"违科学"的言行，继续再猖狂自大了！

只有"文化创新乃至革命"，才是"科学随文化的发展而发展"的"科学发展观""开放""创新"思路及思想的根本的理性与实践的基础——也是我们"象数易学强中华，象数易学化天下"的最终目标，所以能达到的"有机辩证对应统一"哲理思想和认识与表述方法一贯得以支撑与实现的根基。

目　录

现代易经讲课实录

易经讲堂

现代易经讲课实录

前　言

　　《周易》成书于三千年前。当时的思维方式、语言及其表达方式等都与现今有很大的差异。有的人建议用马克思列宁主义的思想来解释易经。我说先算了吧！咱先别那么去硬套。为什么？因为差着几千年的行市呢。马克思列宁主义产生才是近百年的历史。与我们三千年前的思想方法、思维方式等有一些共同之处，但毕竟不同的民族及年代，其文化、思想、思维模式等都不可能是完全一样的。否则就不称其为一个民族了。因此，我认为，咱们应该认真的先体会体会，老祖宗是怎么用易学思想来认识世界、改造世界及自我的。然后，再回过头来跟马列主义思想相结合。这样才有可能把马列主义充实和发展。这样做是比较符合当今时代发展的需要的。

　　要想真正地了解及掌握易学思想，了解易学的真实内涵及内容，就必须尊重它原来的一些思维逻辑的特点、语言文字的特点、一些思想方法的特点等。因此，首先应该掌握易学中当时各种专用的术语及其意思。很多人看不明白《易经》，很大程度可能就跟不懂这些术语有关。

　　如《易》中曰："应五据初"。

　　你说这是什么意思？

　　如不懂得"爻位之象"及其中"应"、"据"等术语的意思，就跟本无法合理的解释其内容及其哲学内涵。

实际它是通过利用语言的方法，把卦象、卦爻、爻与爻之间的辩证关系告诉给了大家。而且，用的是非常精炼的语言。因为在用语言和文字的交流过程中，不可能处处都在刻画那些个卦画或刻画那个卦形。古时候出书制版很困难。雕刻那些卦画很费事。于是才想出了个用语言、文字、术语进行表达卦、象、爻的方法。这也是符合我国传统文化、传统思想和易学大内涵思想的"易简"要求的。

卦象内涵着卦象的哲理，变化的哲理，思想方式、方法的规律等。那么这些思想方式、方法就表现在它的爻变、卦变及卦象的变化上。这就如同我们当今的数学、几何、物理等领域中的定义、定理、定律、规则、法则、转换公式、规律等一样。当你这些定理掌握了以后，你就可在各个方面灵活地去运用这些定理。按照这些定理的要求、规定等进行推导，即使是很复杂的事物或事物系统，都可以得出简明准确的结果。

《易经》也是如此，也有自己的定理、规则等转换公式及定律的。

有很多人一开始学"易"就直接读《易经》原文，反而不知其所然。就是因为经文中内涵着的很多基本特点和它的定理、定义、规则之类没搞清楚所至。因此，读起《易经》来，往往不知道其文中卦、象、象、爻辞是从哪里来的。故而，更不知其实际意义。

所以，咱们从下面开始，先讲讲构成《易经》表述模式基础的各种"象"法。

所谓"象"呢，

《周易大传》中是这样讲的：

"易者，象也。象也者，像也。""观象系辞，圣人则之。""八卦成列，象在其中矣。""圣人有见天下之颐，而拟诸其形容，象其物宜，是故为之象。"

以此看来，也就是说《易经》中的"象"，能够充分反应《易经》的本质规律。也就是说，《易》"象"变化的思想、思路、方法、原则及规律等，是易学构成的最最基础的概念。假若"易象"内涵不懂得话，那就无从来理解《易经》中的道理了。而且，"象"还是把实践和理论联系起来的一个很重要的基本因素。

所以，我在研《易》的过程中是特别注重"象"的。

有人问："张老师，你属不属于易学'象数派'？"

我对"象数"很有兴趣，同时也对"易理"有同样的兴趣，对实践更有兴趣。不管是侧重"象数"，还是"易理"什么的，反正我认为"理、象、数、（占）实践"这四个方面，哪个方面都不能丢！也不能偏废。因为，它们四者结合是"易学"认识论的全面、完整、统一的全过程，缺一不可。

就卦象来说，一般的"象"就其大的特性方面，大概可以分为八种类型的卦爻象。

这八种类型的卦爻象中，又分出了许多的卦爻象。

所谓的这些卦爻象，是指易学中一些思维及思想的方式和方法。你知道某个卦名下的这些画（阴爻和阳爻）代表什么吗？这个卦代表什么，那个卦代表什么，都是些什么意思等等，首先，就必须得知道各种卦爻象所反映和表述的那些道理。

下面分别介绍这八大类型"象"的具体内容及规律。

第一课　九种卦象概述

第一节　八卦之象

"八卦之象"，就是咱们曾经讲过的八种场、五种态所表述的事物的规律性。

"八卦之象"具体的讲，指的是什么呢？

比如：乾（☰）卦为"健全"、"纯粹"、"圆满"等意。

它可表示：为马、为圆、为天、为君、为父；为良马、老马、驳马、瘠马等；为金、为玉、为点、为面、为球等。这就是乾卦所表示和反映的各种类型的部分事物。

离（☲）卦代表"离中虚"。代表文章、部队、兵戈、美丽的、鲜艳的、太阳、炼钢炉、烧砖瓦的炉窑、窗户、空屋子、栅栏、网络等等。动物可表示，植物也可以表示。可以是各种事物的表示。如：螃蟹、甲鱼、乌龟、虾等，离（☲）卦同样可以表示这一类的事物。

这些表示规律及内容，就是咱们所讲的"八卦之象"。

"八卦之象"一般在《周易大传》《说卦传》这一章节有所论述。

故此，《说卦》这一章节，大家一定要好好地看，认真地掌握。假使这种"象"意不理解的话，将来你在学易研易过程中，一定会对好多内容感到很不好理解。

因为《说卦传》中，把每一个卦（指八经卦、三个爻的卦）它表示什么，从大的（抽象）方面一直到细微的（具体）方面，分门别类地告诉了我们。所以说，要想弄懂，搞清楚《易经》内涵，就得重视《易》"象"地学习与研究。

"八卦之象"在这里我就不多讲了。

因为《周易大传》《周易集解》及晦庵（朱熹的别名）先生校正的《周易系辞经义》等书中，其《说卦传》这一章节中已有了。

再一个原因是，尚秉和先生的《周易尚氏学》一书中，卦象的各种具体意义也比较多一些。大家可以从书中的字里行间及解释中，体会、了解、掌握不少的卦象之意。

我们所要掌握的"易"象具体表述内容，最主要的内容即在我所著的《易象延（全五册）》一书之中。

根据当今时代的要求，过去古书中的这些卦象，咱们现在还得把它们发展、延伸才行。

过去的卦爻之象，都是古代先人们长期实践，总结、归纳后，才确定下来的。我们现在有的某些事物，古代就有。可是，我们现在有的很多事物，古代是没有的。完全按古《易经》卦象对此类事物进行表述，会有什么具体意义呢？可能就没有多大针对性意义了。

比如：我们现在有电视机，古时却没有。

那么这电视机用什么卦表示呀？

说到电视机还有是 18 寸、21 寸、29 寸还是 34 寸等等的不同。

那么该怎么表示呢？

再说，还有是黑白的还是彩色的之分；

牌子有"松下"的、"日立"的、"佳立彩"的，那儿还有

"牡丹"的……出现了各种各样的差异。

那么，如何区分它们呢？

都得通过卦象、爻象及其组合来区分。

可是卦象中，古人还没有这些事物的具体（卦象）概念。因为当时电视机还没有出现，产生不出电视机这种概念。而我们只有将这些事物，根据传统卦象的结构形式、形状、颜色、内涵等各个方面的概念为基础，并在古卦象、"易象"的基础上，把这些概念加以联想和发挥，就可以把电视机的各种因素包含到卦象里面。进而就可以将它们表示和区分了。

比如：是立体声（双声道）的、单声道的、俩喇叭的还是四个喇叭的录音机？卦里头也就能反映了。

是双卡式的还是单卡式的，情况也能反映在卦里了。

那就要看你自己如何进行卦象的联想与发挥了。

我国古代还没有现代式的立交桥的概念。

比如说，你家前面有个立交桥。从桥上下去往西北方向走，就可以到你的家。

这是火天大有（☲）卦所反映出的情况。

由于对卦象的内涵概念清楚，你按卦象所反应的规律一联想、一类比过去，现在具体事物的形象就出来了。所以，我们要掌握这些规律就必须靠不断地反复实践。古人没告诉你什么是表示电视机的卦象，你不靠实践怎么能知道哪个卦象代表哪一种电视机才正确呢。

我们学习了《易经》中的这些卦象内容，可不能只认定古人所说过的内容，我们就承认，就认可，而我们现在通过不断地实践中印证而延伸的现代卦象概念，就不承认。这种僵尸般的认定思路是一种糊涂的观念。况且我们学习《易经》的目的，就是为了指导而今的现实实践。

所以，必须将易学的道理跟现今的具体实践联系在一起才行。

"八卦之象"大家主要是自己自学为主。自己应当经常地用用。

为什么？

咱们这里强调实践的目的，就是为了使你能经常记住这些"八卦之象"的具体概念。

如果只让你记乾为圆、为天、为玉、为金……那多枯燥啊。

唉！弄个实践玩玩儿：老张，你看我这里面是什么东西？

"射覆"一断：噢，你这里面是个金戒指；或者你这里面是个圆的什么东西。这么一来，不就把"乾为圆"的乾卦卦象的具体表述内容记住了——通过实践来记住和印证卦"象"及其内涵。

一般情况下，这种实践还是属于一种玩法。是易学的一种游戏。《易》曰："观其变而玩其占"、"观其象而玩其辞"。有事儿没事儿时，老张看看，老李看看……看看大家对易学的内涵、哲理体会、感受、理解、掌握的怎么样了。

实践，可不是专门为了用易学的这些方法去赚钱为目的的。

只想去赚钱，往往心理就不是玩玩儿的那种客观心情和心理状态了。玩儿的时候，对不对、准不准，往往心理上是无所谓的。因此，在推断事物时，就能够保证看问题处于一种较客观状态中。为了赚钱，心理往往就会带些唯心的成份，怕说错了、判断错了（拿人手短，吃人嘴软嘛）。这样就产生了对易学客观分析的主观干扰，反而更容易出现错误与误断。

　　总而言之，咱们实践的目的：

　　一个是让大家能在自己的生活、工作、科研、社会实践中，运用易学的哲理进行指导，达到事半功倍的目的；

　　再一个目的就是，让大家通过实践来印证、理解、记忆和发展卦象的具体概念和内涵，以及更深入地了解、掌握易理及易学思想。

现代易经讲课实录

第二节　六画之象

"六画之象"又名为"六爻卦"、"重卦"、"别卦"。

即六个爻所组成的卦，就是"六画之象"。

举个比较吉利的卦例：

大家都对易学感兴趣，都是志同道合者。

我们就举个天火同人（☰）卦为例子。

表示大家一同研学易学。

天火同人（☰）卦这个由六个爻组成的卦，其实也可以把它理解成由上面一个（三个爻组成的）卦和下面一个（三个爻组成的）卦组成。

三个爻组成的卦，在传统称乎上叫"八卦"。又名"经卦"、"八经卦"。

也就是说，"八经卦"抽出任何两个卦，把它重叠在一起形成的这个六个爻的卦，叫"重卦"。又名"别卦"。

换句话，就是说，"六爻卦"体是靠两个"经卦"上下重叠组成的。

即此六个爻的卦体又可分为上下两个部分。

上面这个三爻卦叫"上卦"，下面这个三爻卦叫"下卦"。

因此，一个六个爻的卦，可以表示一个事物或事物的上下两部分的关系。

上卦表示事物的上部或上部的事物，

下卦表示事物的下部或下部的事物。

因为事物往往是由下面一点一点发展到上面的（由小到大、由开始到终结）。对我张老师来说，这个六爻卦的下卦可以表示我身体的下半部，这个上卦可以表示我身体的上半部。故而，整个这个六爻卦则表示张老师的全身。

如果，想表示讲台、粉笔、板擦、墙、屋子、树木、花草、虫鸟等任何事物，都可以。

即可以表示任何事物的上下组成部分。

只能表示上下不行呀，事物还有前后、左右呢。

那该怎么表示呢？

这个六爻卦的上卦可以表示其前部，下卦表示其后部。

当然喽，这前后往往是相对的。是相对你来讲，或者相对某一个事物、某一位置来讲，或者是个什么实体"虚体"事物来讲的前后。

比如，对我来说，这个桌子在我的前面。我的后面却是把伞。把我前面后面的事物连在一起，就代表了这个事物前后的全过程（即可得一个卦）。

上卦表述前部的事物或事物的前部，

下卦表述后部的事物或事物的后部。

总之，六爻卦可以表示任何事物整体或局部前后的各种关系。

上下有了；前后有了；看看左边、右边还有没有东西呀？

那怎么办？

咱们大家都知道，中国传统是以左为上、右为下的（以事物自身的方位，而不是以我们观察者自身的方位来确定）。

所以，六爻卦的上卦可以表示左边的事物或事物的左边。下卦可以表示右边的事物或事物的右边。

这样的话，我右边是个黑板，左边是大家在听课。通过卦，这样把黑板和大家联系在一起了。这中间还有个张老师。这样整个听讲课的全部环境、过程、状态等，就都包括在一个六爻卦里面了。

这就是六爻卦可以表示左右的规律。

上下有了，前后有了，左右也有了。

这说明的是个什么概念呢？

这不就是个立体的表述概念吗。

上下、前后、左右整体都有了。可是，事物内部构成的稳定性保险不保险？有没有内奸呢？其跟外部有没有什么勾结呀等等——心里没底，怪提心吊胆的。

正好六爻卦的上卦可以表示事物的外部或外部的事物，下卦可以表示事物的内部或内部的事物。

这样就可以知道事物内外的一切关系了。

那么，你看事物时，只顾眼前行不行呀？

从长远看看事物能怎么样呀？

从近处看到了，远处怎么样啊？

那么，六爻卦的上卦可以做为远处的事物或事物的远处。下卦就可以做为近处的事物或事物的近处。

"远取诸物，近取诸身"。这样事物的远近或远近的事物的关系也就确立了。

在易卦的表示方法中，还有个特点。因为按传统的思维模式，认为内卦为主体。即内卦为"体"。为事物的"主体"。其表示主要的事物或事物的主要方面。

那么，外卦就应该是与主体相关的其他相关联的一切事物啦。外卦又为"用"。为"客体"。因此，与外卦相关联的这些事物是次要的或次要的事物。

因为，一个事物的发展变化，起决定性作用的因素是其内部的矛盾。外部是条件，内部是本质。外因通过内因起作用。易学也是这个道理。

当然，你往远处去了，这是不是"往"啊。所以

"外卦"（上卦）可以表示"往"。即表述事物的远处或远处的事物。离你越远，不就越"往"了吗。

离你越来越近，不就是"来"了嘛。

内卦（下卦）可以表示"来"的意思。即表述事物的近处或近处的事物。

有了这个"往来"概念，它将如何使用呢？

例如：中医治疗中常用的"小柴胡汤"。其"汤头"所组成的卦是天火"同人"（☰）卦。《伤寒论》中讲"小柴胡汤"的适应症是"胸胁苦满，寒热往来。""寒热往来"是指六爻卦中间有个"巽"（☴）卦。巽为进退（即来回之义）。又乾（☰）为寒，其位置在上卦，为"往"。离（☲）为热，其位置在下卦，为"来"。故曰"寒热往来"。

除此例而外，很多中医的诊治规律都能通过卦象的规律表述出来。

易学的最基本的"阴阳"哲理，在六爻卦中也有所体现。

上卦可代表阳的、明亮的；

下卦可代表阴的、黑暗的。

上下两个卦可以把任何事物从近到远、从前到后、从下到上、从左到右、从内到外、从小到大、从好到坏、从明到暗、从成功到失败……研究个透彻。一个卦之中就能分析出这么多的规律来。这是不是很好、很简捷呀。

下面举些《易经》中的例子，说明咱们前面所讲到的上下卦意的一些依据。

例：地天泰（䷊）卦。

乾（☰）内，坤（☷）外——说明"泰"这个卦是由内外两个部分组成的。内卦为乾，外卦为坤。

故其《象传》曰："内阳而外阴、内健而外顺、内君子而外小人，小往大来"。

这是因为乾在下卦，其为阳卦、为阳、为健、为君子、为大、为来；坤在上卦，其为阴卦、为阴、为顺、为小人、为小、为往的缘故。其卦中间四个爻还表现出：震（☳）为往东走，越走越空（坤为虚、为空）。兑（☱）为往西去，越来越实在（乾为刚、为实、为满）。

"小往大来"表示的是一种行动、一种动态。即花小的力气，有大的收获之意。从卦中也可以看出其本身的这种内涵。乾为大，处于内卦，其意为"来"；坤为小，处在外卦，其意为"往"。故得此结论。

例：天地否（䷋）卦。

"坤内而乾外"。

其《象传》曰："内阴而外阳，内柔而外刚，内小人而外君子，大往小来""阻塞不通也"。

从卦中可看到，在修练的时候，你注意力都在上面，把气都调到头上来的时候，怎么样？"大往小来"，花大的力气，有小的收获。费了很多的劲儿，结果反而练成了个头重脚轻，根底浅。在这种状态下，就容易产生不稳定的"外动"——不安定了。

如果是将内外两个卦倒过来呢？

上面是虚坤（☷）的，下面是实乾（☰）的。为地天泰（䷊）卦。稳如泰山一般的安定。

根据卦的组成及内涵，就可以这样来分析卦意。

从"否"卦里可以看出来，里面为坤（☷）都进不来了，因为外头都实实在在为乾（☰）地堵死了。这样里头也就空坤（☷）了。

假若，是地天泰（䷊）卦那样外面是虚坤（☷），里头是实乾（☰）的。那么你还可以从外向里添加能量，直至填满〔由"泰"（䷊）到"大壮"（䷡）到"夬"（䷪）到"乾"（☰）卦〕。

通过一个小小的六爻卦，就能把一切事物的内外、上下、前后等各个方面的情况，进行深刻的表述。

《易传》曰："内卦贞，外卦悔。"

在汉代一些易学家，把处在内卦位置的卦，用"贞"来表示；处在外卦位置的卦，用"悔"来表示。

也就是说，他们认为：处在下卦位置上的卦，是表示好的、吉利的事物或事物的好的、吉利的部分。处在上卦位置上的卦，是表示坏的、不吉利的事物或事物的坏的、不吉利的部分。

所以，当乾（☰）卦处在外卦位置时，卦辞往往就不好；是"大往小来"、"内小人，外君子"、"阻塞不通"之类的辞。可乾（☰）卦处在内卦，坤（☷）卦处在外卦的时候，那就是"贞"

了。辞儿就行、就好了。已经是"小往大来"、"内君子，外小人"、"通畅"之类的辞儿。

所以说，内外（下上）两卦还能表述事物的好坏或好坏的事物。

同样一件事，你处在主客体不同的位置上，是你说了算数还是人家说了算数，这是不是一个（主动）好，一个（被动）就相对的坏呀。

第三节　爻位之象（一）

"爻位之象"总括起来有："承"、"乘"、"比"、"应"、"据"、"中"、"正"七种主要的变化规律及性质。

下面分别来讲讲它们各自的特点及规律。

一、正

"正"，又名为"当位"、"在位"、"正位"、"当正"、"得正"、"处正"、"得位"等。

用句平常的话来讲，就是应该自觉地呆在自己应该呆的位置上。

否则，呆在不应该呆的位置上就成了"不正"、"不当位"、"不在位"、"不正位"、"位不正"、"不当正"、"不得正"、"不处正"、"失位"等。

一般在易学哲理中，其认为：

阳爻应该处在初（一）、三、五爻阳数（奇数位）之位上是合理的。也是其较稳定的位置。

阴爻应该处在二、四、上（六）爻阴数（偶数位）之位上是合理的。也是其较稳定的当然之位。

如果阴爻处在阳爻应该在的位置上，或阳爻处在阴爻应当在的位置上，都是不应该、不合理、不正常的——违背正常规律的。其往往也是表示不稳定且不应该的状态。

下面举例来说明。

例：水火既济（䷾）卦。

其初、三、五爻均是阳爻。即阳爻处在阳位上。故初九、九三、九五爻都得到"正"位。

而其二、四、上爻均是阴爻。即阴爻处在阴位上。故六二、六四、上六爻也都得到"正"位。

所有的爻都呆在了自己应该占据的位置上。

因此，它才是一个整体协调一至、和谐成功的既济状态。

再例：火水未济（䷿）卦。

其初、三、五爻是阴爻。阴爻占据了阳爻的位置。

而其二、四、上爻又都是阳爻。阳爻占据了阴爻的位置。

故而，它们都处在了自己不应该在的位置上。

因此，它们都"位不当"（都不正常）、都"不正位"。

因为大家都在自己不应该在的地方，干着自己不应该干的事，故而无法统一，无法和谐——大家劲儿都不往一处使。所以很难齐心合力地办事情。因此，它所表示的才是当前难以成功的未济状态。

二、承

"承"是阴爻相对阳爻来说（定义）的一种爻变规律。有承上启下、支撑、烘托、承担、支持等意。

"承"一般有三种状况：

（1）一般指，在一卦卦体中（这里主要是指六个爻组成的卦体），若阴爻在下，而阳爻在其上，则下面的这个阴爻对于上面的这个阳爻来说称之为"承"。

例：坎为水（☵）卦。

其初六爻在下，九二爻在其上，初六爻对九二爻来说可以称"承"。可称其为初六爻承九二爻。简称为"初承二"。

其中，还有六四爻在九五爻之下，故六四爻对于九五爻来说也可称"承"。可称其为六四爻承九五爻。简称为"四承五"。

有了"承"这种概念，不用看到卦形排列状况，就能知道，阴爻在下边，而阳爻在其上。一看到"初承二"，就马上联想到：初爻是个阴爻；二爻是个阳爻；阴爻在阳爻的下面，并且支撑、烘托着阳爻。

（2）一卦卦体中（包括各种数量组长的爻。这里主要指的是六个爻的卦体），一个阴爻在下，数个阳爻在其上，则下面的这一个阴爻对上面的几个阳爻均可称"承"。

例：天风姤（☰）卦。

其初六爻是阴爻，上面二、三、四、五、上爻均为阳爻。则初爻对上面的这五个爻均可称"承"。

即一般称其为，初六爻承九二爻。初二爻承九三爻。初二爻承九四爻。初二爻承九五爻。初二爻承上九爻。简称为：初承二、初承三、初承四、初承五、初承上。

（3）一卦卦体中（此处主要指六爻卦体）几个阴爻接连在

下，一个阳爻在其上。则下面这几个阴爻对其上的这个阳爻都可以称"承"。

例：地山谦（☷☶）卦。

九三爻是阳爻，其下初六爻、六二爻都是阴爻。则初六爻、六二爻对九三爻都可称"承"。

一般称其为，初六爻承九三爻。简称"初承三"。六二爻承九三爻。简称"二承三"。

三、乘

"乘"也是阴爻相对阳爻来说（定义）的。其有乘虚而入、投石下井、不甘受欺、我得上去、凌驾其上等意。

"乘"一般有两种状况。

（1）一般指，在六画卦象中，若阴爻在上，阳爻紧接其下，则此阴爻对下面的阳爻来说，称之为"乘"。

例：水地比（☵☷）卦。

上六爻为阴爻，其下九五爻为阳爻。故其上六爻对九五爻可称"乘"。

一般称其为，上六爻乘九五爻。简称"上乘五"。

有了"乘"的概念，不用看到卦形就可以知道，其上（六）爻是阴爻，五爻是阳爻。阴爻在阳爻的上面，并且压制着阳爻之"正"气。

（2）一卦卦体中（这里主要是指六爻卦体），几个阴爻都处在一个阳爻之上，则这几个阴爻对其下面的这一个阳爻都可称

"乘"。

例如：地山谦（䷎）卦。

四、五、上爻都是阴爻，又都在九三爻阳爻之上。则此三个阴爻都可对九三爻称"乘"。

一般称其为，六四爻乘九三爻、六五爻乘九三爻、上六爻乘九三爻。简称，四乘三、五乘三、上乘三。

《周易集解》分析"谦"卦之意中，有"自四以上乘阳"之语。很显然这是说，上卦的三个阴爻对九三爻阳爻都可称"乘"之意。

那么，一个阴爻对数个阳爻可不可以称"乘"？

有没有这种状况呢？

传统易著中还没见到过。可能是我还没遇到。所以，我不能肯定其有无此规则，只能暂做没有此规则看待。

咱们这里讲了哪几种爻之间的规则，就存在哪几种爻之间的规则。这些"规则"在易著中都是有据可查的。你自己本来就对易学中的各种方法论还不甚了解，还想任意发明、"发挥"几个什么规则，或者在糊弄我们讲几个什么方法。结果，当大家运用你的规则、方法等去研读《易经》的内容时，还是越读矛盾越多、越读越糊涂。这么不负责任那是不行的。

四、比

"比"有一种相互亲近、相互比较的意思。

"比"与过去"数术学"里《梅花易数》中，叫"比合主喜"的意思相似，但不完全一样。

这种"比合"的状况，在以"后天八卦"为基础的《卜筮正宗》及"干支""五行"为基础的"批八字"中，往往又被称为"比肩"、"小人"。反而成了不好的事了。这可能是根据"同性相斥"的道理确定的。

说到"比"，在易学概念中，其定有一种亲近、亲密的意思。

这是说"比"的对象之间必须是有共性的特点才能进行比较。

比如：人与人如果要进行比较的话（我和某先生比较比较），是比年龄还是比身体状况，还是比较我们的智慧特点，还是比较什么方面的能力等等。因为我们都是人，都相互有其共性的特点。有共同性的属性。比较的条件相近，故而较容易比较。

你不能说：张老师，你跟这个"麦克风"比一比，看看你们俩谁厉害呀？谁聪明呀？这不成了笑话了吗。甚至说："这人像狗一样。"这不成了骂人了吗。

所以，没有亲近（共性）关系及没有共同属性的事物，它们之间就不易进行比较。

当然，你骂人的时候，形容某人特点的时候，你可以与其他的事物类比。但不能说真正的这个人与其类比的对象是同一类的事物。

比如，说这人胖："胖的跟肥猪似的。"这是比喻人的形像的一种说法。但是人是不好跟猪类"比"的。毕竟他们不属于同种的动物。所以说，易学中，必须是一种亲近的或者有共类、共性的事物特性才能"比"。

"比"的含意：还有一种就是比较、对比的意思。

要对比，也得有共性及共同的特点才可以。

传统易学中，"比"的定义：

在一卦卦体中（此处主要指六爻卦），其相邻的两个爻之间有一种亲密的关系，这种关系就称其为"比"。

在汉朝很多的易学著作中，都反映出，当时在研究《易经》的过程中，在初爻与二爻、二爻与三爻、三爻与四爻、四爻与五爻、五爻与上爻之间，往往都可以称"比"。

这也是爻和爻之间的"比"［两个爻紧靠着（相邻）就可以比］。

一般情况下，爻和爻之间有"亲比"与"敌比"之分。

相邻的两个爻的性质相反，为"亲比"。简称"比"。

相邻的两个爻的性质相同，为"敌比"。也就是说不成"比"。称其为"敌比"。

到如今，在现实情况下，咱们把"比"的方法发展、延伸一下。

除了爻之间可以"比"之外，卦与卦之间也可以"比"（这里的卦是指三个爻的卦）。但也得有共同特性才行。

例：乾为天（䷀）卦。

上面一个三爻卦，下面一个三爻卦。上下两个卦都是乾（☰）卦。

它们上下两个三爻卦是不是有共性的特点呢？

从"后天八卦"结构及其"五行"属性中得知，它们两个乾（☰）卦是属于什么性质啊？都是属于"金"性。上下两卦为"金""金"相合。故有"亲比"相合之喜。

再如：天泽履（䷉）卦。

上卦乾（☰）卦属"金"，下卦兑（☱）卦也属"金"。二者的"五行"属性都属"金"性。这也叫"比合"主喜。

因为咱们易学的场效应中，讲的是共振原理。共同类型、共性的事物才易产生共振。《易传》中把这种性质称做"同声相应，同气相求。"即为"比合"（共振）效应。

那么，不同性质的卦就不能成"比"。它们不是亲密的谐和关系，而是生克、制约的斗争关系。故而也就"不合"了。

五、应

"应"有一种相互呼应、相互联系、互相支持、相互依靠等意。

在《卜筮正宗》《增删补遗》等书内，在其分析卦的过程中，往往会出现"应"爻、"世"爻。"应"爻和"世"爻是相互呼应和对应的确定的。

"世"爻指的是卦中反映的那个事物的本体，"应"爻就应该是反映跟这个事物本体有关联的其他的一切事物。它们之间是一种相互呼应、相互对应的关系。

一般"应"爻与"世"爻之间都会相隔两个爻。在六爻卦中，初与四、二与五、三与上爻之间才能相应。这是根据易卦中"应"的规则特点所规定的。

易学中，"应"的定义：

在六画卦象中，初与四、二与五、三与上爻之间，汉代易学家认为它们有一种相互呼应的关系。这种关系被汉代易学家称之为"应"。

例：乾为天（☰）卦。

一个卦中，有初、二、三、四、五、上六个爻组成。

不管其是阴爻还是阳爻，也不管其"当位""不当位"，
初爻与四爻之间有一种相呼应的关系。

因为它们一个是下卦的最下爻，一个是上卦的最下爻。

二者都表示事物的开始及最初阶段。

所以它们有共同的场（像人一样，地位相同就会产生共同的
感受和体会），可以共鸣和共振。

所以，有人把它们称作"同位爻"。

同理：二与五爻相应、三与上爻相应。

它们也都为"同位爻"。

一般如果它们两个爻之间，一个是阴爻，另一个是阳爻（二
者性质相反），就称它们为"相应"。简称为"应"。因为二者异
性相吸。

如果两个爻都是阴爻或者都是阳爻（二者性质相同），就称
它们为"不应"。又称为"敌应"。也就是说它们不能（完全）相
呼应。因为同性相斥吗？

六、据

"据"是阳爻相对阴爻来说（定义）的。

其有占据、侵占、理所当然等意思。

其一般有两种状况。

（1）一卦卦体中（这里指六爻卦体），一般指阳爻位于阴爻
之上，则此阳爻对下面的阴爻来说，称之为"据"。

"据"：是阳爻对阴爻来说。

而"承"、"乘"是阴爻相对阳爻来说的。

例：火水未济（☲☵）卦。

卦中二、四、上爻都是阳爻，它们各自下面的初、三、五爻都是阴爻。则初与二、三与四、五与上爻二者之间都有"据"的关系。

一般称其为，上九爻据六五爻、九四爻据六三爻、九二爻据初六爻。简称上据五、四据三、二据初。

说"上据五"的时候，就知道，上（六）爻是阳爻，第五爻是阴爻。阴爻在阳爻的下面。

例：山水蒙（☶☵）卦。

卦中二、上两爻爻都是阳爻，初、五爻两爻都是阴爻。故知，二据初、上据五。

《周易集解》"蒙"卦"九二"曰："应五据初"。

显而易见，这就是指六爻卦中的第二爻的事。

"据初"，说明其二爻是阳爻，其下面的初爻是个阴爻。"应五"，说明其与第五爻阴爻相应。

再例：火雷噬嗑（☲☳）卦。

卦中四、上两爻为阳爻，三、五两爻为阴爻。故知，二据初、上据五。

《周易集解》"噬嗑"卦上九曰："据五应三"。

其意指的是上爻的事。

"据五"，说明上爻是阳爻，第五爻是阴爻。

"应三"，说明第三爻是阴爻，上爻与三爻阳阴"相应"。

（2）一卦卦体中（这里指的是六爻卦），若只有一个阳爻，其余都是阴爻，而此阳爻的位置又在整个卦体中比较偏上，则此阳爻对于其余的阴爻皆可称"据"。

例：雷地豫（䷏）卦。

此卦中只有九四爻是一个阳爻，且又在整个卦体比较偏上的位置（第四爻是上卦的下爻。即六爻卦较偏上的位置上）。那么，它对其余阴爻都可称"据"。

故"豫"卦九四曰："据有五阴，坤以众顺。"

九四爻对所有的阴爻均可称"据"，其中也包括它上面的阴爻也可称"据"。

"坤以众顺"是怎么来的呢？

因为初、二、三爻组成坤（䷁）卦。坤为众、为顺的缘故。同时，这么多的阴爻，也可说明其表示的是"众"多的意思及表示坤顺（众人维护、帮忙能不顺吗）。还有一个依据是，九四爻这个阳爻处于那么多的阴爻之中，说明其为核心且又处于众多支"承"之中。"众人捧柴，火焰高"能不顺利吗？

这个第四爻就很好。占据第四爻位置，本来应该是"四爻多惧"——不吉利的位置。但是，由于众人都烘托、支持着你，你就成了大家的核心人物。故而就由坏事变成了好事。

作业题："萃"（䷬）、"鼎"（䷱）两卦，标出各爻题及当不当位，标出其各自全部的承、乘、比、应、据位置来。

（课堂上有人问我："张老师，你那笔划中怎么得来的 8？怎么出来的 2 呀？"）

别着急，后面的文章中会告诉你的。而且某些方法在《梅花易数》一书中也有所论述。其他一些书中不少方法也都介绍给你了。很多书中将其写得已经很清楚，就看你掌握这些方法后，将来怎么个灵活汇通地运用啦。

假如说，现在你的易学基本知识还有些性质、定义、定律等还弄不清楚、没掌握的话，将来在实际应用方面将会产生很多的困难。

其中很多方法和规则，是我自己在反复实践修正中，亲身感受体会总结出来的。

恐怕靠你自己去要摸索到的话，可能需要比较长一些的时间。

如果是我给你们讲清楚了，实践中，大家可以少走很多的弯路。前面你别看讲的好多内容枯燥无味。好像理论上的内容讲的太多了似的。实际那都是指导我们实践的理论基础。

（又有学生问：

"我们不是在学习应用吗，张老师，你告诉我们个简捷实用的绝招就行了。"

"张老师，你肯定有绝招！要不然的话，你怎么判断的那么快、那么准，方法又是那么的灵活呢。"）

告诉大家，我的"绝招"就是踏踏实实地学习。

把易学所反映的各种道理，尽量都搞清楚。

这就是绝招！

天下的各种知识的掌握，往往都是没有"近路"可走的。学问是个踏踏实实的事情。绝不是投机取巧所能办到的事情。咱们不要受社会上某些人的影响。说，我给你"带"个功，告诉、指导你一下，你就会成为一个特异功能医师或易学大师之类。好家伙，你的功能及易学水平就能提高多少多少等等。不管你怎么说，说什么我也不信有这么好，这么容易的事！

事物的发展总是有其自己的规律的。按易学的哲理规律讲，它得由最初一爻，发展到第二爻、第三爻、第四爻、第五爻、最后到第六爻（上爻），这样慢慢地发展变化起来的。

人不可能一下子就成了"圣人"、"神仙"之类的。

什么事情都得有个发展变化过程。

比如，"易经"中的风山渐（☴）卦。

其最后的上卦为巽（☴），"巽为僧尼之道"。"渐"（☴）卦有逐渐、按部就班地，踏踏实实地发展之意。只有这样做，最后你才能达到这个巽（☴）卦（巽为灵气、灵感、圣灵）的状态与境地。是不是这种认识论及其过程，在"渐"卦中都说的很清楚了。不要偷机取巧！学习掌握易学思想以后，往往就不会再产生这种好像得靠意外才会有收获的思想。易学里没有意外收获。全靠踏踏实实、认认真真地学习，认认真真地艰苦修炼，才能达到一定的境界水平。

不要轻易地相信社会上什么老师给你"带"一下什么功，你就出了什么灵气什么玩意儿的。

比如：气功师傅他的爱人得了一身的疾病——他还不能将他自己爱人的病治好呢。他们夫妻两人信息相通。因此，他身上往往带有其妻子的很多病气。此时，如果他给你"带功"，可能会把他爱人病的信息"带"到了你的身上去。是不是这个道理。可别轻易地相信这些玩意儿。

有人要求我说："张老师留个名吧？咱们也留个信息。"

让我给留个信息没关系。可此时我的爱人也许正好有支气管扩张，咳嗽、吐血挺厉害的。你把我身上的这些信息带回去，你就不怕给你或你的家人带来咳嗽之类的疾病吗。

按他的道理讲，张老师留下的就一定是好的信息吗！

张老师如果讨厌你这些做法，他这种心情下的信息，往往都是些不良的信息。给你留完信息后，你怎不想想，我拿回去可能会倒霉的呢。是吧。你怎么能净往好处想呢。

任何事物都是相辅相承的存在着，有好就有坏与其相随。"一阴一阳之谓道"吗。不要迷信这些东西！

这都是某些人为了迎合社会上一些人只想投机取巧的欲望，才产生出来的说法和做法。

就当真你遇上的真是神仙，他（她）们也会瞧不起你的。神仙那都是经过长期踏踏实实地艰苦修炼，才得以成道的。就算你很有本事，能"辟谷"。结果真的"辟"了40多天，人家说他"升天"啦。又有人"辟"了80多天，却饿死了。人们会用美好的词语说："升天了""圆寂了"等等。什么"圆寂""升天"啦，实际就是死了。也有可能是下地狱啦。那些神仙好不容易才脱开了肮脏的思想、境界及状态，才进入了一个洁净无为的境地。你想想看，就凭你那肮脏的私欲，有高维层次境界的神仙，能跟你这肮脏的生理、心理、思想境界的人同流合污吗？才不会呢！

神仙好不容易才脱除世俗的肮脏"飞升"的，还会回过头来从新找罪受吗。就你如此盲目执着追求的结果，才几十天就把自己给饿死了。神仙还能理睬你吗。

所以，不要迷信"捷径"。科学就是踏踏实实"来不得半点虚伪和骄傲"的。必须认认真真、扎扎实实全身心地钻研才行。

当你真正从科学的角度认识到了一个事物的规律以后，就是将刀架在你的脖子上，把你的脑袋砍了，你也不会改变自己的观点。因为，你已深刻地认识到这个事物的规律性，的确又经过反复地实践，证明了你对这个事物认识的正确性——认识到了事物的真谛。

如果不是自己深刻认识到的事物的规律的话，像社会上的某些人一样，也去人云亦云。虽然也会跟着人家说这好啊，那对呀的，可是等刀子一架到脖子上，就会："唉呀，这不是我说的。"到那时，你的认识可能就又变了。因为不是你自己真正认识到的规律，心里根本没底。故而，关键时刻就会犹豫不决，轻易地就会改变自己的主见。

咱们不管干什么，都要做到心里有底。要想心里有底，就得扎扎实实地学习，反复不断地实践、修正与提高才行。

七、中

所谓"中"：又叫得中、居中、处中等。

易学中，"中"的定义一般指，一个六爻卦卦体中，第二爻与第五爻为"中"位。

不管此二爻"正""不正"位，第五爻处在上卦的中间位置，上卦以其中间位置为对称中心位置，以它维持平衡；第二爻处在下卦的中间位置，下卦以其中间位置为对称中心位置，以它维持平衡。这就是"中"爻的特点。

有时在一些"易"文中会看到"处中正"一词。它说明这个爻不但在"中"位上，而且五爻是个阳爻或者二爻是个阴爻。因为，五爻是阳爻，处在五爻阳位上，才为"正"。二爻是阴爻，处在二爻阴位上才为"正"。

例：火天大有（䷍）卦。

其二爻和五爻"当""不当"位，"得""不得"位，"正""不正"位呀？

"不正位"。是因为五爻应当是阳爻所在的位置，二爻应当是阴爻所在的位置。现在却是五爻为阴爻所处，二爻为阳爻所占据。故而它们"得中"而"不得正"。

如果将"大有"（䷍）卦上下卦交换个位置，就变成了天火同人（䷌）卦。九五爻和六二爻就都处在了自己应该在的位置上，这种情况下就可称它们为"中正"了。

蒋介石的名字我想也是由《易经》中爻辞的内容而来的。"中正"、"介于石"都是《易经》"豫"（䷏）卦第二爻的"爻辞"："介于石，不终日，贞吉。"而确定的。

显而易见，处在"中"位就是好事情了。都以你为核心，都支持你，那你还不好吗。外边来看，你的处境可不好——受制于他人，但是在你们内部的环境条件下，还是以你为核心、为"主心骨"。那起码来说，比人家不以你为核心、不支持你要好吧。

在《易经》中，一般处在"中位"，则其爻辞或爻的性质都是比较好的。如果，不但在"中位"上，而且又得了"正"，一般情况下也都会很好。说明你应该在那个位置上。

比如：你是个局长，你就得堂堂正正地坐在局长的位置上，而且是个很能干的局长，不是个多病，经常休假的局长，是个既能干又有实权的局长。因此，在易卦中，"得中正"的状态（意思）是特别好的。

综上所述，我们讲"六画之象"中，有"正"、"承"、"乘"、"比"、"应"、"据"、"中"七种性质。

第四节　方位之象

"方位之象"：一般分"先天方位"之象和"后天方位"之象。

先谈谈"先天八卦（伏羲八卦）"方位之象。

一、"先天方位"之象：即"先天八卦分布"所表示的方位。

上南前

左东　　　　　　　西右

下北后

分布图

乾（☰）：南、前、上

坤（☷）：北、后、下

离（☲）：东、左、左

坎（☵）：西、右、右

兑（☱）：东南、左前、左上

巽（☴）：西南、右前、右上

震（☳）：东北、左后、左下

艮（☶）：西北、右后、右下

这个结构分布形式是：

上下左右；前后左右；南北东西立体的表述模式。

这也是一种场的分布存在形式。

其间一般是"只有象而无实体"。

所以，通常我们往往是摸不着、看不见的。因为其没有非常直观的特点。往往当你进入到一定的"功能态"的时候，你会感觉到它地存在及其规律。因此，这些规律对我们一般人来讲，往往就比较模糊一些。当你人体潜在（"遥感"）的功能强到一定程度的时候，能"感知"到这些规律。也就是说，当你的"潜在能力"还没有完全激发出来的时候，你就不可能直观深刻地感觉到这种规律的存在。

我们只要记住其分布形式及其前人和我们总结出的场效应分布规律，在实践中能运用，能有其分布结构的概念就行了。

下面谈谈"后天八卦（文王八卦）"方位之象。

二、"后天方位"之象：即"后天八卦分布"所表示的方位。

后天分布图

离（☲）：南、上、前

坎（☵）：北、下、后

震（☳）：东、左、左

兑（☱）：西、右、右

巽（☴）：东南、左上、左前

坤（☷）：西南、右上、右前

艮（☶）：东北、左下、左后

乾（☰）：西北、右下、右后

中央为坤五土。

这个结构分布形式也是：

上下左右、前后左右、南北东西中立体的表述模式。

是表述我们看得见，摸得着、感觉得到的一切事物及其场分布的架构模式。

我们以此模式，表示一切事物及其与周围事物之间的关系分布状态。

卦	节气	方向		与方位	月份（阴历）	时辰
离（☲）	夏至	南	上	前	五	午
坎（☵）	冬至	北	下	后	十一	子
震（☳）	春分	东	左	左	二	卯
兑（☱）	秋分	西	右	右	八	酉
巽（☴）	立夏	东南	左上	左前	三、四	辰巳
坤（☷）	立秋	西南	右上	右前	六、七	未申
艮（☶）	立春	东北	左下	左后	十二、一	丑寅
乾（☰）	立冬	西北	右下	右后	九、十	戌亥

"方位之象"在我们分析、判断事物的过程中，非常有用。

看看事物处在什么位置上，什么节气期间，什么时间段等等。

甚至还可以判断它的角度（一圈是 360 度，一共 8 个卦，按 8 等分一份，一个卦的方位角度占 45 度范围）。

中国的易学传统数学方法很有特点。

比如，

360 度；

180 度；

90 度；

45 度；

22.5 度；

11.25 度……

一个事物永远地把它分一半下去，你看它最后是得几数呀？

以上各度数以其由上而下之序，可分别得到它们各自数字之和为：

3+6+0=9；

1+8+0=9；

9+0=9；

4+5=9；

2+2+5=9；

1+1+2+5=9……均等于 9。

9÷8，余 1。即"九九归一"。

所以，中国历史上有许多大的（转折）事件，往往都发生在与"九"有关的数值上。

这种"数学"是不是很有意思？

只要处在稳定平衡的位置上，需要改变状况的话，只要往前一发展，往往就会处在与 9 有关的位置上。所以，中国古代传统

036

中有"九九归一"一说——得从头再开始或"合而为一"。

如果，知道是什么卦的话，除了知道这个事物本身之外，甚至其所处的角度、方位及位置也就知道了。

比如，我们再来看看震（☳）卦。

"震"（☳）为远。"兑"（☱）为近。再通过二者组成的卦中"互卦"的分析，就能知道其较准确的角度及远近的距离。

通过卦序数的变化也能知道大概有多少距离。

"震"为四（先天卦序）。

大概是四米、四公分、四里、四公里……还是多少就都有了。

"震"表示"远"。

什么才叫远？

起码得有几十里地才能叫远吧。

所以，这个"震"卦表示的就是几十里地以外的事啦。是四十里、四十公里、还是四百里、四百公里之外之类的距离。

概念一定要活！

中国传统文化及历史中，许多规律都是经过长期实践、观察分析才综合、总结、归纳出来的。

有些思路是与我们通常的思维往往是不一样的。

甚至结果有时按常理是不可想象的。

就如同我们前面所讲过的：

360度，对半分下去的话，不管你能分到什么程度，其各位数加起来的总和，永远是"9"一样。

这些卦的分布很有意思，它既能定性又能定量；既能定方向又能定地点……很全面地表述事物及其与其他事物的对应关系。

第五节　象形之象

"象形之象"：就其字面上来理解，也应该是指那种六画卦体本身就带有某种事物的形像的卦象。

也就是说，根据其卦象的结构（状态）特点来看，其非常像或者就是某一个事物。

例如：火风鼎（䷱）卦。

鼎是我国古代的一种用具。往往是用来炖肉、煮食物的一种器物。后来，有些就发展到庙里去了，用做烧香的香炉了。实际鼎与香炉的用途和意义有很大的差异，是不一样的。

"鼎"中是怎么出来的圆形呢？（如图）

下面的两个"脚"（鼎足），是由初、二、三爻组成的巽（☴）卦的初爻所构成。二、三、四爻组成乾（☰）卦。乾为圆形、为金属之类。故构成鼎中间的这个大圆"肚子"。再往上看：三、四、五爻组成兑（☱）卦。兑为口、为金属。故形成了鼎上面的开口部分。再往卦的最上面看：四、五、上爻组成了离（☲）卦。离为中虚、中空之状。又因内"互"着一个兑卦。兑为二。正好表示了鼎最顶端两边儿的那两个把手（鼎耳）。往鼎卦的最下面看：初、二、

上面为鼎的形象图

现代易经讲课实录

三爻形成的巽卦可表示为鼎最下面的那一条细长的边。

这样我们靠卦形的像形意义，就能把事物的具体形像，通过卦的卦形结构状态对应表示（反映）出来。

又例：山雷颐（☶☳）卦。

"颐者，食也。""自求口食"。

自己找饭吃。是"吃"，是"食"的意思。

在吃的时候，上下牙齿要往复的咀嚼。嚼完了，咽下去。再张开口吃进去……一会儿阖上，一会儿张开……这是一种往复的运动状态。

从卦中间（二到四爻）看，（坤）像口中的那一排排的牙齿露在那里。看样子实在是饿急了——张着这么大的嘴。卦形中还说明了嘴里都是空（坤为虚、为空）的。口中的确没东西了，饿了，得赶快往里面填食物才行。

再例：火雷噬嗑（☲☳）卦。

这个卦也是表示吃的卦。

按卦象讲：

卦的中间〔三、四、五爻组成坎（☵）卦〕有个坎险。

说明口中吃的东西里有危险存在。

坎（☵）为猪、为骨、为毒、为鱼之类。

同时，二、三、四爻组成艮（☶）卦。

艮为阻、为困难、为石头之类比较硬的东西。它就不像坤（☷）卦那样，表示的是些较软的东西——馒头、面包、面粉、肉之类的东西。这艮（☶）又为手。在此卦中反映出可能是手里（艮为手）拿着猪蹄、狗腿或动物肢体拐弯的部位（因艮其上紧靠在一起的是坎卦。坎为弓轮，即转圈的地方）。艮又为狗、狗肉之类的事物。

当然，这只是咱们的一种说法。

你不愿用艮代表狗，你代表肉块、后臀尖儿之类也行。

下面初、二、三爻组成震（☳）卦。

震为足、为腿、为动。可以将其看做是动物的腿或肘膀之类。震又为绿、为菜、为植物。可将其看做是蔬菜之类。

上面四、五、上爻组成离（☲）卦。

离为干枯、为雉、为蟹、为蚌之类。

合观之，说明吃食物时，食物中有很多难以咀嚼的东西。其中会有壳、骨头等硬的东西，有干菜叶、有毒（坎为毒）等不好吃的东西。因此，吃起这些食物来，就比较麻烦比较费事了。故而就会发出"咯吱咯吱"的声音。

"坤"有顺的意思。"坎"有危险的意思。"艮"有阻止的意思、有困难的意思。所以，不管什么性质、什么内容，都可以通过卦象像形的概念来表述。

要不断地根据卦象的内涵想象事物的形像，就能通过想象分析出来卦内涵的好多意思。

当你分析"噬嗑"这个卦的时候，你就需要想象"吃"的卦中所反映的各种东西的时候，是种什么状态。

比如还是这个"噬嗑"卦：

其中间初到四爻，二、三为阴爻，表示是两个软的事物。

三到上爻之间，四爻为阳爻表示是刚性的事物。同时说明食物是硬的。

咯嘣一声，打猎时留在肉中的箭头被咬了一口。牙齿被咯了一下。

因此，卦中，爻辞里也是这样反映，吃肉时所发生的这件事情。这就是"象形之象"的一种特点。

再如例：水泽节（䷻）卦。

其卦意有节制、制约、克制、控制之意。

其卦有"险在前"之辞，即指上卦坎（☵）在前面，其又代表着危险。

下卦兑（☱）表示缺损、缺少。

下卦表示事物的内部，表示一个事物的基础。说明事物内部的基础是不健全的。

而外部及前进的道路上还有艰险和困难。

处在这种状况下，是不是应该控制自己不要冒进了。

咱们到现在为止还没学过易学的"连互"概念。

要将三至上爻的情况展开（即四个爻之间的"连互"），得水山蹇（䷦）卦。

其卦意是表示瘸着腿行走，既别扭又困难。

"节"（䷻）卦二至五爻"连互"，得山雷颐（䷚）卦。

为"自求口食"之意。同时说明即使在这种环境条件下，还没有人帮忙，靠自己解决困难。

"节"（䷻）卦，初至五爻间"连互"得山泽损（䷨）卦。有损失及缺损之意。其基础初至三爻为兑（☱）卦。说明基础条件还存在着缺陷和不健全。

"节"（䷻）卦初至四爻"连互"，得雷泽归妹（䷵）卦。

卦意为不断地在寻找出路。

"节"（䷻）卦二至上爻"连互"，得水雷屯（䷂）卦。

其卦意为处在萌芽、幼稚的初级或困难阶段。

由此看到，"节"卦全卦无论怎么分析都说明是处在一个非常困难的时期。

光嘴（兑）里在嚷嚷（震），实际不敢往前走（艮）。往前走，前面就是危险（坎）。因此，必须克制、控制住自己的冒进行为。

震（☳）为动，兑（☱）为缺、为金。这说明内里想动（震）又不能动（兑"金"克震"木"）地来回折腾。

艮（☶）为止、为来回运动的界限——不能往远里去，在这个（二至五爻间）中间小范围内来回运动。

这不都是"形像"吗。内部人才、实力及基础环境条件都缺少。都亏损了，可是还要往前冲。此刻再没有有利的条件做为基础，环境更危险，更无法长驱直入。这个时候只有控制住自己的情绪，控制调节各种矛盾，要忍耐，要周旋。看清楚并掌握控制了整个局势后，等危险过去，再大踏步往前发展。

"节"卦全卦的卦意在我们的社会实践中，有这么一些意思。

第六节　爻位之象（二）

"爻位之象"是专门讲爻的相同或不相同位置上的特点的。

处在不同的爻位上，表示其不同的形象，不同的层次、位置、范畴，或一个事物发展到的不同阶段及局部或全过程等。这些也都是"爻位之象"所表述的内容。

例：火风鼎（䷱）卦。

其倒过来看就成泽火革（䷰）卦了。

下面我们会讲到"倒象"（又叫覆象、反象）的概念的。

现在正处在改革时期。如果，若是改不好的话，不采取及落实"养贤""取新"的思路与方法，就会走向其反面。即成了火风鼎（䷱）卦的骑虎难下状态了。

"鼎"卦除了有平时我们理解的"鼎胜时期"外，

还有一个意思就是将（你）肉放到鼎中去煮（受煎熬，难受）之意。

一般改革时，必须遵照革（去旧立新）卦和鼎（养贤、取新）卦所反映的规律去做才行。参照这两个卦的卦、象、彖、爻辞所反映出的哲学思想去指导改革，就一定能顺利达到成功。

《易·系辞》中有如下论述："其初难知，其上易知。本末也。"

我们常常会讲："本末倒置"、"降本流末"一类的话。此话也是由易学中，爻位的性质特点而来的。

　　它是针对易学的六爻卦中，最下边和最上边这两个爻其它们之间的关系和性质来讲的。

　　最下边的一爻又名叫"初爻"。

　　"初爻"表示事物刚刚产生的时候，往往是还搞不清楚其规律性的时候。它往哪个方向，怎么个发展也不知道。就如同孩子刚刚生下来处在哺乳时期一样。将来这孩子到底怎么样？会往哪方面发展？不可能完全知道。他能不能活的健康快活？你也不清楚。你的理想是想培养他将来能做个大清官。你的理想到底能不能实现？靠别人喂奶的时期是很难证明他是能实现的。

　　所以，乾（☰）卦表示事物开始阶段的初爻，这时候要以"潜龙勿用"之辞来预示其含意。说明，虽然他将来可能是个做皇上的料，可是现在他才刚刚被生下来，还要靠别人养活才能活下去的他，现在又能干什么呢？除了吃喝拉撒他什么也不能干。甭说让他管理国家大事了。这个"潜龙"阶段，是用不上他发挥作用的。

　　这就像白血病血中的那些白血球的"幼稚细胞"一样。什么样叫"幼稚细胞"？那些刚刚产生处在幼稚时期还没成熟的细胞。其刚刚产生出来，还没有发育健全，就要去抵抗那些比自己成熟且强大的多的细菌、病毒、癌细胞，是没什么能力和作用的。就像咱们幼儿院里的孩子，把他们拉到前线去打仗，他们怎么打呀。他们还得要靠保育人员照顾才能生存呢。

　　由此意，乾（☰）卦初爻的爻辞才为"潜龙勿用"。说的是即使你将来是个真龙天子，是个能当皇帝的孩子。但是在孩童时期，除了从传统规矩上讲有点威严之外，你也是没什么作为的。

　　"其上易知"的内涵，其意如乾为天（☰）卦上爻所述内容。

"乾"卦发展变化到了这最上边（上九）一爻，即变过了"飞龙在天"的第五爻以后，

到了事物的最后阶段就该"亢龙有悔"啦。

说明其当上了皇上，成了真龙天子以后，就骄傲自大、横行霸道、忘乎所以、毫不自制，什么都不放在眼里，逮住谁就欺负谁。结果做的太过分了，事业上就一定会失败并一定会走向自己的反面。

按卦的一般结构来说，最顶上这一爻，还表示任何一个事物的穷途末路、穷尽阶段。说明事物已发展到了头，如果再发展下去就该向自己相反方面发展了。什么事做过了头，都会失败。自己都保不住自己了，还讲什么发展壮大。

所以说：到了"亢龙有悔"这个时候，对人来说就该是"盖棺定论"的时候了。也是你死了以后，开追悼会——做结论的时候了。为什么？因为此时你的一生都历历在目，你自己从小到大的整个发展过程及结果都显示给大家了。大家就很容易地根据你的一贯表现，给你做出既符合实际又让人心悦诚服的结论。

因此，在六十四卦中，一般第六爻的爻辞往往都是很明确、很肯定的词句。一看往往就能明白地知道它的意思。

可是，在六十四卦中，初爻的爻辞却往往是比较含糊的词语。需要反复地琢磨一阵子，才有可能明白它的真实含意。

六爻卦的初爻，表示任何一个事物或事物的"根本"。

以什么为本？就是以什么为事物发展的基础的本质问题。

"初爻"为"本"。"本"就是本来、本源、源本、根本之意。

上（六）爻，表示任何一个事物或事物的最终、最末状态。

事物发展到最终、最后阶段，在易学哲理中就称其为"末"。

故而，初爻与上（六）爻又叫做"本"和"末"。二者合之，名为"本末"。

所谓"本末倒置"，就是指，将这两个爻的位置、状态及内容搞反了。本来是事物已发展到末了阶段——已穷途末路了。你却认为是刚刚开始。刚刚开始嘛，你却又认为已经发展到头了。这就把主次给搞错了。因此，也就说其"本末倒置"。

"降本流末"，就卦中的意义来说，是说由上爻位置降下来到初爻的位置。这叫"降本"。由初爻的位置流行上去占据了上（六）爻的位置。这叫"流末"。这两种情况是一种事物的交换更替过程。

因为任何一个事物发展到最后，即发展到消亡了的时候，同时这也是新生事物产生的时候。新生事物产生的同时，也预示了是旧事物的消亡。"物质不灭"嘛，事物之间就是这样一种不断更替转化的过程。

所以，在汉朝以前，易学者认为卦中的每一个爻都代表其不同的层次及位置。

对我们人类社会来讲，不同位置上的不同的爻，可以代表社会上不同的阶层、等级、分工或素质层次等。

而且，任何一个事物，都可以通过六个爻将其分成6个或6种状态、层次等。

当然了，其适应范围是"其大无外，其小无内"。

你可将不同的单位分成6个层次等级。

不管此单位是什么级别，其内部都可以分成6个层次、6个部分、6个级别。

但是，在不同层次、范畴、单位、类型等状况之内，同样位置上的同样的一个爻，其代表或表示的具体事物及内容可以是不一样的。

在汉朝时所确定的与卦的爻位相对应的等级制度，就有汉代易学家们，通过6个爻（一个六爻卦）进行表示社会不同等级及阶层的表述方法。

其中：

初爻代表社会最下层的"士"、"元士"。

二爻代表"大夫"，即士大夫阶层。

因为"士大夫"（二爻）跟上面的君王（五爻）有个相互"应"的关系。说明他们虽据社会底层（下卦位置中），但其往往都有"后台"做依靠。所以，《易》传曰："二爻多誉"。在六十四卦中，二爻的爻辞多为美誉之辞。士大夫阶级虽然没有太大的实权，但往往一般谁也惹不起他们。因为他们往往跟有权势的君王关系亲密。他们又是下层的核心（下卦的中爻）人物。皇上、君王是上层社会的核心（上卦的中爻）人物。下层烘托着上层。虽然"大夫"们不是什么大官，但是在基层（下层）能吃香的喝辣的，很吃得开。大家往往都喜欢围着他们转或拍他的马屁。

三爻代表"公"、"大公"，王公大臣之"公"。

四爻代表"诸侯"，各霸一方。

五爻代表"天子"、"君王"之位。

所谓"九五之尊"就指的是在五爻的位置上。六个爻中，阳数最大就只能是五啦。是在第五爻位置上，那就会得"位"，又得"中"，还得"正"。因而，五爻为"天子"之位、"王"位、

"尊"位。

上爻代表岁数大了，不能掌实权"争战"了。只能在后面摇羽毛扇，出出主意。这就到了上爻所反映的"宗庙"阶段了。

"宗庙"之意，除了表示前辈、祖宗之意外，还有一种崇敬、崇拜之意。按现代的说法相当于我们"顾问委员会"的"顾问"。他们没有什么实实在在的太多的权利和责任。但有些事情还要经常想着他们。为什么？因为有时有些事情还要请教请教有丰富经验的他们。依靠他们多年的老经验给出些主意，想些办法；利用他们有社会影响的那些社会的"老"关系，做为一种后（备）台的支持。

古时候，社会也是类似这种的状态与结构。

任何一个卦都可以表示任何一个完整的事物或事物群体（集合体）。

"本"和"末"是表述一个事物的始与终两头的。一个表示开头，一个表示最后。

但是，反映这个事物及其大小与量化，可以根据你所观察的那个事物的范畴及其具体情况随时而定。

范畴确定之后，你就可随时将它按六爻卦的分布比例划分为6个等份。

古代汉朝以前，人们往往把一个卦像楼梯一样，一层一层地去表示社会的各个阶级及阶层。把不同的各种社会关系划分为6个层次、6个部分。这是指六爻卦对整个社会的划分表述及表述方法。

如果将卦用到你的全身，又如何来划分呢？

咱们讲，易卦的使用范围是"其大无外，其小无内"的。就是到这里，这个道理仍然不变。那对应到人体上是怎么用呢？

比如：

"初爻"可以表示为脚或脚趾头（表示身体的最下端或最末端）。

"二爻"表示胫骨（小腿部）。由脚发展到了小腿部。

"三爻"表示股（胯股）。已经发展到身体的中间支撑部位了。

"四爻"表示腹部或胸部及心、肺一带。

"五爻"表示头面部。

"上爻（即六爻）"表示巅顶部。已经发展到人的头顶——身体的最上端。

这样你全身从脚趾头到腿、到胯股、到胸腹、到面部、最后到头顶，全身大部位就都有了。把你从下到上的整个身体划分成了6个部分。

不这么划分行不行？

当然你将四、五、上爻做为：

"四爻"为腹，

"五爻"为胸，

"上爻"为头，

也可以。

总之，一个六爻卦基本上可以这样来表述一个事物的全部或全部的事物。

当然，你如果想更准确、更确切地描述一个事物的话，你可采用"六分法"。

使其每个爻占全部事物的六分之一。将一个事物从下到上、从后到前、从右到左、从北到南的把它等分成六节儿（6 等份），来研究它们（份与份，节与节）之间的关系。再加上两头的两个爻，又会富裕（补充）出来一部份，正好将事物表述完整。只不过，这两头区域部分的选取与确定，是要根据事物的具体情况和分析研究的要求及需要，可以划大，也可以划小。

通过运用易卦的表述规律，从事物中，根据需要任意选取一个表述范围，可是其表述的对应关系却永远不变。

这就是易学中讲的整体性规律。由此，我们可以联想到易学规律反映的也是全息性的表述方式。"宇宙全息"也好、"生物全息"也好，或是"生命全息论"也好……都是一种表述事物共同规律的方法。

比如：我们可以通过手指来模拟你全身的全部情况。

首先，选取食指的最上端这一节儿——手指"肚"为全身对应比例区域。

一节手指就能代表你的整体。表示你的全身情况。

按易卦比例关系将你分割，这样你的心脏就处在上下相当于第四爻的位置。你再把这节手指肚 6 等分。从下面节纹上来到手指肚的三分之二的位置，划一条横线。然后，再将此手指肚从左到右分成 6 等份。从右到左的六分之四的位置上，划一条竖线。与横向三分之二的横线相交。形成一个交点。再把此节手指前后分成 6 等份。由前面横竖线交点，从手指肚向指背方向六分之二的深度上，用手指一掐，只要是心脏有疾患，这个部位往往是个压痛点；皮肤组织下面也往往会有个"筋疙瘩"。你可以用力地揉掐这个疙瘩，一会儿，心脏就会感到舒服些了。没有使用大量复杂的仪器设备测试，就按着这种对应比例关系一比较，在这一节手指肚上就能找到对应诊治点。

如果嫌这个对应部位太小了，不太容易选取对应位置。咱们选取的部位区域长一点或大一点行不行？

用两个紧连着的手指节对应全身行不行？

照样可以。你把这两节手指做为你全身的整体。照样按其上下比例平均分成6等份。然后，你将其由下往上两节手指总长度的三分之二处，横画一条线。照旧又从手指右侧的三分之二处竖画一条线。又会产生一个新交点。以此交点，由手指前向手指背方向的六分之二处，你心脏如果有病，它又会在这个交点处有一个疼点（比前一种情况，疼点的位置往下了一点）。同时皮下组织也会有个结节之类。按摩、揉掐此处，等到这个结节的疼痛及其自身变软或消失后，你的心脏病往往就能缓解或减轻乃至治愈。

如果，你还嫌这个区域小，我再选择更长的区域行吗？

照样可以。你就可以用整个食指作为一个单位，代表你的全身。

按以上的划分原则，上下、左右、前后寻找到比前面位置更低的一个交点。同样是个压痛点。通过这个点，又可以对心脏的疾患进行对应治疗。

你嫌这个区域还是太小，再长再大一些行不行？

用你整个的手掌做为你整体的对应表述。按以上原则寻找，又会找到一个与前面各法不同位置的对应痛点。揉掐此处照样可以对心脏进行调治。

如果还不行，我将区域扩大到用整个小臂进行全身的对应表述。你照样可以在其对应的比例位置上，找到一个痛点。同样可对心脏调治。

如用整个手臂进行表述。这样做同样会找到一个对应痛点进行治疗。

如果你还不满意，你说我就用中指中间这一小截表述全身行不行？

当然这一小截也可以反映你全身"风貌"。在其对应位置上也可以找到一个对应痛点进行治疗。

这就是易卦所反映的人体、生物的全息律。或者你愿意用你的全身做为表述区域，在一定比例的位置上肯定也有个痛点。按揉这个部位，也会达到治疗效果。同样你用个脚趾头或整个脚底、脚面也可以这样分……不论从你身体上的哪个部位或任选一个区域，都可以对应的反映你全身的情况。但其对应的根本的比例关系是不变的。

掌握了这种易学的类比方法以后，就可达到"法无定法"的地步了——好像摸着身体的任何部位都能调治心脏病似的。这实际上不是"法无定法"，而是有一个规律的定法。只是你原先不知道这种类比规律原则而已，误以为无法无天了；好像没什么规律可寻似的。甚至有的人还会觉得挺邪乎：唉呀！这老师真神啦，特异功能真厉害！摸哪儿都能治病。实际上，不是如此。因为他掌握了这么一种规律。他不管怎么个摸法，或者是摸哪儿，都应符合这么一种易学对应比例关系。

无论从易学的"圆图"、"方阵图"来讲，或者从它爻位之间的关系来讲，其中的规律分布及逻辑关系是不变的。也是符合事物发展分布的客观规律的。

总之，

"初爻"表示一个事物的"变之始"状态与阶段。

表示事物刚刚开始变化、刚刚开始产生的时候。表述一个事物变化的初始阶段。

"二爻"表示一个事物的"变之显"状态与阶段。

表示事物已有比较明显地变化和变化地比较清楚了——已经显示出来了。故"二爻"又称做"变之分"。表示事物通过此阶段的发展变化，已经能与其他的事物区分及分辨出来了。它也可以从其他事物中分离出来了。

"三爻"为事物"变之通"状态与阶段。

事物经过生长、壮大、分裂，显示出它的能力。从理论上讲，如同人一样，明白了许多的道理。适应了更多的环境条件。他的各种经验、方法、路子等各种渠道、关系及方法等，都丰富且非常通畅了。

"四爻"表示事物的"变之动"状态与阶段。

了解掌握了事物地发展趋势及规律，就开始付诸行动了。但是在行动的过程中，由于实践的经验还不太充足，往往容易犹豫不决，来回折腾，试探着做。带有很大的盲目性。甚至会做出一些令人担心的事情来。

等到通过不断地辛勤劳动、实践以后，就到了"五爻"所反映的"变之成"状态与阶段了。

经验丰富了，规律也把握住了，工作实力、魄力达到一般人达不到的水平。所以事业就能成功了。

事业成功以后，再往下发展去的话：因为任何事物发展变化到最后阶段，就要向其相反的方向（方面）发展（不能总是不变的。易学的主要思想之一就是"变易"）。这就到了最后事物的

"变之终"状态与阶段。这也就是"上（六）爻"所表示的事物发展的最终阶段（状态）。

通过《易经》"乾"卦的爻辞中所反映的内容可以看到：

第一（初）爻曰："潜龙勿用"。叫"潜"。

第二爻曰："见龙在田，利见大人。"称"田"。

三爻曰："君子，终日乾乾，夕惕若，厉"。"君子"这指的是人的问题了。一天到晚提心吊胆，前顾后盼，时刻警省自己、提醒自己地过着日子。

四爻曰："或，跃在渊。""或"通假字与"惑"相通。就是疑惑、迷惑、搞不清楚之意。说明带有恐惧、危惧的心理。

五爻曰："飞龙在天"。说明已登上了"王"位（最高权力之位），广阔天空任驰骋。

上爻曰："亢龙有悔"。"亢"，做的太过分了，就要失败。

发展阶段论的思想始终贯穿在整个的卦爻和卦爻辞中间。看到这些卦爻辞之后，就会了解到不管什么事物总是有个"本末"（来龙去脉）的。事物的发展总是要将其限制在一定的范畴、范围等条件里。表面看来，虽然卦里不一定会给你指定个什么具体框框，但任何事物及其中间的发展全过程，均可以被完整、全面地表述。

如果想确定观察、研究事物两头的范围、范畴的界限的话，在《易经》里，往往通过各种语言，或者对各种事物的不同表述方法来确定这两头的位置。

比如：

这个初爻在《易经》的爻辞中，有很多很多的辞可以反映它的概念范畴。

其称初爻为始、为潜；代表下、趾、足、尾（"履虎尾，不噬人。"表示虎尾巴）等等。其表示一个事物刚刚开始；或者最后最下方的最末端；或者是最后最底下的那个"头"（起、始、端）。这是表述事物的下限。

上爻为上限。

它除了表示"亢"以外，还表示变之"终"。表示上、高、穷（到头之意）、首（头及最先头之意）、角、口、舌、辅、颊、颠等事物的前、上末端、顶点或终结位置（包括时间位置）。

"起辞拟之，卒成终之。"《易传》中有很多类似这样的辞句、爻辞和字，用来表明一个事物的起初和最后结果。

这就是"爻位之象"及其规律和意义。卦体的六个爻的位置，可以被看做表示一个不同层次或处在不同位置的事物。从横向看、竖向看或者前后看，同时把它等分成6份。不同的份可以表示不同的位置、不同的发展阶段和过程等。通过这种方法可以分析任何事物。前面讲过，它表示一个整体的人（一个竖直或平躺着的人）的表述方法。一件事情或一个范围和一定范围内的人群，都可以将他们按一定的方位把他们分成6等份（按由其下、后、底面向上、前面的顺序分成6等份）。这样就能找到与其事物对应的"合力点"（主要矛盾或矛盾的主要方面）。实际易学中的"爻位之象"，它是一个上下、左右、前后立体的地分析定位过程。

咱们前面还讲到，一个六爻卦，既能表示上下、左右、前后，又能表示远的、近的、内部的、外部的、好的、坏的等等事物。一个卦就可以在你的头脑中形成这么个全面的整体概念。在这种概念的指导下，就可以把它套到任何事物上去用——去联想、分析、了解、认识一切事物。

　　易学中的这个辩证规律是不变的。这是一种思想方法。是表述及概括事物的一种比较好、比较便捷的思想方法。

第七节　互体之象

"互体之象"又叫"互象"、"互体"、"互卦"（不同的书中其叫法不一样，但指的都是卦中的结构规律）。

"互体之象"的定义，传统易学界认为：

一般指，一个六爻卦的卦体中，二、三、四爻与三、四、五爻又构成的连体卦形，叫"互体之象"。又名"互卦"、"互象"。即将一个六爻卦下上两头的初爻和上爻去掉，剩下中间四个爻构成的联合卦体，就是"互体之象"。它是由相邻的两个三爻卦连体构成的。

例如：天泽履（䷉）卦。

去掉下面的初九爻和最上面的上九爻，中间四个爻形成了家人（䷤）卦。此卦上部三个爻组成巽（☴）卦，下边三个爻组成离（☲）卦。二者上下连体（中间有两个共用爻。说明二者有很多的共性。"同声相应，同气相求"，二者发生共鸣、谐振。故而互相依靠，连手共体），构成家人（䷤）卦。这四个爻之间，实际内含着一个六爻的风火家人（䷤）卦。

在汉朝以前及传统易学著作中，把这两个卦组成的四个爻的卦体，叫"互体"。

它表述什么呢？

假如，还是举天泽履（䷉）卦为例：

一般以其上卦乾（☰）卦表示事物的外部、外表或外部、外表的事物之类。其下卦兑（☱）卦表示事物的内部、内里或内部、内里的事物。可是，现在以上下两头三个爻的乾（☰）卦及兑（☱）卦表示其事物的外部、外表或外部、外表的事物。以中间四个爻形成的"互体"［即巽（☴）卦及离（☲）卦］，为中心（核心），表示事物的内部、内里或内部、内里的事物。

外部的两个（乾、兑）卦，表示现在的情况。

内部的两个（巽、离）卦，表示将来发展的趋势。

这种表述方法的确立，说明了，任何一个六爻卦的中间（内里），都潜含着一种能反映事物将来发展趋势及其最终结果的状态模式。因为事物往往是由中间向四外发展变化的，其将来的变化趋势与结果，一定内含在事物的内部。

这也是古"易"中的一种思想方法。

在古"易"及传统易学方法中，只是以二、三、四爻与三、四、五爻形成的这个连体卦，称做"互体"之间的关系。

现在，我通过大量地实践证明，应该将这种"互体"方法及规律，发挥、延伸、扩大其适用范围，才更符合创"易"的根本思想。

要如此去做，就得先搞清楚一个六爻卦自身内部构成的一些特点。

比如，仍然举天泽履（☱）卦为例：

因为任何相邻的三个爻，都能组成一个"经卦"（又称"八卦"、"基本卦"）。所以，一个六爻的六画卦体中，实际是由四个相连的三个爻的"经卦"组成的。

而这四个"经卦"中，任何相邻的两个"经卦"，又可以构成一个"互卦"。

这样看来，天泽履（☰）卦的全卦，实际是由三对四个爻的"互卦"组成。即由下往上看分别为：睽（☲）卦；家人（☴）卦及上面的姤（☰）卦构成。

而不是只由家人（☴）一对四个爻的"互卦"构成天泽履（☰）卦的"互卦"了。

"互卦"有什么用？

它可以表述我们前面曾讲过的"比合"之意。代表一种亲信、亲近、亲密的，互相依靠、紧密相连的一种特殊关系。两者之间从属性上讲有一定的共性关系，互相离不开，又互相制约。

这是为什么呢？

因为，它们互为"互卦"的两"经卦"之间，共同地共用了两个爻。因此，这两个"经卦"之间有很多（占各自的三分之二）的共性存在。最多两者只有三分之一的区别（大多数情况下，三个爻中，各自只有一个爻不同于对方）。只少两者存有三分之二的共融性（各自三个爻中，有两个爻都是共同使用的）。所以说，这两个"经卦"间有很紧密地联系。

两个"经卦"实际可以看做表示的是两个或两类事物。故"互卦"就是表示两个紧密相联系的事物相互之间的关系的。即事物间的某种相关联系，可以通过"互卦"的形式进行表述。

一个六爻卦，通常可以认为：

上面的那个"经卦"表示事物的上部或上部的事物；

下面的这个"经卦"表示事物的下部或下部的事物。

还是举天泽履（☰）卦为例子：

将其从上往下，按各对"互卦"内的联系，确定其各自所表述位置的上下、内外，顺次并进行逐步分析。

从其上面这四个爻组成的"互卦"［姤（☰）卦］来讲，
谁是下卦、内卦？

谁是上卦、外卦？

将此四个爻的姤（☰）卦看做是一个整体事物。

那么，依易学上下之正常次序，乾（☰）为此事物的上部，
巽（☴）为此事物的下部。

针对中间四个爻组成的这对"互卦"家人（☲）卦事物整体
来讲，巽（☴）为此事物的上部，离（☲）为此事物的下部。

最下面四个爻组成的这对"互卦"睽（☲）卦事物整体来
讲，离（☲）为此事物的上部，兑（☱）为此事物的下部。

就整个六爻的"履"（☰）卦来讲，从中间将它上下对半分
开。那么，又会是，乾（☰）为此事物的上部，兑（☱）为此事
物的下部。

上下的分布确定很容易。各"互卦"内部到底谁是内？谁又
是外呢？

这就不能简单地按卦的上下位置对
应规律分了。往往对"内、外"的认识，
咱们也与古人及传统方法有所区别。

到了最下面这对"互卦"，其"内、
外"之分，反而要反过来看了。

因为，一种方法是从卦的竖直方向
依次顺序"上、下"看，而另一种方法
却是由卦的中间同时向两头（外），即更
大的范围上去"内、外"看。

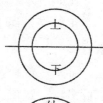

分割圆图

我用两个同心而半径大小不同的同心圆，从中间通过圆心画

一条分割线，将这两个圆同时分成上下均等的两部分，来说明这个道理。

在线的上半部表示六爻卦的上半部，线的下半部表示六爻卦的下半部。

分割线将大小不同的两个同心圆从上到下分成了四个部分。相当于一个六爻卦中的那四个紧紧相连的三爻（"经卦"）卦。按序当可知各卦之间的"上、下"关系。

外边这一个圈带（大圆比小圆多出来的那部分）表示六爻卦（事物）的外部，中间这个小圆表示六爻卦（事物）的内部。这样就很容易的将六爻卦所表示的（事物）"内、外"关系搞清楚了。

这种方法一定要掌握清楚，掌握熟练。其卦中，卦与卦之间关系的确定，得看是对谁（哪个"经卦"）来说了。这不仅仅是个平面表述模式，还是一个立体表述模式（可以将圆想象成具体的球体来理解）。

比如，你想调动工作。

正好又是遇上了通过对应的天泽履（☰）卦来分析其调动事宜。

那么从全卦看，上面为乾（☰）卦，下边是兑（☱）卦。看到此卦后，就知道调动工作的手续，必须得按正常的正规手续来办才行。

为什么？

假若，兑（☱）卦为调动的主体。上面的这个乾（☰）卦就是你单位的上级领导。他跟你兑（☱）的关系挺好，都是属"金"性的。"比合主喜"吗。乾兑意愿相合，关系不错。但是，你所处在的具体部门［初至四爻"互卦"睽（☲）卦］的内部那个离（☲），即部门负责人离（☲）"火"克着你这个兑（☱）"金"。她不同意（克着）你调动。可是，上级单位（上面）的总头（乾）与你关系挺好。除了总头（乾），副总（巽）由于（乾）"金"克（巽）"木"，一定会听从总头（乾）的指挥的。而你兑（☱）"金"也克着他这个巽（☴）"木"。因此，与他打交道，基本也是你说了算。所以，这个副总（巽）他不会反对你调走。

这结论就是通过内外"互卦"间的关系分析得来的。

思维方法是将一至四爻组成的"互卦"——睽（☲）卦，做为一个具体部门的整体来看。离（☲）、兑（☱）就做为你所在的具体（本）单位的内部关系构成因素。这样在本部门（一至四爻组成的"互卦""睽"）中，兑（☱）做为你，处于下卦。离（☲）处于上卦，做为你所在具体部门上面的那个头（领导）。这样你部门内的上下级及其他关系就看到了。

下面我们再来看看你单位上层干部的情况。

即三至上爻组成的"互卦"［姤（☴）卦］。

从中看到，处在上卦的一把手（乾）已经让下面其他干部（巽）在给你办调动手续［二至五爻在六爻卦的中间组成的"互卦"家人（☲）卦］了。因为乾（☰）"金"克巽（☴）"木"，他必须得给你办。他（巽）"木"与你（兑）"金"是处在一种被受克制的被动地位上。只要跳过本部门的头［离（"火"）克乾、兑之"金"，反对你调出。又被副总巽（"木"）所（生）支持］，走上层路线，按正常（"履"卦有照规矩行走之意）手续办理即可。千万不能搞歪门邪道。要严格谨慎的办理。

有了这种定位分析方法，事物内部更具体的情况也能看清楚了。由于每个卦（包括三个爻、六个爻的卦，以及四个爻、五个爻组成的"互卦"结构）它形成的形象、形态、结构等原本就不一样。那么，很自然的，它内外、上下的一些具体内容及关系会产生一定地变化。这就是"互卦"的一种用途。

比如：从外部来看，说你在哪里呀？你具体单位在哪儿呀？

还是通过这个天泽履（☲）卦中的内涵进行分析。

假若，"体"卦还是下卦兑（☱）。兑为西。说：你在单位的西边。因为是"体"卦，它所表示的是主体方向。再看看它（兑）"互卦"［初至四爻组成。其上卦为离（☲）卦］中的上卦离（☲）卦（"用"卦）。离表示是正南边。那么，从这个总体"互卦"［睽（☲）卦］来看，其本单位的具体位置是在西边偏一点南的位置。

"体"就是所要判断的主体。

"用"就是与"体"相连、相对应的其他一切事物。

"体"是主要、主流的主体。

"用"是次要、支流的客体。

上面卦中一至四爻的"互体"中，兑（☱）是"体"，离（☲）为"用"。故主体主要是在西边。客体次要决定在南边一部分。二者合判：为西偏一点南。

假如，分析她在家中，是排行老几的女儿呀？

首先，可以确定她是家中最小的那个女孩［兑（☱）卦表示少、小之女孩］。但是，从全家兄弟姐妹整体排行来讲，她排行应该是老三。这是由"互卦"中的离（☲）卦来确定的。离（☲）在"先天卦序"中表示为三。如果，"体"卦类似于是"主语"的话，"用"卦就是其"谓语"或"定语"。"互卦"就能起这么好的作用。通过对"互卦"的分析，可以给事物一个既定性又定量的结果。从表面看、从整体看、从具体看、从内部看、从外部看，都可以通过"互卦"的结构关系给以标定。它们两卦之间的辩证关系是固定的。它们之间也是互相定性、定量的关系。

说你是穿什么颜色的衣服呀？

还是以一到四爻的"互卦"来分析。一看兑（☱），其为白色。但是，内里（内卦）带一些红颜色［离（☲）卦表示红色］。因为兑（☱）为"体"。故其为主要色调——白。离（☲）为"用"，为次要色调——红。所以，可以确定其衣服的颜色是白里透红，浅（白）粉红色的衣服。通过对"互卦"的具体分析，颜色及其色调这不就确定了吗。

有了八个"经卦"所表示的那些种基本颜色，将其卦上下搭配起来。只要有了"体"（主要）"用"（次要）的确定，那么颜色还能搭配不出来吗。所以，一看到人穿着什么颜色的服装、服饰之类，就出卦了。怎么出的？就根据以上搭配原则确定出的。

一看你上身穿着是红色的，下身穿了条白色的裤子。

按成卦的上下规则得火泽睽（☲☱）卦。说明你心里想的事，你恐怕是做不到的。虽然你嘴上说（兑为说）的好（离者，丽也）听，心［离（☲）为心］里想的很美（离为美丽），但没有实际行动。说明你的口才（兑为朋友讲习）好（离为漂亮）。有很强的"攻关"（兑为朋友）能力（公共关系好）。也说明你所想（离为想）的与实际情况是两码事（离中虚）。还说明你家庭及单位内部人事关系不合、不团结，分歧很大。更说明与爱人经常见不到面——"背井离乡"的。爱人在外，心里很想念她（离为想），但往往又很难见到面。可是一见面又吵嘴（兑为口舌）。

哟！这些事你怎么知道的这么确切呀？是你穿着的衣服颜色告诉我的。

还有从身体来讲：

你的血（离为血）压低（兑为低）。右（兑为右）眼（离为目）视力差（兑为毁折、为损坏）。经常容易得咽（兑为口、为咽）炎（离为热、为充血）。肛门（兑）有痔疮（离为充血状、为炎症）。子宫（离中虚）做过流产或手术（兑为毁、为损、为坏）等。因为兑（☱）卦在下卦，故联想到身体及体肢下面的事。通过上下卦意来看，这样来看问题就变得非常简单了。

再深入地看一下火泽睽（☲）卦之内的其他事情。

因为卦的中间（内里）还含有其他的卦。你们相互的关系，一看卦的内里结构，就明白了。二至五爻组成济既（☵）卦。说明你们俩已经准备结婚了。就因为定了婚期（济既了），你盼望着这个日子早日到来，你才想（离为想）她呀。你通过易学的卦象内涵，凭其穿着衣服的色彩，马上就可以判断与他有关的一些事情及其结果。你心里想什么，你必然穿着某种颜色的衣服，这也就说明了某种规律的存在。细致地分析得出相应的论断，往往离不开对"互卦"这种性质及规律所反映情况的逻辑分析。

比如，还是天泽履（☰）卦这个例子：

还是分析你办手续准备调动工作之事。

上面领导已经批准你调动了（乾、兑"金金相合"）。但是，下面还有些阻力（离"火"）中间三至五爻组成巽（☴），巽为一只笔在纸上写〔二至五爻组成的"互卦"家人（☲）卦〕，其下面文件、手续（离为文），还没有办理妥当（"互卦"为"睽"。表示事与愿违）。到底你们这个部门中，除了卡着你调动的这个人，与你意见不一样的这个人（离为火）以外，你们俩人之间是不是还有别的什么人在捣乱呢？也就是说，除了你们两人以外，是不是还有其他什么原因，造成了你还不能马上就调动成功的呢？那就要再仔细地看看，是不是你周围还有别的什么人在发难？有没有还可以利用来克制反对你调动的什么人？你好针对性的去做工作。这时候，就要把一个外表看起来很简单的事物，等于放大一样将其扩展。使其内部隐藏的内涵都展现出来，这样才能看清楚。这就要靠易学的"放大"思维方法来提供思路了。

这种能引伸"放大"的方法，在易学规律中，被称做"连互"。

"连互"分为四个爻之间的"连互"和五个爻之间的"连互"两大类型。

下面先讲讲四个爻之间的"连互"规律。

1. 四个爻之间的"连互"

定义：四个爻之间的"连互"：就是将六爻卦中，任意紧相连的四个爻的单元，将其中间的两个爻同时重复使用一次，又形成了一个新的六画卦体。这种成卦的方法就叫做四个爻之间的"连互"。又名为"四爻连互"。新的六画卦体，被称为原四爻卦体的四爻"连互"卦体。

比如：继续用天泽履（☰）卦为你所要调动工作为例。

其初至四爻为"互卦"睽（☲）。将其中间二、三两个爻同时重复使用一次，得火泽睽（☲）卦。这样做完后，你再看看，这个事物（卦）是不是可以看得更深入、更细致了。

　　除了睽（☲）卦原来卦中的离（☲）兑（☱）两卦外，中间又出来个（四个爻的）既济（☵）卦。可能是一对夫妻或是两人关系非同一般的人。此卦中又出来了两个事物（两个卦）。即坎（☵）卦及离（☲）卦。这样一来，原来两个事物间的矛盾组合就变成了四个事物间的矛盾组合。事物内部隐藏着的某些矛盾，是不是被揭示出来啦。

　　"连互"得到的火泽睽（☲）卦，

　　其上面三至上爻是未济（☲）卦。说明单位中原来反对你调动的那个人［四至上爻的离（☲）卦］，与你北边（坎为北）你协助他工作的［你为兑（☱）"金"，生着他三至五爻的坎（☵）"水"］那个人，他们之间还没沟通（未济卦嘛）。可是，与另一个南边（离为南边）的同志已达成默契［离（☲）与离（☲），"火火"相"比合"］。比如，说你们部门是处级单位，处长［三至上爻的离（☲）卦］与南边那科长［二至四爻的离（☲）卦］，俩人共同挤兑另一个副（坎为排行第二）处长［三至五爻的坎（☵）卦］。即火泽睽（☲）卦二至上爻［五个爻的离（☲）卦］所反映情况（坎夹在二离之间）。坎（☵）为中男，故其为部门的二把手。其又处在火泽睽（☲）卦的上半部，故定其为处里上层领导的副处长。他［三至五爻的坎（☵）卦］虽没与上面的一把手——处长［四至上爻的离（☲）卦］沟通［四个爻的未济（☲）卦］，达成一致意见，但与南边那个科长［二至四爻的离（☲）卦］已沟通，达成了一致的意见［四个爻的既济（☵）卦］。科长［二至四爻的离（☲）卦］服从副处长［三至五爻的坎（☵）卦］的意思。也就是说他（坎）已经把科长的"火"（离）给灭了。因为（四个爻的）既济（☵）卦，其水（坎）在上面向下流，就一定会灭掉下面这个往上炎的"火"（离）。但其（坎）上面的那个处长［四至上爻的离（☲）卦］，火是往上炎的，还没沟通。那么，你［初至三爻的兑（☱）卦］就得给他［三至五爻之坎（☵）卦］——副处长加加水（兑"金"生坎"水"）。水大了，多了，就能克制住"火"（离）了。因此，你就得做做副处长的工作。请吃吃（兑为吃）饭，喝个酒（坎为水、为酒）之类的，就能搞定。这样就把你们处里的一些内部情况就搞得更清楚了。

处里的事情是搞清楚了，事好办了。

看看上级单位的上层领导之间，是不是还隐含着你还没意识到的不同意见和反对者呢？这就转成分析上层领导的问题了。变成观察、分析上层领导之间的关系了。

即天泽履（☰）卦中，

三至上爻［四个爻的姤（☴）卦］内部的矛盾分析。这就又是四个爻之间的"连互"问题了。同样将四个爻的姤（☴）卦，其中间的两个爻同时重复使用一次。再加上原来四爻姤（☴）卦的最下和最上头那两个爻，就又形成了一个新的六个爻的天风姤（☰）卦。

分析其中，说明上面的三个头［四至上、三至五、二至四爻均为乾（☰）"金"。"金金比合"——意见一致］都默契的同意你调走。其下面的这个副头［初至三爻的巽（☴）"木"］坚决服从其他头［乾（☰）"金"］的决定（姤即沟通、理解、体谅之意）。上层领导之间没什么问题了。因为三个主要领导［三个紧挨在一起的乾（☰）卦］都为"金"性，与你这个要调动的兑（☱）"金"性相合——达到默契支持你的决定。已将调动之事压

[三个乾（☰）"金"] 在上，克制着下面这 [一个巽（☴）"木"] 下去，交给副局长 [巽（☴）卦] 去办理了。

调动手续的顺利办理在上层领导中是没问题了。

中间单位（中层干部）或部门（环节）还有没有问题？局长和处长之间还有没有什么猫腻？

这就需要分析中间二至五爻之间的这个表述内涵及过程了。

即分析这四个爻的家人（☲）卦。

同样，将其"连互"成六个爻的风火家人（☲）卦。从中可以看到，副局长 [四至上爻的巽（☴）卦] 对你部门的处长 [三至五爻的离（☲）卦] 及副处长 [二至四爻的坎（☵）卦] 下面的科长 [最下边那个初至三爻的离（☲）卦] 特别好，往往无原则的支持（巽"木"生着离"火"）她们。虽然，副处长 [二至四爻之坎（☵）卦] 能控制住处长（三至五爻之离）及其下属的科长（初至三爻之离），可又得拍 [坎（☵）"水"生着巽（☴）"木"] 副局长（四至上爻之巽）的马屁。可是，你 [兑（☱）"金"] 与上层的三个局领导 [乾（☰）"金"] 都对副处长 [坎（☵）"水"] 格外的关照（乾"金"及兑"金"都生着坎"水"）。所以说，最后工作能不能调成的关键人物就是这个副处长（二至四爻之坎）。

通过总体及分层次地"连互"观察和分析，了解到，你调动工作这件事儿。表面及总体看，是四个人物、四个矛盾主体（事物）在相互起作用。四个爻之间这么一"连互"，却变成了 4 乘 4 等于 16 个事物。即 16 个卦——16 个矛盾之间的关系。

虽然这些（16 个）卦中存有重复性的关系，但是通过这种变换，至少也反映出是 10 个事物之间的关系。与我们最初只有

4个事物之间的关系的结论，可是完全不一样了。

按"连互"这样的思维方法去做，观察分析同一件事物就会更全面、更具体一些。

靠这四个爻之间地"连互"，就可以把一件复杂事物的内涵内容搞的相当清楚。表面看是两个事物间的矛盾，可是其事物及矛盾之间还含有其他的事物及其矛盾。

当然了，你根据这种观察分析方法，还可以在"连互"成的新卦形中继续去展开。

但是，四个爻的既济（☲☵）卦"连互"展开后，仍然是水火既济（☲☵）卦（没多少新的矛盾关系）。

四爻的睽（☲☱）卦"连互"展开后，成为火泽睽（☲☱）卦。已产生出了新的矛盾关系。

上边四爻的姤（☰☴）卦"连互"展开后，成了天风姤（☰☴）卦。你再展下去就成乾为天（☰）卦了〔都是一样的乾（☰）卦〕。卦及卦形都一样了，按传统易学概念认为再"连互"下去也就没什么意义了。就不必再"展"啦。

像风火家人（☴☲）这个卦还可以"展"。其下边的这个四爻既济（☲☵）卦还能"展"一次。这样"展"——"连互"下去，只要有足够的人物存在，你单位中更隐蔽、更复杂的人事关系也会被揭示出来的。

这是四个爻之间的"连互"规律。是解决考虑、观察、分析四个事物间的矛盾关系问题的。

四个爻的"连互"，根据分析事物的需要，差不多（有些易学界人士认为是"最多"）连续"连互"两次就基本够用了。

否则，第三次再"连互"下去，基本也只会得到乾为天（☰）

卦、坤为地（☷）卦、水火既济（☵）卦和火水未济（☲）卦这四个易学中的最基本的卦了（返本归原）。所以我们平时常常会说"事不过三"、"再一，再二，不再三"、"否定之否定"。事物都变得一模一样。没有差异，没有区分，如何去观察、分析、区别事物。就是想去分析也没什么多大意义了。

因此，易学将六十四卦中的乾、坤、既济和未济四个卦作为事物本源的四种基本结构形式。故"卦序"及"序卦传"，均起于乾、坤两卦，终于既济、未济两卦。

2.五个爻之间的"连互"

如果说四个爻之间的"连互"是揭示、解决、考虑、分析两个事物间的矛盾关系的，那么五个爻之间的"连互"就是揭示、解决、考虑、分析三个事物间的矛盾关系的。

五个爻之间"连互"的定义：

在六画卦体中，任选五个紧密相连爻的集合体（五个爻的卦），将其集合体最中间的那一个爻，重复使用一次，就又形成了一个新的六个爻的卦体。这种成卦的方法，称做五个爻的"连互"。其又叫"五爻连互"。而这个新卦体就称其为原来五个爻的卦体的"连互"卦体。

其与四个爻之间的"连互"方法的区别，在于它只是把最中间的这一个爻重复使用一次，而不再是中间两个爻同时重复使用一次了。说到底五个爻之间的"连互"，也是古易中"互卦"概念的延伸形式之一。

接着以上面所举的天泽履（☱）卦调动工作的例子为例。

比如：

想知道科里的你［初至三爻的兑（☱）卦］与处长［二至四爻的离（☲）卦］及副局长［三至五爻的巽（☴）卦］三个人或部门之间，到底是一种什么关系？中间还隐藏着其他的关系及矛盾没有？

这就用上"五爻连互"的分析方法了。

既然以上面的天泽履（☰）卦为例。

那么，其三个人之间的关系，就是由初爻到五爻之间所描述的关系。初至五爻组成"互卦"［五个爻的中孚（☲）卦］，其上面的这两个阳爻位置、性质均不动；将中间的这个阴爻重复使用一次，将其变为两个阴爻；下面的这两个阳爻的位置与性质也不动。这样就形成了一个六个爻的风泽中孚（☲）卦。

初至五爻中孚（☲）卦中含有几个"经卦"？

从下到上为兑（☱）、离（☲）、巽（☴）三个卦。

可现在又形成的这个六个爻的风泽中孚（☲）卦中，从下往上却是兑（☱）、震（☳）、艮（☶）、巽（☴）四个"经卦"了。原来中间位置的离（☲）卦变成了震（☳）、艮（☶）两卦。

这不就把事物之间的矛盾展现出来了。使我们能进一步地看到更细致的潜在关系。这样做的结果，发现了比原先更多的事物及更多的矛盾。比原先少了两对与离（☲）卦之间的矛盾［即巽与离的四个爻的家人（☲）卦和离与兑的四个爻的睽（☲）卦］，可是多出来3对矛盾（即巽与艮、艮与震、震与兑）。

假若，你想看看局长、处长和科长之间还有没有隐含着什么矛盾？

这就得看二至上爻之间的关系如何了。

从二爻到上爻组成的五个爻的卦［五个爻"互卦"为同人（☰☲）卦］，其上面的两个阳爻位置与性质不动，中间的这个阳爻重复使用一次，下面这一阴一阳的两个爻按其排列次序、位置与性质仍不动。就生成了一个六个爻的天火同人（☰☲）卦。

结果将由下往上的离（☲）、巽（☴）、乾（☰）三个"经卦"，变化成为由下往上的离（☲）、巽（☴）、乾（☰）、乾（☰）四个"经卦"。

其中，又多出一个事物［乾（☰）卦］和一层矛盾来。这样在分析问题的时候，中间隐藏着的问题就会暴露出来。更容易找到这几位负责人中的决定性因素之所在。做工作和解决问题的时候就可以向这方面努力。

由原来的六个爻的本卦，加上四个爻"连互"出来的3个六爻卦及五个爻"连互"出来的两个六爻卦，一共形成了几个六爻卦呢？

一次同时"连互"加上原卦，一共是6个六爻卦。这六个卦里包含着多少个"经卦"呢？

一个六爻卦中有四个"经卦"，6个六爻卦中，一共是，二十四个"经卦"。这是不是说明这个事物是很复杂的（"复杂"一词也是由易学中的"复卦"、"杂卦"的复杂变化中得来的），分析其事物矛盾及规律来，必须得细致、认真才行。

当然，你得到的这五个新的（事物）六爻卦，还可以继续进行"四爻连互"和继续进行"五爻连互"。它们都还能继续展开。这就得根据你研究分析事物的要求和需要，来决定其"连互"（展开）是否继续及怎么继续和继续到什么程度、什么地步了。

"连互"这种方法，在分析研究易学及实践中，是非常有用处的。它可以使你将各种事物之间的规律掌握得更细致、更深入。这样做的目的也是为了尽量多地了解各事物相互之间的关系。看看它们之间表现的是一种什么关系；这种关系与那种关系它们之间又有什么联系及矛盾；这些事物之间的矛盾如果想解决地顺利的话，如何来确定哪个是主要矛盾或矛盾的主要方面。主要矛盾一解决，其他矛盾就迎刃而解了。这也是"易简"思想的最高体现——抓住事物的主要矛盾来解决问题。

这就是易学"连互"方法的主要作用。就是把一个表面上看来很简单的事物，将其展开、放大，使其内部深层隐藏的细微内涵揭示出来。以利我们观察、分析、研究、解决事物之间的各种矛盾，近而达到事物间的相对平衡与稳定。

以上讲的是四个爻与五个爻之间的"连互"方法及分析过程。下面我们再看看它们还有些我们还没掌握的特点和规律没有？

先看一看四个爻"连互"构成的特点。

例如：天火同人（䷌）卦。

先研究一下初到四爻最下面这一组"互卦"［家人（䷤）卦］的"连互"特点。将其中间的这两个爻重复使用一次，得到风火家人（䷤）这么一个六爻卦。

这主要是哪两个"经卦"组成的呢？

风火家人（䷤）卦的上面三个爻（四、五、上爻）组成的是巽（☴）卦，下面三个爻（初、二、三爻）组成的是离（☲）卦。此两卦上下重叠组成风火家人（䷤）卦。而初至四爻的家人（䷤）卦，其初、二、三爻组成离（☲）卦，二、三、四爻组成巽（☴）卦。此两卦正与构成"连互"出的风火家人（䷤）卦的那两个卦一模一样，连上下位置的次序也一样。

这样看来你就不必要按着原"连互"定义的规定，一步一步来"连互"成卦了。

只要将需要"连互"的"互体"（包括四个爻的"互体"、五个爻之间的"互体"）中，上面的这一个"经卦"拉出来放到新六爻卦的上卦位置上，下面的这一个"经卦"放到新六爻卦的下卦位置上，就可以形成其"连互"的六爻卦体。

再举个"五爻连互"的例子。

还是天火同人（䷌）卦。

初至五爻组成同人（䷌）卦。将其中间的一爻重复使用一次，得六个爻的天火同人（䷌）卦。

上卦（四、五、上爻组成）为"经卦"乾（☰），下卦（初、二、三爻组成）为"经卦"离（☲）。而初到五爻的"互卦"，其初、二、三爻组成"经卦"离（☲），三、四、五爻组成"经卦"乾（☰）。正与其"连互"所得的六个爻的天火同人（䷌）卦的组卦主体及次序一致。故将其上三爻组成的"经卦"乾（☰）卦拉出来放到新六爻卦上卦的位置上，将其下三爻组成的"经卦"离（☲）卦拉出来放到新六爻卦下卦的位置上，就形成了与其"连互"卦形一样结构的卦体——天火同人（䷌）卦。

因为两个或三个事物（卦）有共性的、公用的部分及共同特点的存在，靠这些共有的部分（五个爻的"互卦"，相邻"经卦"间有一个共用爻。四个爻的"互卦"，相邻"经卦"间有两个共用爻。）把它们联系在一起。如果要把它们拆开的话，必须要把其内部深层的内涵关系搞清楚，才好把它们分离。这也是，"话说天下大事，合久必分，分久必合"、"求同存异"原则的易学根据。

作业：雷火丰（䷶）卦。标出其"得中"之爻；画出其全部的四个爻及五个爻的"连互"卦象。

下面小结一下前面所讲的内容。

前面讲的"中位"是指二爻和五爻来说的。处在这两个位置上就叫"中位"、"得中"、"处中"、"居中"、"得中位"等。因为这两个爻，一个在上卦的中心位置，一个在下卦的中间位置。上卦和下卦各自分别以它们为对称中心，分别以它们为核心。处在卦的这两个位置上时，爻就是比较好的爻。故《易传》的原文中有：二爻"多誉"，五爻"多功"之说。这充分说明它们占据的位置是相当好的位置。

前面还讲了"互卦"的规律及应用。原来传统的"互卦"概念是仅指二、三、四、五爻所组成的联合卦体，这个卦体又叫"互体"，它一共只有四个爻。可是因为我们正处在一个"相对论""量子"的时代，一切事物及其规律都是相对而言的。易学"变易"思想认为事物是在不断地发展变化着的。所以，可以说世间的事物是极其复杂的，因而事物之间关联的关系也非常多。原来传统概念中的这种"互卦"，是表示事物将来发展的趋势；将来发展的方向；事物的内部及内涵规律的。所以，在《易传》"杂卦"一章中你可以看到"损"（䷨）卦（"损"卦是"益"卦的开始），其后紧接着就是"益"（䷩）卦〔山泽"损"（䷨）卦的卦型倒过来看就是风雷"益"（䷩）卦〕。"益"卦表示损之开始，也表示开始的收益。可是，越往前（上）发展越空虚。为什么？其卦的中间"互卦"为剥［四个爻的剥（☶）卦］卦，是坤（☷）卦（坤者虚也、空也）及阴爻（阴爻为虚、空）。上面是艮（☶）卦（艮者阻也、止也）为到此为止，没什么发展了之意。"剥"（☶）卦之意有腐烂、腐败、脱落、剥离之意。这说明将来越发展就越不好了，故说"益为损之始"。

任何事物都不是孤立存在的。故任何一个六爻卦都内涵着与其相辅相承的其他事物。也包括其将来地变化趋势。通过运用六爻卦中间这个"互卦"的分析，就能知道其发展的方向及结果。

现在我们不只是将六十四卦各卦中间这四个爻组成的四个爻的卦体，做为"互卦"来看待，而是延伸为，任何相邻的四个或五个爻组成的卦体，都可以看做为"互卦"。

前面咱们讲"互卦"的时候，画了两个同心圆。通过这两个同心圆的分布情况，可以较容易地明白六爻卦中，上下、内外的区分。这个分布概念很重要。其中间这个"互卦"，即内卦。表示事物的内部情况。但是，这于上边四爻和下边四爻各自组成的那对"互卦"的内外卦的区分方法是不一样的。特别是下面这对"互卦"，其内外卦的位置是与上面那对"互卦"的内外卦的位置，在竖直方向上是相反的。这些概念，要在头脑中产生出它是个整体及立体的表述观念。因为易学不只是研究平面模式的学问，而是研究立体模式的学问。将卦横着铺开用，它是这个规律；将卦竖着铺开用，仍然是这个规律；将卦斜着铺开用，也还是这个规律……不管从哪个角度、位置、方向上去研究分析任何事物，这种对应及分布规律总是不变的。这也是易学"不易"思想的根本体现。

前面咱们还讲到，不管身体任何一部分，都能找到一个与你的心脏相通的对应点，对心脏疾患进行调治。无论是用一只手还是什么部位，都会在上下、左右、前后的三分之二的位置上，找到其准确的对应点。表面看这种方法好像是"法无定法"，实际是有法可循的。不过"法"是按事物本源的"先天之道"的那么一种规律，进行寻找而已罢了。

紧接着这种方法之后，我们又讲了"互卦"反映的是两个事物靠其共性联系在一起。两者的联系是非常紧密的。在分析、研究这两个事物的过程中，如想把它们之间内涵的规律搞清楚的话，就可使用"互卦"中的"连互"规律性，将其"展开"、"放大"。就等于咱们使用放大镜、显微镜把一些看不清楚的事物放大，使我们能看得更清楚、更细致一样。这种"连互"的方法在汉朝以前，易学者们用得还比较多、比较广泛。随着历史的不断发展，后来慢慢就没什么人运用了。实际这种方法在分析易卦间的关系中非常有用。它可以将事物之间的关系看得更深入、更细致——从而得出更切合实际的结论。

"四爻连互"表面看是研究分析一对矛盾（两个事物），实际是研究分析揭示这一对矛盾（两个事物）之间所隐藏的其他矛盾（事物）因素。这一对矛盾（事物）展开后，又发现了第3、第4——两个新的矛盾（事物）。

"五爻连互"表面看是研究分析3个矛盾（事物）关系，实际是研究分析揭示这3个矛盾（事物）之间所隐藏的其他矛盾（事物）因素。3个矛盾（事物）展开后，又发现了第4个矛盾（事物）。

如果一个六爻卦把所有的"连互"卦象都"连互"到一起时，这一卦就可以拉开到十几个卦——二十几个爻。这样你就可以把不同层次、不同角度、不同位置、不同环节及全部过程的事物看地清清楚楚。因为，咱们讲易卦的基本构成规律，主要还是按照传统以六爻卦为基础的八八六十四卦。可是一但"连互"完后，往往卦就不会是六个爻的卦了。甚至有的所有"连互"结果连在一起，一个卦可能会达到几十个爻。这就要求你头脑中的各种易卦逻辑概念一定要区分地非常清楚才行。这样分析起卦的内容来，逻辑思路就会相当清晰，结论也会相当准确。否则，这些卦的表述规律、概念、逻辑没掌握清楚、熟练的话，不但不能抓住事物的主要矛盾——将事物简单化，反而会把自己的思路搞糊涂了。

如果要做到能将错综（"错"卦是卦的一种变化规律，"综"卦也是卦的一种变化规律，二者变化是复杂的）。复杂（"复卦"、"杂卦"组成的两类卦象变化系统）的卦的结构分布规律简化，就得学会将其归纳、简化。因此，我们又要掌握一种"半象"的变化规律。以对复杂变化的卦进行归纳、压缩、化简。

3. 半象之象

易学中有"大象"、"广象"、"本象"、"半象"等等，有关"象"的各种提法很多很多，所谓每一种"象"法就是一种"卦象"的变化规则，都有其一定的对应规律及内涵。同时，也是易学思想中提供的一种思路、思维方式和思想方法。它既抽象又具体，易学主要也是靠其多种多样"象"法的变化来指导启迪人们思路、思维、思想的开阔。

下面讲讲"半象"规律及其应用。

"半象"之象的定义：

实际它是一种变形的"互体"之象。除本身之外的三爻卦（八"经卦"）中，一个（经）卦的上面两个爻和另一个（经）卦的下面两个爻，做为上下部分组成的新的卦体（四个爻组成），将其中间同性的爻合并组成的（三爻卦）卦，称做"半象"之象，又称做"半象"。

例如：泽风大过（䷛）卦（六个爻）合并其中间的三个（同性）阳爻，变为大过（䷛）卦（四个爻）；再将大过（䷛）卦（四个爻）合并其中间的两个（同性）阳爻，变为坎（☵）卦（三个爻）。坎（☵）卦是由哪两个"经卦"组成的呢？是由兑（☱）卦的上面两个爻（⚏）在上面和巽（☴）卦的下面两个爻（⚏）在下面所组成的四个爻的大过卦（䷛），合并其中间的同性阳爻所生成的（☵）。由四个爻的大坎（䷛）之象变成三个爻的坎（☵）卦之象。

如果"连互"及"互卦"之象为数学规律中的"分解因式"的话（可以将卦形展开），则"半象"之象就类似数学规律中的"合并同类项"的做法（可以将卦形压缩）。假如，把"经卦""半象"之象展开，方法同"四爻连互"的方法相似。即由三个爻的坎（☵）卦，中间的阳爻重复使用一次，变为四个爻的大过（䷛）卦；再由四个爻的大过卦（䷛）将其中间两爻同时重复使用一次，变为六个爻的泽风大过（䷛）卦。故泽风大过（䷛）卦本身就是"经卦"坎（☵）卦的延伸。因而也有"大坎"之象。所以在《易经》中，每每遇到四个爻大过（䷛）卦、五个爻的大过（䷛）卦或六个爻的泽风大过（䷛）卦时，卦、象、象、爻辞中往往就会出现"大坎"或"利涉大川"之类的词语。这就是根据"半象"具有的内涵特点得出来的结论。

泽风大过（䷛）卦就是"坎"卦类的卦。由此看来，我们可以将泽风大过（䷛）卦中间的四个阳爻，看成是一个整体（阳爻），其与外面上下两个阴爻组成了另一个系统。这整个系统形成的就是"坎"卦类型。在易学中往往就叫"坎象"或"大坎之象"。

这就是"半象"的概念及特点。"半象"也可以根据"连互"的道理将它展开，同时，又可以把展开的同类压缩归纳。归纳成为一个同（特）性的爻，这也类似于"归纳法"。所有这些易学思想都是我们研究、分析、应用到事物规律中时，不可少的思想方法。

以上泽风大过（䷛）卦、"坎"类卦，其中间的构成，都是表示实心的刚性物质的阳爻。如果卦中间所构成的是表示空的、虚的阴爻行不行？也可以。

例如，离为火（䷝）卦。根据"半象"定义及构成特点，"经卦"离（☲）卦应是"经卦"艮（☶）卦上面的两个爻在上与"经卦"震（☳）卦下面的这两个爻在下组成了四个爻的离（䷝）卦；再将四个爻的离（䷝）卦中间两个阴爻合并为一个阴爻，构成为三个爻的离（☲）卦。实际它就是由艮（☶）卦与震（☳）卦两卦上下组成的山雷颐（䷚）卦，中间四个阴爻合并成两个阴爻，组成四个爻的离（䷝）卦；这四个爻的离（䷝）卦，再将中间的两个阴爻合并成一个阴爻，构成三个爻的"经卦"离（☲）卦。这是将"离"类卦形压缩归纳的方法。也可以运用"连互"的原则将其展开，由三个爻的离（☲）卦延伸成四个爻的离（䷝）卦；再进一步展开形成六个爻的山雷颐（䷚）卦。

在《易经》中，在卦中间含有"离"类之卦象时，往往会有"明"、"丽"、"离"之类的辞。这也是《易经》中"大离之象"的来源。

再举一例：风雷益（䷩）卦。

将其下面的三个阴爻归纳成一个阴爻，组成四个爻的家人（䷤）卦；再将四个爻的家人（䷤）卦，上面的两个阳爻归纳成为一个阳爻，就形成了三个爻的离（☲）卦。故风雷益（䷩）卦、风火家人（䷤）卦也属"离"类卦。

又例：天雷无妄（䷘）卦。

将其上面的三个阳爻合并归纳成一个阳爻，组成四个爻的颐（䷚）卦；再将四个爻的颐（䷚）卦，中间的两个阴爻归纳成一个阴爻，就形成了三个爻的离（☲）卦。故天雷无妄（䷘）卦、山雷颐（䷚）卦也属"离"类卦。

"半象"概念的产生是干什么用的？

是为了把一个复杂事物（卦象）中的共性的事物（爻）合并起来——将其压缩归纳成最本质的事物特性，找到其本源。也可以根据需要将其本源、本质用我们确定的"连半象"的方法展开。这又是易学延伸出来的一种思想方法。

"连半象"就如同"连互"的特点，将压缩归纳的卦象展开、放大。其方法就是将"半象"形成的过程反推回去所得到的结果（卦象）。

例如："经卦"坎（☵）卦。

将其中间一爻重复使用一次，形成四个爻的大过（䷛）卦；再将四个爻的大过（䷛）卦，中间的两个阳爻同时重复使用一次，形成六个爻的泽风大过（䷛）卦。这就是"连半象"及其全过程。

　　总之，任何一个"经卦"都可以由除了自身以外的一个"经卦"的上面两爻和另一个"经卦"的下面两个爻组成。

　　比如："经卦"坎（☵）卦。可以由"经卦"兑（☱）卦的上两爻（⚌）在上面，"经卦"巽（☴）卦的下面两个爻（⚎）在下面组成。也可以由"经卦"震（☳）卦的下面两爻（⚎）在上面，"经卦"艮（☶）卦的上面两爻（⚌）在下面组成。所以，雷山小过（䷽）卦也是"坎"类卦。

　　很多事物就其本身来讲，不管如何地调过来看，反过去看，虽然观察分析事物的角度不一样，但事物不可能变的本质还应该是同一个。

　　用同样的两个"经卦"，由于选取的同样部位在组成新卦体时的位置不一样，会形成不同的卦形。

　　比如同样是用"经卦"震（☳）的下两爻（⚎）和"经卦"艮（☶）卦的上两爻（⚌）。如震卦这下两爻（⚎）在上或在下与艮卦这上两爻（⚌）在下或在上，可形成两个不同的"经卦"。前者形成"经卦"坎（☵）卦。而后者形成"经卦"离（☲）卦。同样两个"经卦"的同样的两个上下组合爻，由于其所处的位置不一样，可组成性质完全相反且能互补的卦形。

　　如此看来，我们看问题应该是多方面、多方位地观察分析才行。所以，在学习、研究易学过程中，思想方法一定要活。也就是说，咱们研学易学是为了掌握一种世界观及一种思想方法。不是说为了死记硬背哪些经文辞句，而主要是通过这些经文辞句和其内涵的真实意义，来学习、掌握一些看问题的思想方法。

第八节　反对之象

"反对之象"我认为，其中包括"反象"、"对象"和"反对之象"三种情况。这与一般较流行的"反对之象"概念的内涵不一样。

1. 对象

A. "对象"

"对象"就是相互为对（二者对应爻成"中和"结果）的象。又称"对卦"、"旁通卦"、"错卦"、"类卦"等。

"对卦"的定义：

将卦的对应爻（一般传统易学方法是以六个爻的卦为准）阴阳性质转化成完全相反的另一个卦象。其二卦相互之间称做"对象"。即二者成为对应爻性质完全相反的两个卦（包括三个、四个、五个、六个爻的卦）。是将两个同爻数的卦进行横方向上的平行比较。故也是一种横向看问题的方法。

这是根据易学中"一阴一阳之谓道"的对称性原理及任何事物都要向相反方面转化和发展的规律原则，总结出来的"对象"（概念）规律。其目的是使我们在研究分析事物时，不但能看到事物的过去（从前）、现在（眼前），而且还能看到事物发展的未来（将来）结果。这是以卦形横向进行比较的一种（过去、现在、将来）全面、长远看问题的思维方式和方法。

下面举例说明什么是"对象"：

乾为天卦（☰）其"对象"是坤为地卦（☷）。

坤为地卦（☷）其"对象"是乾为天卦（☰）。

乾（☰）坤（☷）两卦互为阴阳爻完全对应相反的一对"对卦"。

坎为水卦（☵）其"对象"是离为火卦（☲）。

离为火卦（☲）其"对象"是坎为水卦（☵）。

坎（☵）离（☲）两卦互为阴阳爻完全对应相反的一对"对卦"。

山雷颐卦（䷚）其"对象"是泽风大过卦（䷛）。

泽风大过卦（䷛）其"对象"是山雷颐卦（䷚）。

颐（䷚）大过（䷛）两卦互为阴阳爻完全对应相反的一对"对卦"。

风泽中孚卦（䷼）其"对象"是雷山小过卦（䷽）。

雷山小过卦（䷽）其"对象"是风泽中孚卦（䷼）。

中孚（䷼）小过（䷽）两卦互为阴阳爻完全对应相反的一对"对卦"。

六十四卦中，每一个卦都有其"对卦"。一共有 32 对。这32 对卦中两卦之间互为"对卦"。我们平时讲男女之间要谈恋爱，就得先"找对象"。"找对象"一词就是由易学中这种"对象"的概念启示而来的。"对象"之间的关系是互为互补的。所以男女之间应该如何"找对象"，通过"对象"之间那种场（卦）的变化规律，就容易解决达到稳定及和谐的目的。

这种"对卦"的形式是整体（六个爻全体）的"对卦"形

式。即上下两个事物（三爻卦）从整体上讲，其内部的各个环节（六个爻）及性质（阴阳、刚柔），对应的都是各自的反面。可是事物发展往往需要有个发展的阶段及过程。一开始，不可能一下子就将自己的性质完全转变过来的。故而，易学中，还有将"对卦"的方式分为"上半对"和"下半对"的局部向相反方面转化的表述方式。

B."上半对"

"上半对"，又名"上半错"。

"上半对"的定义：

一个六爻卦的卦体中，上下两卦（"经卦"）中，上面的一个卦变成为自己"对象"（旁通卦）的"象"变方法。其变化的结果（组成的新卦体）叫"上半对"卦。故名思意，也就是说，一个六爻卦体中，上面那个"经卦"按其对应爻的位置（四、五、上爻）都变成与本身阴阳性质完全相反的卦体，又与其下面这个全部不变的"经卦"上下组成了一个新卦体。

举例说明：

将乾为天（☰）卦上面的乾（☰）卦，变成坤（☷）卦。得到地天泰（䷊）卦。地天泰（䷊）卦就叫做乾为天（☰）卦的"上半对"卦。又叫做"上半错"卦。

乾为天（☰）卦本来是"元，亨，利，贞"之意。但是，由于我们上下双方的关系没处理好，我呢［下卦乾（☰）卦］，还保持原来的状态，尊重客观规律性（乾），踏踏实实"自强不息"地工作着。可是，对方［上卦乾（☰）卦］却出现了变化，变化到自己原先状态的反面（坤）去了。双方出现了这种局面［地天泰（☰☰卦]，到底对我是有利呢？还是没有利？假若，内卦（乾）还是指的是我自己，我自己并没有变动——仍是乾（☰）。还是按照原来的规律原则行事。而合作的对方［上卦乾（☰）卦]却完全背弃了原来的原则（乾），走向了自己（乾）的反面［坤（☷）卦]。这就使我们双方的合作关系形成了新的地天泰（☷☰）卦的组合形式。我们双方原来是（乾）"金"（乾）"金"相合，同心协力、共同努力的形势。现在变成了坤（☷）"土"生乾（☰）"金"的形势。这样变化反而对我更有利、更主动了——对方全力支持我，以我为核心，一切我说了算。"泰"（☷☰）卦有渠道通畅、门路多、花小的力气有大的收获等意思。这样变化之后，形势不但对我方有利，而且从合作的总体上来讲，对双方的合作形势也创造出一种更有利环境。

这种变化方法就叫"上半对"。其表示事物或矛盾的双方，一方保持原状不动，而另一方则向自己相反的方面转化，又形成新的事物或矛盾的组合状态。我们关心、分析、研究这种事物与矛盾转化状态，就可能将具体事物及矛盾做具体分析，从而达到具体"适变"解决的境地。

C. "下半对"

"下半对"，又叫做"下半错"。

假若，对方不变而我发生了变化，又会产生什么样的合作形势呢？

这就产生了易学中"下半对"的思维方式。"下半错"有下半部"不对"、有错误、走向自己的反面之意。

"下半对"的定义：

在一个六爻卦的卦体中，上下两卦（"经卦"）中，下面的这个卦（"经卦"）变成了自己的"对卦"，又与原来上面的那个不变的卦（"经卦"）组成新的（六个爻）卦体的方法。其形成的新卦体称之为原卦体的"下半对"卦。又叫"下半错"卦。其意思就是六爻卦体的上半部分保持原状不变，而下半部分变成了自己反面的状态。这就会形成新的矛盾或事物的组合状态。

还举上面乾为天（☰）卦为例：

上卦（对方）乾（☰）卦仍是原来状态（乾）不变，而我呢［下面的"经卦"乾（☰）卦］，走向了自己的反面［坤（☷）卦］。形成了天地否（☷）卦的状态。已不是原来乾为天（☰）卦的状态了。出现了这种合作状态（局面）到底对我有什么影响没有？是有利还是没有利？对我们合作的双方或合作形势是否都有利？

如果，我在此合作状态中，仍在下卦位置。天地否（☷）卦之意是"阻塞不通"、"大往小来"、"外君子而内小人"。这说明你们原来的合作是非常好的（乾"金"与乾"金"相"比合"），现在我由"君子"（乾）变成了"小人"（坤）。坤（☷）主静、主虚、主众——一个个的都在偷懒、腐败［四个爻的剥（☷）卦］，而且都躺倒不想干活（坤为平躺、为静止、为聚众）了，大家（坤者，众也）都闲呆（坤为静）在那里，而且还必须得无原则、全身心的支持对方。形成这种状态当然就对我是很不利了。虽然如此，我们双方形成的这种合作状态，从总体上说，还是对双方都不利的。因此必须改变这种状态才行。

那么，这种改变是随着对方改呢？还是要求对方随着我改呢？这样就要分析改变以后双方形成的将来的状态或形势了。

一种情况，是对方［上卦乾（☰）卦］改变［成坤（☷）卦］了。结果我们双方状态再由天地否（䷋）转化形成了坤为地（䷁）的状态。这样就形成了双方都没有积极性的闲呆的状态。从以上分析的结果来看，应该是我（下卦）仍保持最初的［乾（☰）卦］状态。而是使对方变化一下［由最初的乾（☰）卦状态变为坤（☷）卦状态］，这种合作形势［地天泰（䷊）卦］对双方会更有利。当然，这还要看对方愿不愿意才行。

要么就采用另一种方法。即照顾到双方的利益，维持原先的合作状态［乾为天（☰）卦］不变。

"半对卦"就是这么一种思想方法。除了考虑到双方原先的合作状态外，还应该考虑到合作双方现在各自的状态，以及谁起主导作用最好的问题（这是下面会讲到的"交易卦"所研究的内容）之后，再决定双方应该处于如何合作的状态才是最佳的方案。

考虑一个问题、一对矛盾组成的事物或事物向相反方面转化时，其从整体变化上所反映的规律应该有以下三种情况：

一种情况是，假如双方都转化成了各自的反面，它们发展的结果会是个什么状态。

还有一种情况是，我保持原状不变，对方向相反方面发展，又会形成一种什么状态。

另一种情况是，对方保持原状不变，而我方变化发展到自己的反面去，会形成一种什么状态。

以上就是"对卦"、"半对卦"、"上半对"、"下半对"卦的意义及使用方法。

总之，它们都是从不同侧面研究分析事物的思想方法。从卦

（事物）的横向发展变化趋势，从过去（"本卦"）、现在（"变卦"，又叫"之卦"）、将来（"对卦"）上进行分析研究。

其状态，一种是全部对应爻的阴阳性质完全相反，一种是局部对应爻的阴阳性质完全相反。

对卦的延伸

按易学"一阴一阳之谓道"事物的根本本质规律来讲，我认为，"对象"（又叫"错卦"）规律不应该只在六十四卦中存在。应该是在所有阴阳爻的集合体中存在，才符合事物的普遍规律。否则，这种表述方法与规律，只能在部分的事物中存在——就缺乏普遍性（共性、共通性）的指导意义了。在这里，我们在尊重其传统应有意义的基础上，也将"对象"延伸和发展到任何阴阳爻或集合体中，都有"对象"存在。

由于"对象"的双方是处于（阴阳）对称、互补的状态。所以，二者相遇是会发生互相"中和"的。因此，我认为"对象"的双方之间是会互相"湮灭"的。

一、一个阳爻（—）和一个阴爻（--）之间（一爻之象）。

按以上我们对"对象"确定的原则：

阳爻（—）的"对象"就是阴爻（--）；

阴爻（--）的"对象"就是阳爻（—）。

这二者相遇也会中和湮灭。"湮灭"后，不等于二者不存在了。只是改变了它们自己的存在形式（场、状态）而已。

由于以前我们已讲过，一个阳爻（—）它表示的既是 1 又是 3；一个阴爻（--）表示的是 2。那么，二者互相湮灭后会生成：

1+2=3 和 3+2=5，两种情况。

这也就是《易传》中"叁伍易变，错综其数"理论的来历之一。说的是，阴阳爻二者相"中和"后，得到 3、5 两个数值，可以用这两个数来分析和研究"错卦"（"对卦"）和"综卦"（又名"反卦"）及其数理规律。换句话说，"错卦"与"综卦"各自或相"错、综"的数理变化结果，可以说明，"叁伍"之数在相互"易变"（"简单"地改变、转化、变化），在"错""综"之卦的数理关系中，能找到这种变化的根本（重复）性规律。即无论什么结构状态的事物，以其数理场（态）性来讲，都存在有按层次、范畴、位置等简单的重复性规律状态。

也就是说，阴阳两个爻按"错卦"（"对象"）的形式互相"湮灭"后，会生成以 3 为基础的离（☲）卦之场（放出光、热、辐射等能量）和以 5 为基础的巽（☴）卦之场（产生各种轨迹和伴生射线，如"太阳风"之类）。这也是为什么现在物理学在解释高能粒子时，有人以"鼎理论"来解释高能物理现象的哲学思想基础之一。

这同时也说明，"一阴一阳之谓道"也是《易传》中"盖取诸离"之语的来历之一。

高能物理学中的"鼎理论"，企图将数学中的 2 和 3 统一在同一个数学表达式中。我认为，由于现在没有将实际"鼎"结构中的上面两个"铉耳"与下面三条腿的作用及作用状态与性质分析清楚。故至今还无全面、完美、合理的结论得出。我分析认为，"鼎"器上面的两个"耳"是在搬运鼎时，为保持"动平衡"而设用的。下面的三个腿，是为了保持摆放平稳——维持"静平衡"及稳定所设用的。上下这二者，其用途与所适用的运动状态是不一样的。但它们不管是在运动过程中，还是静止状态下如何使用，它们都是鼎的组成部分（局部部分）。但都不是鼎构成的全部。可是，是通过"鼎"体将它们联系在一起的组合体。

换句话说，阴爻（－－）对应之数 2，对应于鼎上面的两个"耳"。也就是说，2 表示事物运（移）动中克服引力（实际主要是克服地球与鼎之间的引力）状态时所用的数字。咱们讲过"数就是某种场态信息"的表述。因此，形成了传统文化的"太极图"及其"一阴一阳"两个方面共同克服"引力"后，所形成的二者的区分与对称、互补。

而阳爻（－）对应之数为"含三为一"的 3。其对应于鼎下面的三条腿。就是说，3 是表示保持稳（衡）定状态及维持"引力"结构状态的数字（事物）。

再由于阳爻（－）还对应于 1。1 是表示一个圆满完整的事物。即太极（天地、粒子、事物等）未分之前的状态。一个事物圆满完整（成为完整的统一体）了，就可以将其看做是 1（一个圆满完整的整体体系）。表示一个新的起始点（坐标原点）——"太极"或新的起始状态。

阴爻（－－）既然对应于 2，2 就可将其看做是一个事物分解后，会生成数量级相同或不同的两个事物（部分、局部、粒子等）的统一体。

那么，2 与 3 的统一，说明了一个事物内含着两种不同形式的存在状态，即运动与静止两部分状态。这也就是说，2 和 3 如果要统一，将 3 看做是 1 就行了。因为 1 在先天易学中对应匹配的是"经卦"乾（☰）卦。乾（☰）卦是表述"大始"状态的。"大"可表述到事物系统的无穷大 ∞（易学规律适用于"其大无外"各类系统）或其全部内容；"始"可以表述事物系统的起始或起始点（易学规律适用于"其小无内"各类系统）。所以，无穷大又可以看做是更大系统中的一个起始点——1。

总之，我们易学中的阳爻和阴爻及其各种组合状态，既能表示事物的局部，又能表示事物的全部（整体）。3 与 5 二者组合还能表示发散过程（状态）。即火风鼎（䷱）卦［由内卦巽（☴）"木"向外相生着外卦离（☲）"火"］。我认为此过程相比于天体物理学的"热物质模型"。也能表示收缩（收敛）过程（状态）。即风火家人（䷤）卦［由外卦巽（☴）"木"向里相生着内卦离（☲）"火"］。此过程相比于天体物理学的"冷物质模型"。还可以表示收敛和发散过程（状态）的对称互补过程（状态）。即前者对称互补的收敛卦——"对卦"水雷屯（䷂）卦［由外卦坎（☵）"水"向里生着内卦震（☳）"木"］和后者对称互补的卦——"对卦"雷水解（䷧）卦［由内卦坎（☵）"水"向外生着外卦之震（☳）"木"］。其中，水雷屯（䷂）卦，可比于天体物理学的"热暗物质过程及模型"，而雷水解（䷧）卦，可比于天体物理学的"冷暗物质过程及模型"。

由其发散卦火风鼎（䷱）卦可知，是由表示事物内部状态的巽（☴）卦之"气"（按现代科学讲，就是我们感觉得到看不见的能量或场）向外生发着表示事物外部的离（☲）卦之"火"。这个"火"就是离（☲）卦之含意，对我们看得见、感觉得到的光（各种辐射）和热能的表述。由于巽（☴）为进退、来回不决、有充分的回旋余地、为蓝色（相对高频之寒光）。所以，发散过程外部显示的光和热的表现形态，往往是强弱、间隔不等的。这也就是为什么"大爆炸"、超新星、"白洞"和脉冲星等星体、星系，会有不同的"波动"（脉冲性）、发散膨胀状态或外部形象由明亮或红（内含粉红、桔红、紫红、紫蓝等）向内暗色或蓝色过渡的原因之一（总体基本是明暗或红紫蓝相间）。这也是一般恒星的产生过程和结构状态及特点。而其中的紫黑、紫绿等紫色光，就是与其对应互补的水雷屯（☵☳）卦中，由外相内相生而由紫向绿收缩所产生的伴生之光。即紫（黑）与蓝互补；红与绿互补。

根据物理学中的"多普勒"理论，同样的光，向我们运行而来时，其频率会受压缩而增高。其色向光的蓝色状态方向变化；远离我们运行而去的时候，其频率会舒张而变低。其色又会向光的红色状态方向变化。由此理论，天文物理学家们，才发现了我们所处的这个"红移"膨胀状态下的相对稳定的宇宙。

再由收缩过程的风火家人（☴☲）卦可以看出，任何事物在收缩、聚合、收敛的过程中，会受到一定的"气"场（指现代科学中的各种场）的包容和控制，向其事物内部压缩光（各种辐射）和热能。这是因为表示事物外部状态的巽（☴）为"气"场、为进退、有充分的发展余地，由事物的外部向事物的内部压缩能量的过程。事物内部有辐射能量、光和热。因此，这也就类似是核聚变、暗星、星云（包括气体星云、尘埃等）、"黑洞"等现象产生的原因之一。这也是一般的行星产生状态过程及特点。即由外（前）蓝（暗）向内（后）红（明亮）色彩变化的物理过程。随此，还伴生着一个由内（后）紫（黑）向外（前）绿（青）颜色发展变化的物理互补过程。这是由与其互补的雷水解（☳☵）卦发散过程所决定的现象与规律。

火风鼎（☲☴）卦与风火家人（☴☲）卦二者相遇会产生：

（3+5）+（5+3）=16÷8=2。整除。

故二者相遇生成坤（☷）卦场态存在。

火风鼎（䷱）卦与其"对卦"水雷屯（䷂）卦相遇会湮灭。

即：

（3+5）+（6+4）=18÷8，余2。

"2"对应存在为"先天"兑（☱）卦之场态和场性。

风火家人（䷤）卦与其"对卦"雷水解（䷧）卦相遇湮灭成：

（5+3）+（4+6）=18÷8，也余2。

"2"对应存在成"先天"兑（☱）卦之场态和场性。

兑（☱）为缺、为损、为毁、为化学物理性质活泼者。且兑（☱）卦的最上面的阴爻表示事物的外部状态，下面的阳爻表示事物的内部状态。阴爻为阴性（负性质）、为柔弱、为2；阳爻为阳性、为刚健稳定、为1。所以，相"对"二者在湮灭之后，形成了外部构成疏散、活泼，内部紧密、稳定的事物统一体。这统一体外的2"阴"正好与其内里两个"阳"互相制约，形成一体。因此，要破坏兑（☱）卦的表层结构容易，要打破、打碎其内部结构就相当的困难。这也就是原子物理现象，人类容易研究清楚，而核子中的高能粒子不容易打碎且难于研究的原因之一——"粒子"的活性强且结构太紧密了。

从另外易卦的分析方法来看。兑（☱）卦的上下两爻表示事物的外部，中间的阳爻表示事物的内部。下阳爻与上阴爻中和后（外层、表层），而中间的阳爻是阳性。这正好又与原子物理学中，原子核呈"正"（阳）性的特点一致。即同一个事物外部平衡、稳定、中和了，但是其内部仍然是充满着活力的阳性物质。这也是我国传统"太极"学说"物中有物"、"阴中有阳，阳中有阴"、"物有其物"的哲学概念所反映的事物规律之一。

其次，兑（☱）卦的上爻是个阴爻。表示是不稳定的存在形式。还因为上爻表示为事物的外部和上部或外部和上部的事物。由于其为阴柔之爻，应于阳刚之爻"中和"才能形成稳定的存在形式和状态。而一个阳爻是由一个整体事物或三个局部事物所构成。因此，兑（☱）卦要达到稳定，就必须转化成"纯粹、完满、稳定"的乾（☰）卦，才能成为新的稳定存在形式和状态。

可是，乾（☰）卦是一个三个爻都是阳性的卦（事物）。它应该是3个或9个阳性事物所组成。由于"孤阴不生，孤阳不长。"它如果要达到稳定，就得与其"对卦"（"错卦"）坤（☷）卦相互"中和"才行。而坤（☷）卦则是3个或6个阴性事物的组合体。故乾（☰）与坤（☷）必须是3个阳性事物与6个阴性事物相"中和"，或者是9个阳性事物与6个阴性事物相结合，才能形成新的相对稳定状态。

即：

3+6=9。9÷8，余1。（阳爻为1，阴爻为2）

"1"对应为"先天"八卦的乾（☰）卦。

9+6=15。15÷8，余7。（阳爻为"含三为一"的3）

"7"对应"先天"卦的艮（☶）卦。

或者，

3+3=6。（乾三个阳爻和坤三个阴爻）

"6"对应为"先天"坎（☵）卦。

3+6=9。9÷8，余1。（阳爻1，阴爻2）

"1"对应为乾（☰）卦。

形成了四种状态。

这中间，

艮（☶）卦是3个事物或"含三为一"的7个事物所构成（一阳二阴爻）。

兑（☱）与艮（☶）互为"对卦"。

兑（☱）与艮（☶）相互湮灭。

从各自卦序数之和看：

2+7=9。9÷8，余1。

"1"又对应为乾（☰）卦的存在形式与状态。

其中，兑（☱）是由3个（一阴二阳）或8个（阳爻3、阴爻2）事物组成。

兑（☱）与艮（☶）相互湮灭。

即：

兑（☱）卦十艮（☶）卦

这样就又会出现：

8+7=15。15÷8，余7。（阳爻1，阴爻2）

"7"对应存在为艮（☶）卦状态。

由以上的粗略分析，我们可以知道，任何两个事物相互湮灭后，都不会只产生出一种稳定的结构（状态）存在。这就看所决定要研究的对象存在于那个层次（系统）而定了。

从二者总体（以三爻卦为单位）湮灭来看，生成乾（☰）卦（包含1、3、9）存在形态（一个新的完整性体系）。

从二者内部的"含三为一"的3（细微结构）湮灭上看，生成艮（☶）卦（包含1、7、7）存在形态（一个新的完整系统）。

这也是现代高能物理研究中，用同样的粒子，加速到同样的能量状态，去轰击同一种靶子，所得到的图象结果大不一样的原因之一——得到的只是不同方向上看到的同一个粒子的（投影）轨迹。

再说了，就火风鼎（☲）卦本意来说，它在易卦中，是表示一些"去旧立新"、"赶时髦"、"骑虎难下"之类的意思。这就告诉我们，必须要寻找一种新的、与过去大不一样的思路和思想来指导，才能根本解决现代高能物理学的理论和数理模式问题。如果，不能跳出原来物理学理论及数理模式的框架，也许就很难找到对现代高能物理现象完全合理的解释。当然，在寻找合理解释、解决的过程中，难免会遇到各种骑虎难下的尴尬局面。所以，我们必须以清醒的头脑、严格的逻辑思路，才有可能解开这些物理学的"谜团"。

二、两个爻的集合体（两爻之象）中。

1、上下两个爻都是阳爻（⚊）的"对象"是上下两个爻都是阴爻（⚋）的状态；

2、上下两个爻都是阴爻（⚋）的"对象"是上下两个爻都是阳爻（⚊）的状态。

3、上面是个阴爻，下面是个阳爻的组合体（☳）的"对象"是上面一个阳爻，下面一个阴爻的组合体（☶）；

4、上面是个阳爻，下面是个阴爻的组合体（☶）的"对象"是上面是个阴爻，下面是个阳爻的组合体（☳）。

一共只有4种即（⚊）、（⚋）、（☳）、（☶）两个爻的集合（形式）状态（体）。

它们这4种集合体，一共构成了上面那4对"对象"集合状态。

其中，

1 状态中的上下两个阳爻的集合体（☰）与上下均为阴爻的集合体（☷），二者对应爻的性质、构成，完全是相反的。所以，二者在相遇时，就会相互产生湮灭。二者相互湮灭之后，从卦爻之间阴阳性质及数量、状态组合上来讲，表面上来看，它们二者应该是"中和"成为中性状态——即消失了。但是我们知道，物质是不灭的。根据这种事物的规律，我们应该知道在数理场中，它们的湮灭并不能说明它们消失了，只不过，是改变了它们二者的存在形态而已。

它们二者湮灭到底会转化成什么样式的存在状态呢？

按照我们易学阴阳爻数的内含，阳爻（—）为 1 和 3；阴爻为 2。

那将可以构成：

2+4=6 和 6+4=10。10÷8，余 2 两种情况。

我们已知道：

"6"对应存在的是"先天"坎（☵）卦之场态。

"2"对应存在的是"先天"兑（☱）卦之场态。

这说明，前面两种集合体湮灭后，蜕变成坎（☵）或兑（☱）卦之场继续存在。按易学"易简"（抓主要矛盾）的思想，我偏重认为应该是以"先天"坎（☵）卦之场继续存在。因为，兑（☱）"金"生着坎（☵）"水"之场。所以，兑（☱）"金"之场将自行消弱而逐渐消失。

2 状态的规律与上面 1 状态相同。也是湮灭后继续以坎（☵）卦之场的状态存在。

1 与 4 各自相互湮灭的结果是一样的。

故咱们就以 3 情况为例，进行分析。

在 3 状态中，上面是个阴爻，下面是个阳爻的集合体（☳）与上面是个阳爻，下面是个阴爻的集合体（☶）。二者相遇而湮灭。其湮灭后的结果，也是两种结果。

即（2+1）+（1+2）=6；　或（2+3）+（3+2）=10。10÷8，余 2。

"6"对应于"先天"卦的坎（☵）卦的场态；

"2"对应于"先天"兑（☱）卦的场态。

同理，按"易简"思想应该是以坎（☵）卦之场态与场性继续存在。

总之，两个爻的集合体之间湮灭（"中和"）之后，会转变成坎（☵）卦或兑（☱）卦之场继续存在。在此二者之间，兑（☱）"金"会生着坎（☵）"水"而自行消失。所以说，两个爻集合体之间相互湮灭后，会生成坎（☵）卦之场继续存在。

但是，由于兑（☱）2 与坎（☵）6 同时存在。所以，这二者相遇得：

2+6=8。

"8"对应于"先天卦"的坤（☷）卦之场态存在。

两个互为"对卦"的两个爻的集合体，相互湮灭后，也会以坤（☷）卦之场态继续存在下去。由于坤（☷）为虚、为空，故一般情况下，它的存在往往会被人们忽略。

坤（☷）"土"生兑（☱）"金"，克坎（☵）水；兑（☱）"金"生坎（☵）"水"。这样三者形成了一个互相促进且又互相制约的相对稳定的体系。即两种完全不同的事物互相湮灭后，会形成一个三种事物相辅相成、互相制约的系统。这也是当今高能物理学研究中往往会被忽视的现象。

三、三个爻的集合体（即"八经卦"、三爻卦）。

即：

乾（☰）卦的"对象"是坤（☷）卦；

坤（☷）卦的"对象"是乾（☰）卦。

震（☳）卦的"对象"是巽（☴）卦；

巽（☴）卦的"对象"是震（☳）卦。

坎（☵）卦的"对象"是离（☲）卦；

离（☲）卦的"对象"是坎（☵）卦。

艮（☶）卦的"对象"是兑（☱）卦；

兑（☱）卦的"对象"是艮（☶）卦。

一共是 4 对互为"对象"的状态。

其中，

乾（☰）与坤（☷）相互湮灭，

生成 1+8=9。9÷8，余 1 和 9+8=17。17÷8，余 1 这两种状态；

还有 3+6=9。9÷8，余 1 与 9+6=15。15÷8，余 7 这两种状态。

"1"对应存在于"先天"乾（☰）卦状态的场态。

"7"对应存在于"先天"艮（☶）卦状态之场态。

由于人们观测事物的角度、位置、层次、范畴等的不同，同一事物状态人们可以对它得出不同的结论。但是，从事物总体的本质来看，其以上的状态应是统一的一种才是。

按易学"易简"的思想，从整体二者相互湮灭（"中和"）的结果来看，应当是以乾（☰）卦之场的状态继续存在。从其内含场性状态来看，也会以艮（☶）卦之场存在。但是由于艮（☶）

"土"生着乾（☰）"金"在不断地消弱自己。如得不到离（☲）"火"的热能补充来抵消乾（☰）"寒"之场的发展，艮（☶）"土"终将要消亡。艮（☶）卦有"止"、"阻"之意。说明任何事物到了艮（☶）卦状态，就发展到了头，必然会向别的存在状态转化。而且"7"又是"十进制"中最大的稳定性"素数"（只能被1和本身的7整除），其抗干扰的能力最强。因此，什么力量也很难改变其转化过程及转化状态。在这里，它受"五行"属性所制约，一定要转化成乾（☰）卦之场态的。

所以说，乾（☰）坤（☷）两卦相遇，以"数场"的角度来看，会生成乾（☰）卦之场继续存在。

震（☳）卦之场与巽（☴）卦之场相互湮灭后生成：

震（☳）＋巽（☴）＝4＋5＝9。9÷8，余1；

（2＋2＋1）＋（1＋1＋2）＝9。9÷8，余1或

（2＋2＋3）＋（3＋3＋2）＝15。15÷8，余7。

"1"对应存在的是乾（☰）卦之场态。

"7"对应存在的是艮（☶）卦之场态。

其结果与前面乾（☰）坤（☷）互湮的结果一样，震（☳）巽（☴）二者湮灭（"中和"）后，也以乾（☰）卦的场态为主要存在形式。

坎（☵）与离（☲）卦相湮灭。

会生成：

坎（☵）＋离（☲）＝6＋3＝9。9÷8，余1。

或者，

（2＋1＋2）＋（1＋2＋1）＝9。9÷8，余1和

（2＋3＋2）＋（3＋2＋3）＝15。15÷8，余7。

同理，坎（☵）离（☲）二者湮灭（"中和"）后，以乾（☰）卦状态之场态与场性继续存在。

艮（☶）与兑（☱）相互湮灭。

二者会产生：

艮（☶）+兑（☱）=7+2=9。9÷8，余1。

或者是，

（1+2+2）+（1+1+2）=9。9÷8，余1和

（3+2+2）+（3+3+2）=15。15÷8，余7。

同理，二者湮灭（"中和"）之后，也是以乾（☰）卦的场态继续存在。

看到没有，"八卦"各对"对卦"之间相互湮灭（"中和"）之后，都是以乾（☰）卦之场态、场性继续存在。同时，也说明湮灭后，形成了一个新的、完整的系统、状态及其起始点。也就是，三个爻的集合体之间，其相互湮灭（"中和"）之后，二者的场、能并没有消失。只是转变成二者在另外系统中存在的状态罢了。

在艮（☶）"土"向乾（☰）"金"的转化过程中，由于艮（☶）7加乾（☰）1等于8。"8"对应存在于"先天"坤（☷）卦的场态。这也就是"易传"中"乾坤易之蕴邪"、"乾坤易之门户"的根据之一。坤（☷）为虚、为空。故而一般情况下人们往往看不到、感知不到、也意识不到它的存在。

从传统顾大局的易学哲学思想上来讲，易学中各种爻、卦的集合体，特别是三个爻以上的集合体，都应当以"八经卦"的卦序数场为基础场。因为我们分析后面多爻的卦体（集合体）的构成，基本上是以"八卦"（三个爻的卦）为基础进行分析与判断

的。所以，"八卦"各卦的对应序数一定要切记清楚才行。

四、四个爻的集合体（四爻卦）。

我们随便举几个四个爻的卦体为例来分析一下它们的湮灭规律。

例一、

四画的乾（☰）与坤（☷）相互湮灭（"中和"）。

乾（☰）+坤（☷）=（1+1）+（8+8）=18。18÷8，余2。

"2"对应于"先天"兑（☱）卦之场态。

或者按阴爻2，阳爻1数"中和"是：

（1+1+1+1）+（2+2+2+2）=4+8=12。12÷8，余4。

"4"对应存在为"先天"震（☳）卦之场态。

按阳爻"含三为一"的3，其"中和"结果是：

（3+3+3+3）+（2+2+2+2）=12+8=20。20÷8，余4。

"4"对应存在为"先天"震（☳）卦的场态。

例二、

四画的睽（☲☱）卦与蹇（☵☶）卦相互湮灭（"中和"）。

睽（☲☱）+蹇（☵☶）=（3+2）+（6+7）=5+13=18。18÷8，余2。

"2"对应存在为"先天"兑（☱）卦之场态。

按其阴爻2，阳爻1数"中和"应是：

（1+2+1+1）+（2+1+2+2）=5+7=12。12÷8，余4。

"4"对应存在为"先天"震（☳）卦的场态。

按阳爻"含三为一"之3"中和"应是：

（3+2+3+3）+（2+3+2+2）=11+9=20。20÷8，余4。

"4"照样还是对应存在为"先天"的震（☳）卦之场态。

例三、

四画的渐（☶☴）卦与归妹（☱☳）卦相互湮灭（"中和"）。

渐（☶☴）+ 归妹（☱☳）=（5+7）+（4+2）=12+6=18。18÷8，余2。

"2"对应于"先天"兑（☱）卦之场。

按阴爻2，阳爻3（各自所含之数）"中和"是：

（1+1+2+2）+（2+2+1+1）=12。12÷8，余4。

"4"对应于"先天"卦震（☳）卦之场（态）。

按阳爻"含三为一"数的3"中和"应是：

（3+3+2+2）+（2+2+3+3）=10+10=20。20÷8，余4。

"4"还是对应于"先天"卦的震（☳）卦之场。

例四、

四画的夬（☱☰）卦与剥（☶☷）卦相互湮灭（"中和"）。

夬（☱☰）+ 剥（☶☷）=（2+1）+（7+8）=3+15=18。18÷8，余2。

"2"自然又是对应于"先天"卦兑（☱）卦之场态。

按阴爻2，阳爻1各自的数"中和"应是：

（2+1+1+1）+（1+2+2+2）=5+7=12。12÷8，余4。

"4"又是对应于"先天"震（☳）卦之场态。

按阳爻"含三为一"数的3"中和"是：

（2+3+3+3）+（3+2+2+2）=11+9=20。20÷8，余4。

"4"照样对应于"先天"震（☳）卦之场。

……

照此类推下去。

四个爻的"对象"之间相互遇到一起，也会产生湮灭（"中和")。湮灭之后，二者并不是不存在了，而仍以兑（☱）卦之场态与场性继续存在。虽然，不管是阳爻为1还是内含为3，而阴爻为2，其总是会生成震（☳）卦之场。由于，兑（☱）"金"之场克制（制约）住了震（☳）"木"之场，所以，震（☳）"木"之场无法施放出来发挥作用。因而，对外来讲，也只能是表现为兑（☱）卦之场了。可是其内部内含着震（☳）卦之不稳定且急速要释放出来的巨大能量。

再从易学中"则其中爻不备"的概念来讲。四画卦，中间两爻既表示现在的核心状况，又表示其将来的发展状况。因此，这中间两爻的性质与搭配以及对卦和卦（事物、场等）地湮灭和存在状态与性质特点等，起着决定性的作用。因而，我们必须要了解其中间两爻在湮灭后是什么状态。

四画卦（象）中间相互湮灭与上面讲到的"两个爻的相互湮灭"的种类相同，共有四种情况。

即：

上下二阳爻（⚌）与上下二阴爻（⚏）"含三为一"之3数相互湮灭（"中和"）两种情况。

即：

（⚌）+（⚏）和（⚏）+（⚌）两种情况。

即：

（3+3）+（2+2）和（2+2）+（3+3）。它们都等于10÷8，余2。

"2"对应存在为"先天"兑（☱）卦之场态。

还有上为阴爻，下为阳爻的集合体（⚎）和上为阳爻，下为阴爻的集合体（⚍）相互湮灭（"中和"）。

即：

（☳）+（☷）和（☷）+（☳）"含三为一"之 3 数的两种情况。

即：

（2+3）+（3+2）和（3+2）+（2+3）都为 10÷8，余 2。

"2"当然也是对应"先天"兑（☱）卦的场态。

从其四画卦的两个中爻间相互湮灭（"中和"）的结果看，这四画卦（象）将来二卦相互湮灭后，也以"先天"兑（☱）卦的场，继续存在。

五、五个爻组成的集合体（五爻卦）。

下面举例来说明。

例一、

五画的大有（䷍）卦与比（䷇）卦"中和"（湮灭）。

即：

大有（䷍）+ 比（䷇）=（3+1）+（6+8）=18。18÷8，余 2。

"2"对应存在为"先天卦"的兑（☱）卦之场态。

再从爻数及内含数来看。

按阴爻 2，阳爻 1 数湮灭（"中和"）是：

（1+2+1+1+1）+（2+1+2+2+2）=6+9=15。15÷8，余 7。

"7"对应存在为"先天"艮（☶）卦之场态。

按阳爻"含三为一"之 3 数"中和"应是：

（3+2+3+3+3）+（2+3+2+2+2）=14+11=25。25÷6，余 1。

"1"对应于"先天"乾（☰）卦的场态。

例二、

五画的恒（䷟）卦与益（䷩）卦相互湮灭（"中和"）。

即：

恒（☳☴）＋益（☴☳）＝（4+5）＋（5+4）=9+9=18。18÷8，余2。

"2"对应于"先天"兑（☱）卦之场态。

按阴爻2，阳爻1数"中和"是：

（2+2+1+1+2）＋（1+1+2+2+1）=8+7=15。15÷8，余7。

"7"对应于"先天"艮（☶）卦的场态。

按阳爻"含三为一"之3数"中和"应是：

（2+2+3+3+2）＋（3+3+2+2+3）=12+13=25。25÷8，余1。

"1"对应存在为乾（☰）卦之场态。

例三、

五画的乾（☰）卦与坤（☷）卦湮灭（"中和"）。

即：

乾（☰）＋坤（☷）＝（1+1）＋（8+8）=2+16=18。18÷8，余2。

"2"对应为兑（☱）（各数对应的卦，都是"先天"卦）卦之场态。

按阴爻2，阳爻1各自数"中和"是：

（1+1+1+1+1）＋（2+2+2+2+2）=5+10=15。15÷8，余7。

"7"对应于艮（☶）卦之场态。

按阳爻"含三为一"之3数"中和"应是：

（3+3+3+3+3）＋（2+2+2+2+2）=15+10=25。25÷8，余1。

"1"对应存在为乾（☰）卦之场态。

例四、

五画的坎（☵）卦与离（☲）卦相互湮灭（"中和"）。

坎（☵）+ 离（☲）=（6+6）+（3+3）=12+6=18。18÷8，余2。

"2"对应于兑（☱）卦之场态。

按阴爻2，阳爻1各自之数"中和"是：

（2+1+2+1+2）+（1+2+1+2+1）=8+7=15。15÷8，余7。

"7"对应于艮（☶）卦之场态。

按阳爻"含三为一"之3数"中和"应是：

（2+3+2+3+2）+（3+2+3+2+3）=12+13=25。25÷8，余1。

"1"对应于乾（☰）卦的场态。

例五、

五画的涣（☴☵）卦与丰（☳☲）卦相互湮灭（"中和"）。

涣（☴☵）+ 丰（☳☲）=（5+6）+（4+3）=11+7=18。18÷8，余2。

"2"对应的是兑（☱）卦之场态。

按阴爻2，阳爻1各自数"中和"是：

（1+1+2+1+2）+（2+2+1+2+1）=7+8=15。15÷8，余7。

"7"对应于艮（☶）的场态。

按阳爻"含三为一"之3数"中和"是：

（3+3+2+3+2）+（2+2+3+2+3）=13+12=25。25÷8，余1。

"1"对应于乾（☰）卦之场。

……

其它五画卦之间相互湮灭（"中和"）的规律也是如此。

这规律中间，

按上下两个三爻卦进行"中和"。其湮灭的结果是以兑（☱）卦之场的形式继续存在。

按阴爻为 2，阳爻为 1 的方式进行"中和"。湮灭的结果是以艮（☶）卦之场的形式继续存在。

按阴爻为 2，阳爻为 3 的方式进行"中和"。湮灭的结果是以乾（☰）卦之场的形式继续存在。

由以上结果可以看出，五画集合体之间相互湮灭后，生成兑（☱）、艮（☶）和乾（☰）卦三种场。其中艮（☶）"土"生着兑（☱）"金"和乾（☰）"金"，故而能量很快就会消失而不复存在。兑（☱）乾（☰）二场均为"金"性之场性。故二者相合共振。只不过乾（☰）"金"为性质稳定之"金"性，而兑（☱）"金"为性质不稳定的活泼之"金"而已。由于易学是一种既顾大局、整体又是"易简"的表述方法。所以，结果应是以上下三爻卦体的序数进行"中和"后的兑（☱）卦的场性存在为是。

兑（☱）、艮（☶）、乾（☰）三者同时存在（相遇）的结果是：

兑（☱）+ 艮（☶）+ 乾（☰）=2+7+1=10。10÷8，余 2。"2"对应于兑（☱）卦之场态。

其结果与以三爻卦序数为基础的湮灭结果相同，都是以兑（☱）卦之场（状态、形式等）继续存在。

既然是以三爻卦序为基本思考形式。那么，五画卦中的任何相邻三个爻之间，都可以形成一个"经卦"。这样我们就知道，五（画）爻卦中，一共包含着三个三爻的"经卦"。而每个"经卦"又对应着各自的"先天序数"之场态。因此，就会出现以下的"中和"结果。

我们还是以上面的五个例子为例。

例一、

五爻的大有（䷍）卦与比（䷇）卦"中和"为：

大有（䷍）＋比（䷇）＝（离＋兑＋乾）＋（坎＋艮＋坤）

＝（3＋2＋1）＋（6＋7＋8）＝6＋21＝27。27÷8，余3。

例二、为：

恒（䷟）＋益（䷩）＝（震＋兑＋巽）＋（巽＋艮＋震）

＝（4＋2＋5）＋（5＋7＋4）＝11＋16＝27。27÷8，余3。

例三、为：

乾（䷀）＋坤（䷁）＝（乾＋乾＋乾）＋（坤＋坤＋坤）

＝（1＋1＋1）＋（8＋8＋8）＝3＋24＝27。27÷8，余3。

例四、为：

坎（䷜）＋离（䷝）＝（坎＋离＋坎）＋（离＋坎＋离）

＝（6＋3＋6）＋（3＋6＋3）＝15＋12＝27。27÷8，余3。

例五、为：

涣（䷲）＋丰（䷶）＝（巽＋离＋坎）＋（震＋坎＋离）

＝（5＋3＋6）＋（4＋6＋3）＝14＋13＝27。27÷8，余3。

"3"对应存在为"先天八卦"的离（☲）卦之场态。

……

其他五画卦中，以三爻卦序数为基础，相互"中和"的结果也是如此。

看到没有，这五爻集合体相互湮灭之后，都以离（☲）卦之场（态）继续存在。

离（☲）卦的场性乃"火"性之场。

这样从五画卦的内部湮灭（"中和"）过程中看，是离（☲）"火"促生着艮（☶）"土"；艮（☶）"土"促生着乾（☰）"金"；离（☲）"火"克制着乾（☰）"金"形成了一个互相制约的稳定性状态。即稳定性"中和"状态。

因此，五爻集合体能相互湮灭的二者之间，"中和"（湮没）之后。以兑（☱）卦的场态和场性继续存在。

按易学"则非其中爻不备"的观点与思想，我们会在各个五爻卦的中间位置上（中间的三个爻），发现还存在着一个三爻的"经卦"。这些"经卦"均表示五爻卦将来所发展的趋势与结果。

那么，这些"经卦"的"对卦"之间相互（"中和"）湮灭会产生什么结果？或者是说，它们又会以什么状态继续存在呢？

下面我们来分析分析。

既然，中间三个爻是表述五爻卦体将来的结果的，那么这种三爻卦之间的湮灭关系及其结果，就与我们前面所讲过的三爻集合体（三爻卦）的规律、状态应该是一样的。

即：

乾（☰）+ 坤（☷）=1+8=9。9÷8，余1。

震（☳）+ 巽（☴）=4+5=9。9÷8，余1。

坎（☵）+ 离（☲）=6+3=9。9÷8，余1。

艮（☶）+ 兑（☱）=7+2=9。9÷8，余1。

"1"对应存在的是乾（☰）卦之场态。

这个结果与五画卦中，阳爻"含三为一"之3数"中和"（湮灭）的结果相同。都是以乾（☰）卦之场继续存在。二者都是五爻卦内含所表现出来的湮灭结果及状态。

这与我们前面分析三爻卦湮灭后的结果一样，也是以乾（☰）卦之场态继续存在。

这样就形成了内里（中间的三爻卦）为乾（☰）1之场；外部（全部五爻卦）却呈兑（☱）2之场的新的由内1向外2发散

和由外 2 向内 1 收缩的"金"性场态。

二者相遇（相加）为：

兑（☱）+ 乾（☰）=2+1=3。

"3"又是对应存在为离（☲）卦之场态。

六、六个爻组成的集合体（六爻卦）。

举例说明。

例一、

乾为天（☰）卦与坤为地（☷）卦相互湮灭。

即：

乾为天（☰）+ 坤为地（☷）

=（乾 + 乾）+（坤 + 坤）=（1+1）+（8+8）=2+16=18。

18÷8，余 2。

"2"对应于兑（☱）卦之场态。

按阴爻 2，阳爻 1 各自数"中和"是：

（1+1+1+1+1+1）+（2+2++2+2+2+2）=6+12=18。18÷8，余 2。

"2"对应于兑（☱）卦之场态。

按阳爻"含三为一"之 3 数"中和"应是：

（3+3+3+3+3+3）+（2+2+2+2+2+2）=18+12=30。30÷8，余 6。

"6"对应于坎（☵）卦之场态。

例二、

泽雷随（☳）与山风蛊（☶）卦相互湮灭。

即：

泽雷随（☳）卦 + 山风蛊（☶）卦

=（兑+震）+（艮+巽）=（2+4）+（7+5）=6+12=18。

18÷8，余2。

"2"对应于兑（☱）卦之场态。

按阴爻2，阳爻1各自的数"中和"是：

（2+1+1+2+2+1）+（1+2+2+1+1+2）=9+9=18。18÷2，余2。

"2"对应于兑（☱）卦之场态。

按阳爻"含三为一"之3数"中和"应是：

（2+3+3+2+2+3）+（3+2+2+3+3+2）=15+15=30。30÷8，余6。

"6"对应于坎（☵）卦之场态。

例三、

水火既济（䷾）卦与火水未济（䷿）卦相互湮灭（"中和"）。

即：

水火既济（䷾）+火水未济（䷿）

=（坎+离）+（离+坎）=（6+3）+（3+6）=9+9=18。

18÷8，余2。

"2"对应存在于兑（☱）卦之场态。

按阴爻2，阳爻1，各爻之数"中和"是：

（2+1+2+1+2+1）+（1+2+1+2+1+2）=9+9=18。18÷8，余2。

"2"对应于兑（☱）卦之场态。

按阳爻"含三为一"之3数"中和"应是：

（2+3+2+3+2+3）+（3+2+3+2+3+2）=15+15=30。30÷8，余6。

"6"对应于坎（☵）卦之场态。

例四：

风火家人（☲☴）卦与雷水解（☵☳）卦湮灭（"中和"）。

即：

风火家人（☲☴）+雷水解（☵☳）

=（巽＋离）＋（震＋坎）=（5+3）+（4+6）=8+10=18。

18÷8，余2。

"2"对应于兑（☱）卦的场态。

按阴爻2，阳爻1，各爻之数"中和"是：

（1+1+2+1+2+1）+（2+2+1+2+1+2）=8+10=18。18÷8，余2。

按阳爻"含三为一"之3数"中和"应是：

（3+3+2+3+2+3）+（2+2+3+2+3+2）=16+14=30。30÷8，余6。

"6"对应于坎（☵）卦之场态。

……

其他六爻卦（集合体）"对卦"之间相遇，相互"中和"（湮灭）的数理规律，也同于以上例子。在这些卦相互湮灭过程中，以三爻卦为基础的湮灭，不等于二者"中和"而消失。实际是它们改变了继续存在形式——以兑（☱）卦之场态继续存在而已。

其爻画之数相互湮灭后，会以兑（☱）卦之场态和坎（☵）卦的场态继续存在。兑（☱）卦与坎（☵）卦相遇，虽不能相互湮灭，可是仍然会以2+6=8。"8"对应于坤（☷）"土"之卦场而存在。但由于坤（☷）"土"生着兑（☱）"金"，不断地消耗自己的能量。故其很难长久存在下去。故从全部、整体的存在形式上讲，它们六爻卦互为"对象"的二者相互湮灭后，都是以与三爻卦序数为基础的湮灭结果相同的场态继续存在。即以兑（☱）

卦的场态继续存在。

再由于，六爻卦中间的二至五爻，是表示六爻卦将来的存在状态的。我们现在要看看这四爻卦们相互湮灭后，会是一种什么状态？

这种状态就是前面我们研究分析过的四个爻组成的集合体的"中和"状态——以兑（☱）卦之场态继续存在。这与我们前面研究分析六爻卦的湮灭后的结果是一致的。即以兑（☱）卦之场态继续存在。

如果由卦的"中和"叠加来看，这每一个六爻卦中，都含有四个相邻的三爻卦。按这种卦数的组合，又会形成什么结果呢？

还是以以上四个例子为例。

例一：

乾（☰）+坤（☷）=（乾+乾+乾+乾）+（坤+坤+坤+坤）

=（1+1+1+1）+（8+8+8+8）=4+32=36。36÷8，余4。

例二：

泽雷随（☱☳）+山风蛊（☶☴）=（兑+巽+艮+震）+（艮+震+兑+巽）

=（2+5+7+4）+（7+4+2+5）=18+18=36。36÷8，余4。

例三：

水火既济（☵☲）+火水未济（☲☵）=（坎+离+坎+离）+（离+坎+离+坎）

=（6+3+6+3）+（3+6+3+6）=18+18=36。36÷8，余4。

例四：

风火家人（☴☲）+雷水解（☳☵）=（巽+离+坎+离）+（震

+坎 + 离 + 坎)

= (5+3+6+3) + (4+6+3+6) =17+19=36。36÷8，余4。

"4"对应于震（☳）卦之场态。

其他六十四卦中，各"对卦"的湮灭规律与此结果是一样的。

也就是说，六爻卦在内部的湮灭过程中，阴爻2，阳爻1各自数"中和"成的兑（☱）"金"之卦，与阳爻"含三为一"之3数"中和"成的坎（☵）"水"之卦，还有四个三爻卦"中和"成的震（☳）"木"之卦，三者之间形成了"金生水"、"水生木"、"金克木"这么一个稳定的局面。所以，从六画卦的内部"中和"作用结果的外部来看，不会看到其内部的"中和"（湮灭）状态和事物各自之间的差异的。这也就是现代高能物理实验中，只能从某些粒子的外部表现形式与状态来推测粒子内部具体结构的原因。如不求助于易学哲学原理，从研究（哲学）思路来个根本的变化，原来粒子内部及新产生的粒子内部结构，可能将是很难以观测清楚的。

从以上自一个爻到六个爻的集合体的"对卦"对称、互补、"中和"湮灭后，可以看到以下规律。

由以一个爻、两个爻或三个爻集合体为基础，一个爻到六个爻的"错卦"卦体，从卦的总体相互湮灭来看，即知：

一爻体之间相互"中和"湮灭后为3。对应存在为离（☲）卦之场（状态）。

二爻体之间相互"中和"湮灭后为6。对应存在为坎（☵）卦之场（状态）。

三爻卦之间相互"中和"湮灭后为1。对应存在为乾（☰）

卦之场（状态）。

四爻卦之间相互"中和"湮灭后为 2。对应存在为兑（☱）卦之场（状态）。

五爻卦之间相互"中和"湮灭后为 2。对应存在为兑（☱）卦之场（状态）。

六爻卦之间相互"中和"湮灭后为 2。对应存在为兑（☱）卦之场（状态）。

那么，六个爻以上的卦爻集合体相互"中和"湮灭后，如何来判断其存在状态呢？

七爻卦，我们可以将其看作是六爻卦与一爻体的组合。它们相互湮灭后，应是以六爻卦与一爻体各自湮灭后的存在状态的混合体。当然也可看作是两个爻与五个爻卦体或三个爻与四个爻卦体的组合湮灭也行。

下面仅以六爻卦与一爻体组和为例。

即：

兑（☱）+（一阴 + 一阳爻）=2+（2+1）=2+3=5。

"5"对应存在为巽（☴）卦之场态。

八爻卦，同样思路，可以将其湮灭后的存在状态，看做是六爻卦与二爻体的混合状态。也可以将其看做是四爻卦与四爻卦的混和体。

下面仅以六爻卦与二爻体组合为例。

即：

兑（☱）+（二阴爻 + 二阳爻）=2+（4+2）=2+6=8。

"8"对应存在为坤（☷）卦之场态。

九爻卦，可看做是六爻卦与三爻卦的混合体（状态）。也可看做是四爻卦与五爻卦或三个三爻卦的组合体。

下面仅以六爻卦与三爻卦的混合体为例。

即：

兑（☱）+ 乾（☰）=2+1=3。

"3"对应于离（☲）卦之场态。

十爻卦，可看做是六爻卦与四爻卦的混合体。

即：

兑（☱）+ 兑（☱）=2+2=4。

"4"对应存在为震（☳）卦之场态。

十一爻卦，可做为六爻卦与五爻卦的混合体。

即：

兑（☱）+ 兑（☱）=2+2=4。

"4"对应存在为震（☳）卦之场态。

十二爻卦，"焦氏易林"中把各个六十四卦中的卦，都又各自变成为六十四个卦，可做为两个六爻卦的组合体（混合状态）。

即：

兑（☱）+ 兑（☱）=2+2=4。

"4"对应存在为震（☳）卦之场态。

七到十二爻各个爻数相同的卦，相互湮灭后，以次存在为：

七爻为5。以巽（☴）卦之场（状态）存在。

八爻为8。以坤（☷）卦之场（状态）存在。

九爻为3。以离（☲）卦之场（状态）存在。

十爻为4。以震（☳）卦之场（状态）存在。

十一爻为4。以震（☳）卦之场（状态）存在。

十二爻为4。以震（☳）卦之场（状态）存在。

在超过六爻卦的多爻集合（卦）体来看，我们可以通过"半象""连半象""连互"等易卦的规律，将多爻卦压缩、合并为三爻卦和六爻卦来进行分析。因此，这是我们平时大量所见到的都是三爻卦与六爻卦的原因。

按"连互"规律为我们的启示，卦到了12个爻也就基本够用了。这中间，以3、6、9、12爻卦之间的存在规律递增最显著。

即：

三爻卦湮灭为1。是乾（☰）卦之场。

六爻卦湮灭为2。是兑（☱）卦之场。

九爻卦湮灭为3。是离（☲）卦之场。

十二爻卦湮灭为4。是震（☳）卦之场。

再由阳爻为1，阴爻为2分析、总结各爻及各爻集合体间相互湮灭后的存在状态是：

一个爻相互湮灭后为3。以离（☲）卦之场存在。

两个爻相互湮灭后为6。以坎（☵）卦之场存在。

三爻卦相互湮灭后为1。以乾（☰）卦之场存在。

四爻卦相互湮灭后为4。以震（☳）卦之场存在。

五爻卦相互湮灭后为7。以艮（☶）卦之场存在。

六爻卦相互湮灭后为2。以兑（☱）卦之场存在。

由于一阴一阳爻相互按"错卦"形式湮灭后为3。所以，我们只要将其相互湮灭各卦之爻数乘以3，即可知其继续存在的场和状态了。

即：

七爻卦为：$7×3=21÷8$，余5。

八爻卦为：8×3=24÷8，整除。为8。

九爻卦为：9×3=27÷8，余3。

十爻卦为：10×3=30÷8，余6。

十一爻卦：11×3=33÷8，余1。

十二爻卦：12×3=36÷8，余4。

......

随着卦的爻数不断地以序增加，其余数总是以3、6、1、4、7、2、5、8数不断地重复性出现。也就是说，以3为基础的"错卦"之间，二者"中和"湮灭之后，随着卦爻的依次增加，它们将依次对应存在为离（☲）、坎（☵）、乾（☰）、震（☳）、艮（☶）、兑（☱）、巽（☴）、坤（☷）卦之八种场（状态）继续存在。

如果以阳爻"含三为一"的3数，阴爻为2数代入（阴阳爻此时"中和"为5）。各爻及各类爻的集合体间相互湮灭后，依次存在的状态是：

一个爻相互湮灭为5。以巽（☴）卦之场存在。

两个爻相互湮灭为2。以兑（☱）卦之场存在。

三爻卦相互湮灭为7。以艮（☶）卦之场存在。

四爻卦相互湮灭为4。以震（☳）卦之场存在。

五爻卦相互湮灭为1。以乾（☰）卦之场存在。

六爻卦相互湮灭为6。以坎（☵）卦之场存在。

即：其结果应是：

卦爻的数量乘以阴阳爻"中和"出的5，即可。

七爻卦为：7×5=35÷8，余3。

八爻卦为：8×5=40÷8，整除。为8。

九爻卦为：9×5=45÷8，余5。

十爻卦为：10×5=50÷8，余2。

十一爻卦：11×5=55÷8，余7。

十二爻卦：12×5=60÷8，余4。

……

以"叁伍易变"的5为基础，"错卦"之间"中和"湮灭后，二者以爻数的递增个数，依次以5、2、7、4、1、6、3、8的顺序，依次重复出现。也就是说，"错卦"以5数为基础，二者间相互湮灭后的结果是依巽（☴）、兑（☱）、艮（☶）、震（☳）、乾（☰）、坎（☵）、离（☲）、坤（☷）卦之场（状态）序，依次对应存在。

比较以上卦爻个数"叁伍易变"的结果，我们会发现，"叁""伍"两种湮灭的结果，二者存在的卦场（状态）之序，是以相反的排列次序存在下去的。如将这两种结果"错综其数"，可得如下结果：

以"叁"为基础得：3、6、1、4、7、2、5、8为序。

以"伍"为基础得：5、2、7、4、1、6、3、8为序。

其上下相"错"为：

3+5=8、

6+2=8、

1+7=8、

4+4=8、

7+1=8、

2+6=8、

5+3=8、

8+8=16。16÷8，整除。也为8。

"叁伍"相遇，都"中和"为8。以坤（☷）卦的状态存在。

将以"叁"为基础形成的数场序数排列在前7位者，按序次"综"（前后排序颠倒）过来，就与以"伍"为基础形成的数场序的排列与位置相同。

即：

将"叁"为基础的前7位数，顺次"综"（颠倒）过来。再加原第8位的"8"。得：

5、2、7、4、1、6、3、8之数序。

此数字的排列数序，与以"伍"为基础的结果相同。如果将此数序的前7位"综"（前后排序颠倒）过来，再加原第8位上的"8"。得：

3、6、1、4、7、2、5、8之数序。

此数序又与以"叁"为基础得到的数序完全一样。

以上是我对"叁伍易变，错综其数"概念的一些认识、推导和部分印证。

但不管以上我们从任何角度和层次去分析（虽然，其结果有各种差异），主要都是为了说明，同一件事物由于观察分析的层次、角度、位置等的不同，可能得到的结果和结论有很大差异的。没有确定系统、范畴、层次、角度、位置等先决条件的情况下，是不能轻易对事物及其规律轻易下结论的。往往局部的状态下，只能得出局部的结局状态。可是，从整个或整体系统来看，往往得到的是各事物间的本质、共性或共通性的统一状态（当然，也包含有事物各个局部的状态）。这也是易学"易简"思想的体现——抓住事物主要和共通性的规律及状态。

我想，对以上易学、易卦及爻卦之间"对象"（"对卦"、"错卦"）的延伸与发展，一定会对现代的数理哲等思想及概念，提供一些很好、很简捷正确的思路。

根据"叁伍易变，错综其数"中的"综卦"思想，我们来研究分析一些"综卦之象"（一般称之为"反卦"）的特点及规律。

下面就讲什么是"反卦"和"反卦"的一些规律。

2.反卦

"反卦"又叫"反象"、"反卦"、"覆卦"、"综卦"、"综象"。

"反卦"就是从卦的纵向上看，通过其纵向（竖直方向）变化特点来研究分析事物。它指的是，在原来事物（卦）的结构状态基础上，换个180度的方向（从其对面）来分析事物（卦）规律的一种思维方法。

比如：在一台录音机的前边来看这台录音机，它是某种色彩、层次、形象及结构。为了将其看得更全面一些，我再到录音机的后边（其对面）去看这台录音机，它又是个什么色彩、层次、形象和结构等。这种思想方法就是"反卦"所反映的思想方法。即从正面看看，再从其背面看看，来确定事物结构规律的一种方法。从一个事物相辅相承的两个方面来研究、分析事物的结构联系。把一个事物前后关系（"反卦"）搞清楚，又将其左右关系（"对卦"）搞清楚，而卦本身又可以表示上下（即将其上下关系搞清楚）、内外、远近等。这样做就可以将一个事物的各个方面的主要关系搞清楚了。

"反卦"的定义：

一卦卦体中（应包括各种爻数的集合体。我们这里按传统易学概念指的是六个爻的卦体），将爻位次序上下颠倒，顺看而又倒看，所衍生出的另一种不同而相关的卦象，称其为"反卦"。又名"反象"、"倒象"、"覆象"、"综卦"等。

也就是说，将一个六爻卦的初爻上升到上面第六爻的位置；第二爻上升到第五爻的位置；第三爻上升到第四爻的位置；第四爻下降到第三爻的位置；第五爻下降到第二爻的位置；上六爻下降到初爻的位置。即各爻位置阴阳性质及结构不变，将一个六爻卦的爻象、卦象全部颠倒过来。

本来看一个卦的卦象应该是顺着（竖直方向）看，而现在是将其倒过来竖着看了。即从竖直方向上反过来看，就衍生出了另一种不同的相关卦象。

这是什么意思呢？

下面举例来说明。

例如：水天需（䷄）卦反过来看是天水讼（䷅）卦。

　　　　天水讼（䷅）卦反过来看是水天需（䷄）卦。

二者互为"反卦"。

"需"卦是一种"等待"的意思。有人通过对甲骨文的分析得出结论说："需卦，是祭祀之意。""祭祀"只不过是等待中的一种情况（等待天神下降、神仙显灵）。因为任何的一卦或者一个爻都是"类万物之情，通神明之德"的。所以"需"卦是描述各种不同形式的等待状态及不同等待形式下会出现的现象与结果的。

水天需（䷄）卦的"反卦"是什么意思呢？

将"需"卦顺着上下的顺序看，是水［坎（☵）卦］天［乾

（☲）卦]需（☵）卦。如果，将其上下顺序颠倒过来看，这个卦就成天（乾）水（坎）讼（☰）卦了。当一个事物从正面看它是等待的状态。可是我不愿再等待下去了，想从等待的反面去分析一下，即不等待了，看看还存在着什么潜在的机会及别的有利或更不利的因素没有？一看，得到的是天水"讼"（☰）卦。"讼"（☰）卦是一种打官司、扯皮、与人关系不亲密、不亲近的状态，事情照此发展更为不利。不得以，还需要等待下去。如不想等待，就得与人打官司、扯皮。那会更麻烦。因此，决定还是不动，继续等待为好。

为什么《易》中"需"卦曰："坎在前"呢？

从"需"卦的卦象结构来讲，危险[坎（☵）卦]在前面（上卦），往前发展是危险的，故而才需等待。非得动的话，危险正在等待着你的到来。将"需"卦反过来一分析，是天水讼（☰）卦。"讼不亲也"。还真得打官司、扯皮。我想一般情况下谁也不愿意打官司。不管你是赢了还是输了，都挺膈应人的。本来买卖做的挺好的，可是打官司给你耽误了好多时间及机会。结果把你许多更好更大的买卖给耽误了。而且往往使人又会产生更多的误会，连名声可能也会搞坏了。人们往往会认为反正一打官司，进法院了，总觉得你有点什么见不得人的事似的。有好事用不着进法院。通观正反卦的全局状态，还是以等待为好。

有时通过"反卦"还可以分析出一些其他的意义来。当然，有的"反卦"会将事物状态变得更好更有利。可能此时此卦（"反卦"）的卦爻辞就是好的卦爻辞了。然后，按着卦爻辞的内涵意义去做，就会发展成一种好的趋势。

下面举例说明。

例如：地山谦（☷☶）卦，其反过来就是雷地豫（☳☷）卦。

"豫"卦有安乐、享受、预备之意。这么轻松愉快，那当然是不错的事喽。有的事情就得由卦意内涵这样来分析。

又如例：水雷屯（☵☳）卦其反过来的"反卦"是山水蒙（☶☵）卦。

为什么"屯"卦要让你"屯"呢？将其"屯"卦反过来看说明你要是不"屯"的话，就变成了山水蒙（☶☵）卦。其意就是自己不知道将来如何，朦朦胧胧地不知如何发展、如何干是好。虽然"蒙"为"山下出泉"，泉水的水量一般总还是较少的吧。所以，你就得"屯"（集赚、屯积）。但这个"屯"呢，又是一种刚刚开始起步的萌芽状态。刚刚开始发展还没有很强的实力，如同小小的泉水的能量一样，必须要积少成多才有力量。

"反卦"反映的是两卦相互之间的特点。有时通过《易》卦中"反卦"里的解释辞的内容，就能找到本卦中内涵的某些意义。

例如：

震为雷（☳☳）卦其反过来看是艮为山（☶☶）卦。

艮为山（☶☶）卦其反过来看是震为雷（☳☳）卦。

巽为风（☴☴）卦其反过来看是兑为泽（☱☱）卦。

兑为泽（☱☱）卦其反过来看是巽为风（☴☴）卦。

……

有"反卦"存在的卦，两卦之间是互为"反卦"的。"一阴一阳之谓道"，事物是相辅相承的同时存在的。此事为正，则彼事为反；此事为反，则彼事为正。

64卦中，是不是每一个卦都有"反卦"呢？"反卦"是不是都是成对存在着呢？像震为雷（☳）卦其"反卦"就是艮为山（☶）卦。二者是成对出现的。又是互为"反象"的。

震（☳）卦的"反卦"是艮（☶）卦；艮（☶）卦的"反卦"是震（☳）卦。这种成对存在的"反卦"在 64 卦中有多少呢？按传统的易学说法，一共有 28 对"反卦"。共 56 个卦。

64 卦中，去掉这 56 个成对的"反卦"，还剩下 8 个卦。

余下的这 8 个卦有什么特点？传统易学为什么认为它们没有"反卦"呢？

比如：

乾为天（☰）卦、

坤为地（☷）卦、

坎为水（☵）卦、

离为火（☲）卦、

雷山小过（䷽）卦、

风泽中孚（䷼）卦、

泽风大过（䷛）卦、

山雷颐（䷚）卦。

它们自身无论是颠过来还是倒过去，永远是其自身的本原结构状态。

这种情况有几个呢？如前所列，一共就有这 8 种情况，即 8 个"重卦"。

反卦的延伸

根据易学"对应统一"的"一阴一阳之谓道"的思想，我认为"反象"不仅是 64 卦中，才有这种规律。应该是在一切卦爻组合与集合体（一、二至多个爻的卦体）中，都存在才对（传统易学中认为，这种概念除了集合体中的爻都是同一种阴阳性质，或者是上下对称组合的阳爻或阴爻之外才存在）。因此，在这里我们将这个"反象"的概念延伸至任何的卦爻集合体中都存在。

下面举例分析。

一、如：

一阴（－－）一阳（—）两爻（一个爻的爻象）各自的"反象"。

一个阳爻（—）的反象，仍然是其本身（—）状态。

一个阴爻（－－）的反象，也是其本身（－－）状态。

其"反象"就是其本身的这种"反象"状态，在传统的易学规律概念中，一般都认为其没有"反象"。

我认为它不是没有"反象"。只不过其"反象"状态与其自身状态一样而已。这说明这类"反象"反映的是对称性、稳定性极好的一些事物及其规律。

"反象"规律既然是反映事物相反（反面）方向所观察到的该事物的状态，那么，正面、相反或另一面所看到的事物状态都是一样的话，这个事物一定是处于对称且均匀、稳定的状态。就如同一个圆球、一个正立方体等形态一样。

因此，我认为一切事物（卦、爻）都有其"反象"存在。只是它们存在的状态有相同与不相同、对称均匀分布（结构）和不对称不均匀分布（结构）、稳定和不稳定等性质的区分而已。不能说，不对称、不均匀分布（结构）、不稳定存在的事物（卦、爻）才有"反象"存在，而结构对称、均匀、稳定的事物就不存在其"反象"状态。这种思维方式和方法，是与"一阴一阳之谓道"的易学思想对事物的根本认识法则——"对应统一规律"，是相违背的。

我认为，事物只要是对应存在的，就一定能找到其"反象"的存在状态及其规律。

那么，从以上两种单个爻的"反象"之间，在它们各自相遇时，会有什么数理关系与规律？它们相遇的结果将形成什么状态呢？

下面进行各自的推演与论述。

在推演、论述之前，要着重说明一点。

即在推论过程中所使用的数，全是对应于"先天八卦序数"所对应的数；数所对应的卦，也全是对应于"先天八卦"的卦场（态）。这与"对象"延伸中所使用的数、卦对应状态关系是一致的。

1、阳爻的"反象"还是其本身。其二者相遇会形成什么状态？

即：

阳爻"正象"＋阳爻"反象"＝1+1=2 或 3+3=6 两种情况。

"2"对应于"先天兑（☱）卦之场（态）。

"6"对应于"先天"坎（☵）卦的场（态）。

故互为"反象"的阳爻之间相遇，会生成兑（☱）"金"和坎（☵）"水"两种场态继续同时存在。

可是，兑（☱）坎（☵）二者相遇，又会形成什么状态呢？

兑（☱）＋坎（☵）＝2+6=8。

"8"对应于坤（☷）卦之场（态）。

单个阳爻的"反象"相遇后，会以坤（☷）卦的形式继续存在。

2、阴爻的"反象"也还是其本身。

其二者相遇会是个什么状态？

即：

阴爻"正象"＋阴爻"反象"＝2+2＝4。

"4"对应于震（☳）卦的场（态）。

因此，阴爻互为"反象"的二者相遇，会以震（☳）"木"之场（态）继续存在。

二、如：

两个爻集合体（二爻之象）的"反象"。

一共有四组存在形式。

下面逐个加以分析。

1、上面一个阴爻、下面一个阳爻集合体（☵）的"反象"，是上面一个阳爻、下面一个阴爻的集合体（☶）。

2、上面一个阳爻、下面一个阴爻集合体（☶）的"反象"，是上面一个阴爻、下面一个阳爻的集合体（☵）。

3、上下两个爻都是阳爻集合体（⚌）的"反象"，是上下两爻都是阳爻的集合体（⚌）。

4、上下两个爻都是阴爻集合体（⚏）的"反象"，是上下两爻都是阴爻的集合体（⚏）。

在传统易学中，只承认前两种是相互为"反象"（"综卦"）状态（"飞伏"的一种状态）。后两种"反象"状态，则认为是不存在"反象"状态的。但是，存在有"对象"状态。即3、4两种状态间，相互为"对象"（"错卦"）。我们则认为，后两种情况，也各自存在有各自的互为的"反象"状态。只不过它们各自的"反象"状态，就是它们自身的状态罢了。

按易学"错综其数"的规律，我们看看这 4 组"综象"（"反象"）各自之间在数理上，会有什么规律和特点？

1、上阴下阳（☳）+ 上阳下阴（☶）

按阳爻 1，阴爻 2，代入得：

（2+1）+（1+2）=6。

"6"对应为坎（☵）卦之场（状态）。

按阳爻"含三为一"之 3 数代入得：

（2+3）+（3+2）=10。10÷8，余 2。

"2"对应为兑（☱）卦之场（状态）。

上两种状态相遇为：

6+2=8。

"8"对应为坤（☷）卦之场（态）。

2、上阳下阴（☶）+ 上阴下阳（☳）

按阳爻 1，阴爻 2，代入得：

（1+2）+（2+1）=6。

"6"对应为坎（☵）卦之场（状态）。

按阳爻"含三为一"之 3 数代入得：

（3+2）+（2+3）=10。10÷8，余 2。

"2"对应为兑（☱）卦之场（状态）。

上两种状态相遇为：

6+2=8。

"8"对应于坤（☷）卦之场（态）。

以上这两种情况中，相互为"反象"的二者状态，也是互为"对象"的状态。即二者间既是相反的，又是互补的。因此，二者相遇会"中和"湮灭。湮灭后，会以坎（☵）卦和兑（☱）卦之场（状态）继续存在。此二者相遇会以坤（☷）8之场（态）存在。由于兑（☱）"金"生坎（☵）"水"，故兑（☱）"金"不能长期继续存在。故而只能是以坎（☵）卦的场、态继续存在。

3、上下两阳（☰）+上下两阳（☰）

按阳爻1，阴爻2，代入得：

（1+1）+（1+1）=4。

"4"对应为震（☳）卦之场（状态）。

按阳爻"含三为一"之3数代入得：

（3+3）+（3+3）=12。12÷8，余4。

"4"对应于震（☳）卦之场（态）。

以上两种场态相遇为：

4+4=8。

"8"对应于坤（☷）卦的场（态）。

4、上下二阴（☷）+上下二阴（☷）

按阳爻1，阴爻2，代入得：

（2+2）+（2+2）=8。8÷8，整除。故为余8。

"8"对应于坤（☷）卦之场（态）。

后两种情况中，其各自事物（卦爻）的"反象"相遇，虽然不能相互"中和"（互补）湮灭，但是二者相结合后，依然会转化成其他的卦场（态）继续存在。

即都以坤（☷）8之场态继续存在。

总之，两个爻组成的集合体的互为"反象"的二者相遇，表面上看，它们会以坎（☵）、兑（☱）、震（☳）、坤（☷）不同的场态存在。但是，就其总体来讲，还是以坤（☷）卦的场态继续存在。

通过事物自身"反象"之间的结合，我们就能判断出互为"反象"二者结合的结果如何。也就是说，从某事物正面和反面所得到信息综合在一起，就能找到正反两面的共同存在状态。

此两个爻的集合体中，例1与例2中的二者之间，还存有各自的"对象"状态。其状态、规律同于以上"对象"的延伸一节中的"二爻集合体"。此处就不多议了。

三、为：

三个爻组成的集合体（三爻卦）的"反象"。

三个爻的集合体，我们指的就是三个爻的"经卦"（又称"八卦"）。

其各卦自己的"反象"如下。

震（☳）卦的"反象"是艮（☶）卦；

艮（☶）卦的"反象"是震（☳）卦。

巽（☴）卦的"反象"是兑（☱）卦；

兑（☱）卦的"反象"是巽（☴）卦。

乾（☰）卦的"反象"仍是乾（☰）卦。

坤（☷）卦的"反象"仍是坤（☷）卦。

坎（☵）卦的"反象"仍是坎（☵）卦。

离（☲）卦的"反象"仍是离（☲）卦。

其中，

震（☳）+艮（☶）和艮（☶）+震（☳）分别为：

4+7=11。11÷8，余3。和

7+4=11。11÷8，也余3。

"3"对应为离（☲）卦之场（态）。

按阳爻为 1、阴爻为 2，代入上两种情况中，得：

（1+2+2）+（2+2+1）=5+5=10。10÷8，余 2。和

（2+2+1）+（1+2+2）=10。10÷8，余 2。

"2"对应存在为兑（☱）卦之场（态）。

按阳爻"含三为一"之 3 数代入得：

（3+2+2）+（2+2+3）=7+7=14。14÷8，余 6。和

（2+2+3）+（3+2+2）=7+7=14。14÷8，余 6。

"6"对应为坎（☵）卦之场（态）。

以上三种情况，互为"反象"的震（☳）艮（☶）二者相遇，会变成离（☲）"火"、兑（☱）"金"、坎（☵）"水"三种场态同时存在。此三者之间又形成了一个互相制约的稳定性局面。

由于其三者相遇会得到：

离（☲）+ 兑（☱）+ 坎（☵）=3+2+6=11。11÷8，余 3。

"3"对应于离（☲）卦之场（态）。

故我们会得到"震艮相遇，以离而存在"的结论。这正好与震（☳）艮（☶）两卦以卦序数相加的结果相同。这个结果也与前面讲"半象"时的"大离"构成相合。

巽（☴）+ 兑（☱）和兑（☱）+ 巽（☴）分别为：

5+2=7。和

2+5=7。

"7"对应为艮（☶）卦之场（态）。

按阳爻为 1，阴爻为 2。代入以上两种情况得：

（2+1+1）+（1+1+2）=8。和

（1+1+2）+（2+1+1）=8。

"8"对应于坤（☷）卦之场（态）。

按阳爻"含三为一"之3数代入上面两情况，又得：

（2+3+3）+（3+3+2）=8+8=16。16÷8，整除。为8。和

（3+3+2）+（2+3+3）=16。16÷8，为8。

"8"对应为坤（☷）卦之场（态）。

以上互为"反象"的巽（☴）兑（☱）两卦相遇，生成了艮（☶）"土"、坤（☷）"土"、坤（☷）"土"三种状态同时存在。

这三者相遇又得：

艮（☶）+坤（☷）+坤（☷）=7+8+8=23。23÷8，余7。

"7"对应为艮（☶）卦之场（态）。

这个结果，正好与巽兑两卦的卦序数相加的结果相同。也与"半象"的规律相合。

除以上"反象"之外，三爻集合体之间还存有着"对象"关系。

具体关系如下：

乾（☰）+乾（☰）为：

1+1=2。

"2"对应为兑（☱）卦之场（态）。

坤（☷）+坤（☷）为：

8+8=16。16÷8，整除。故为8。

"8"对应为坤（☷）卦之场（态）。

坎（☵）+坎（☵）为：

6+6=12。12÷8，余4。

"4"对应为震（☳）卦之场（态）。

离（☲）+离（☲）为：

3+3=6。

"6" 对应为坎（☵）卦之场（态）。

这 8 种（4 对）"反象"状态，其互为"反象"的二者，虽不能互相对称、互补达到"中和"湮灭，可二者相遇（相合）也会转化为自身或其他的状态继续存在。

可是，在三爻的集合体中，也存在着 4 对互为"对象"且能相互对称、互补、中和、湮灭的存在状态。

即：

乾（☰）+ 坤（☷）=1+8=9。9÷8，余 1。

震（☳）+ 巽（☴）=4+5=9。9÷8，余 1。

坎（☵）+ 离（☲）=6+3=9。9÷8，余 1。

艮（☶）+ 兑（☱）=7+2=9。9÷8，余 1。

"1" 对应于"先天八卦"乾（☰）卦之场（态）。

因为在前面"对卦"一节的延伸中，已分析、讨论过这种三爻集合体的"中和"湮灭规律及特点。这里就不再重复议论了。

从以上的三爻集合体的相遇规律中，我们知道，这些集合体中每一个三爻卦都有自己的"对象"（即其"中和"湮灭的"对象"）存在。而不一定都有其对应且不同结构状态的"反象"存在。不管是怎样的规律状态，它都为我们在观察、分析、研究事物的状态及其规律时，提供了两种不同状态下应如何来判定其结果、状态及规律的方法。

四、为：

四个爻组成的集合体（四爻卦）的"反象"。

例 1：四个爻的既济（䷾）卦其"反象"是四个爻的未济（䷿）卦；

四个爻的未济（☵☲）卦其"反象"是四个爻的既济（☲☵）卦。

它们二者相遇会形成什么结果呢？

以三爻卦序数为基础，二者相遇得：

既济（☲☵）＋未济（☵☲）＝（6＋3）＋（3＋6）＝18。18÷8，余2。和

未济（☵☲）＋既济（☲☵）＝（3＋6）＋（6＋3）＝18。18÷8，余2。

"2"对应为兑（☱）卦之场（态）。

按阳爻1，阴爻2，代入以上两式得：

（2＋1＋2＋1）＋（1＋2＋1＋2）＝6＋6＝12。12÷8，余4。和

（1＋2＋1＋2）＋（2＋1＋2＋1）＝6＋6＝12。12÷8，余4。

"4"对应为震（☳）卦之场（态）。

按阳爻"含三为一"之3数代入上两式得：

（2＋3＋2＋3）＋（3＋2＋3＋2）＝10＋10＝20。20÷8，余4。和

（3＋2＋3＋2）＋（2＋3＋2＋3）＝10＋10＝20。20÷8，余4。

"4"对应为震（☳）卦之场（态）。

以上结果出现了兑（☱）"金"、震（☳）"木"、震（☳）"木"三种场（态）同时存在的局面。可是，此三者相遇又会产生什么结果呢？

兑（☱）＋震（☳）＋震（☳）＝2＋4＋4＝10。10÷8，余2。

"2"对应存在为兑（☱）卦之场（态）。

这个结果正好与以三爻卦序数为基础的相遇结果相同。

例2：四个爻的归妹（☳☱）卦其"反象"是四个爻的渐（☴☶）卦。

四个爻的渐（☴☶）卦其"反象"是四个爻的归妹（☳☱）卦。

它们二者相遇会产生什么结果？

以三爻卦序数为基础代入上两种情况。得：

归妹（☳）+ 渐（☶）=（4+2）+（5+7）=6+12=18。18÷8，余 2。和

渐（☶）+ 归妹（☳）=（5+7）+（4+2）=12+6=18。18÷8，余 2。

"2"对应为兑（☱）卦之场（态）。

按阳爻 1，阴爻 2，代入上两式得：

（2+2+1+1）+（1+1+2+2）=6+6=12。12÷8，余 4。和

（1+1+2+2）+（2+2+1+1）=6+6=12。12÷8，余 4。

"4"对应为震（☳）卦之场（态）。

按阳爻为 3，阴爻 2，代入上两式得：

（2+2+3+3）+（3+3+2+2）=10+10=20。20÷8，余 4。和

（3+3+2+2）+（2+2+3+3）=10+10=20。20÷8，余 4。

"4"对应于震（☳）卦之场（态）。

以上也是三种状态同时存在。即形成兑（☱）"金"、震（☳）"木"与震（☳）"木"同时存在的局面。

三者相遇得：

兑（☱）+ 震（☳）+ 震（☳）=2+4+4=10。10÷8，余 2。

"2"对应于兑（☱）卦的场（态）。

与例 1 的规律一样。依然是与以三爻卦序数相遇的结果相同。

例 3：四个爻的家人（☲）卦其"反象"是四个爻的睽（☲）卦。

四个爻的睽（☲）卦其"反象"是四个爻的家人（☲）卦。

四个爻的家人（☲）卦与睽（☲）卦相遇，会生成什么结果呢？

以三爻卦序数为基础，得：

家人（☲）＋睽（☲）＝（5+3）＋（3+2）=13。13÷8，余5。和

睽（☲）＋家人（☲）＝（3+2）＋（5+3）=13。13÷8，余5。

"5"对应于巽（☴）卦的场（态）。

按阳爻1，阴爻2，代入上两式。得：

（1+1+2+1）＋（1+2+1+1）=5+5=10。10÷8，余2。和

（1+2+1+1）＋（1+1+2+1）=5+5=10。10÷8，余2。

"2"对应为兑（☱）卦之场（态）。

按阳爻为3，阴爻为2，代入上两式得：

（3+3+2+3）＋（3+2+3+3）=11+11=22。22÷8，余6。和

（3+2+3+3）＋（3+3+2+3）=11+11=22。22÷8，余6。

"6"对应于坎（☵）卦之场（态）。

以上三种情况形成了巽（☴）"木"、兑（☱）"金"和坎（☵）"水"构成的相互制约且同时存在的体系。

这三者相遇又会生成什么结果呢？

巽（☴）＋兑（☱）＋坎（☵）=5+2+6=13。13÷8，余5。

"5"对应为巽（☴）卦的场（态）。

其结果，正好与以三爻卦序数为基础的相遇结果是一致的。

例4：四个爻的复（☷）卦其"反象"是四个爻的剥（☶）卦。

四个爻的剥（☶）卦其"反象"是四个爻的复（☷）卦。

上面互为"反象"的二者相遇，会是个什么状态呢？

复（☷）＋剥（☶）＝（8+4）＋（7+8）=12+15=27。27÷8，余3。和

剥（☶）＋复（☷）＝（7+8）＋（8+4）=15+12=27。27÷8，

余3。

"3"对应为离（☲）卦之场（态）。

按阳爻1，阴爻2，代入上两式得：

（2+2+2+1）+（1+2+2+2）=7+7=14。14÷8，余6。和

（1+2+2+2）+（2+2+2+1）=7+7=14。14÷8，余6。

"6"对应于坎（☵）卦之场（态）。

按阳爻3，阴爻为2，代入上两式得：

（2+2+2+3）+（3+2+2+2）=9+9=18。18÷8，余2。和

（3+2+2+2）+（2+2+2+3）=9+9=18。18÷8，余2。

"2"对应于兑（☱）卦之场（态）。

以上三种情况形成了离（☲）"火"、坎（☵）"水"和兑（☱）"金"构成的三为一体的相互制约的同时存在的体系（状态）。

这种状态同时相遇的结果如何呢？

即：

离（☲）+坎（☵）+兑（☱）=3+6+2=11。11÷8，余3。

"3"为离（☲）卦的存在状态和形式。

这个最终的结果，是与三爻卦序数为基础的相遇结果相同。

例5：四爻的夬（䷪）卦其"反象"是四爻的姤（䷫）卦。

四爻的姤（䷫）卦其"反象"是四爻的夬（䷪）卦。

此互为"反卦"的二者相遇，会生成什么状态呢？

夬（䷪）+姤（䷫）=（2+1）+（1+5）=9。9÷8，余1。和

姤（䷫）+夬（䷪）=（1+5）+（2+1）=9。9÷8，余1。

"1"对应为乾（☰）卦之场（态）。

按阳爻1，阴爻2，代入上两式得：

（2+1+1+1）+（1+1+1+2）=5+5=10。10÷8，余2。和

（1+1+1+2）+（2+1+1+1）=5+5=10。10÷8，余2。

"2"对应于兑（☱）卦之场（态）。

按阳爻为3，阴爻2，代入上两式得：

（2+3+3+3）+（3+3+3+2）=11+11=22。22÷8，余6。和

（3+3+3+2）+（2+3+3+3）=11+11=22。22÷8，余6。

"6"对应于坎（☵）卦之场（态）。

以上三种情况，构成了乾（☰）"金"、兑（☱）"金"和坎（☵）"水"三者同时存在的复合体系。

这三者同时相遇会如何呢？

乾（☰）+兑（☱）+坎（☵）=1+2+6=9。9÷8，余1。

"1"对应存在为乾（☰）卦之场（态）。

这种结果，正好与以三爻卦序数为基础的相遇的结果相同。

……

其例子不胜枚举。

以上例子中互为"反象"的二者相遇，从卦形结构的对应状态来看，虽不能相互湮灭，但也会转化成其他的场态继续存在。

在四爻的集合体中，比如像：乾（☰）、坤（☷）、颐（☲）、大过（☲）四个卦，其"反卦"就是其本身。它们各自相遇，也会转化为其他的场态（卦）继续存在。

即：

乾（☰）+乾（☰）=（1+1）+（1+1）=4。

"4"对应为震（☳）卦的场（态）。

按阳爻1，阴爻2，代入上式得：

（1+1+1+1）+（1+1+1+1）=8。

"8"对应为坤（☷）卦之场（态）。

按阳爻为3，代入上式得：

（3+3+3+3）+（3+3+3+3）=12+12=24。24÷8，整除。故为8。

"8"对应于坤（☷）卦之场（态）。

因为前面讲到"对卦"规律特点时，我们讲过："叁伍易变"的"叁""伍"二者所得到的结果相遇或"中和"湮灭时，无论是什么情况，都以坤（☷）"8"的场（态）存在。那么当以上三式的三个结果同时存在时，最后得到的存在状态（场），是与以"先天"三爻卦序数为基础相遇时的结果是一样的。即都是以震（☳）卦的场（态）继续存在。

坤（☷）+ 坤（☷）=（8+8）+（8+8）=16+16=32。32÷8，整除，故为8。

"8"对应存在为坤（☷）卦之场（态）。

将阳爻1，阴爻2，代入上式得：

（2+2+2+2）+（2+2+2+2）=8+8=16。18÷8，整除，为8。

"8"对应于坤（☷）卦之场（态）。

将阳爻3，阴爻2，代入上式得：

结果同上式一样。也是以坤（☷）"8"之卦场（态）存在。

最终由于坤8与坤8（相加）相遇为8。所以，其仍然是以三爻卦序数为基础，二者相遇的结果相同——都是以坤（☷）卦的场（态）继续存在。

颐（☶）+ 颐（☶）=（7+4）+（7+4）=11+11=22。22÷8，余6。

"6"对应于坎（☵）卦之场（态）。

按阳爻 1，阴爻 2，代入上式得：

（1+2+2+1）+（1+2+2+1）−6+6=12。12÷8，余 4。

"4"对应震（☳）卦场（态）。

按阳爻 3，代入上式得：

（3+2+2+3）+（3+2+2+3）=10+10=20。20÷8，余 4。

"4"对应震（☳）卦场（态）。

上三式的三个结果同时存在（相遇）的结果，最终是以坎（☵）卦的（场、状态）形式，继续存在。

大过（☱）+ 大过（☱）=（2+5）+（2+5）=7+7=14。14÷8，余 6。

"6"对应于坎（☵）卦场（态）。

以阳爻 1，阴爻 2，代入上式得：

（2+1+1+2）+（2+1+1+2）=6+6=12。12÷8，余 4。

"4"对应震（☳）卦的场（态）。

以阳爻为 3，代入上式得：

（2+3+3+2）+（2+3+3+2）=10+10=20。20÷8，余 4。

"4"对应为震（☳）卦之场（态）。

以上三式结论同时存在的结果，由于震 4 与震 4 相遇为坤 8，所以，最后是以坎（☵）卦的场（状态、形式）继续存在。

以上四个爻的集合体，其各集合体的"反象"之间相遇，表面上从卦形的对应结构状态上看，二者是不能相互"中和"为"中性"的（是不能被湮灭"消失"的）。比如：以上的剥（☶）与复（☳）、家人（☲）与睽（☱）、夬（☱）与姤（☴）、乾（☰）与乾（☰）、坤（☷）与坤（☷）、颐（☶）与颐（☶）、大过（☱）与大过（☱）等例所见到的"反象"状态。到底二者相遇叠加后，会形成什么状态呢？只有从其"数字场"的演算中，才能找到其对应的正确答案。

以上这些四爻卦的"反象"之间，往往也会存有对称互补的"对卦"状态及其相互"中和"湮灭的状态。不能说"反象"关系之中就只能是"反象"关系。"反象"中也存在有互补的"对象"关系。比如：以上曾见到过的既济（☲☵）与未济（☵☲）、归妹（☳☱）与观（☴☷）之类所见到的"反象"状态。虽然其"反卦"之间，表面上从卦形及对应爻的情况看，好像是"中和"成"中性"状态——不存在了。实际上，从其各卦、爻之间的"数字场"性来看，它们"反象"双方相遇并没有消失，而是转化成了其他的场（态）继续存在——只是改变了存在的形式和状态而已。

五、为：

五个爻组成的集合体（五爻卦）的"反象"。

例1：五个爻的益（☳☴）卦的"反象"是五个爻的损（☶☱）卦。

五个爻的损（☶☱）卦的"反象"是五个爻的益（☳☴）卦。

二者相遇会出现什么结果呢？

表面上，从卦爻之间的阴阳"中和"关系看，二者阴阳爻数相加，一共是6个阳爻，4个阴爻。阴阳爻互相"中和"掉4个爻外，最后还余2个阳爻。将阳爻为1或3代入这个阳爻中。得：

$1 \times 2 = 2$ 和 $3 \times 2 = 6$ 两种结果。

其中，

"2"对应于兑（☱）卦之场（态）。

"6"对应于坎（☵）卦之场（态）。

2 和 6 相加等于 8。

"8"对应于坤（☷）卦之场（态）。

实际上，如果以三爻卦序数为基础得：

益（☴☳）＋损（☶☱）＝（巽＋震）＋（艮＋兑）

＝（5＋4）＋（7＋2）＝9＋9＝18。18÷8，余2。和

损（☶☱）＋益（☴☳）＝（艮＋兑）＋（巽＋震）

＝（7＋2）＋（5＋4）＝9＋9＝18。18÷8，余2。

"2"对应于兑（☱）卦之场（态）。

按阳爻 1，阴爻 2，代入上两式得：

（1＋1＋2＋2＋1）＋（1＋2＋2＋1＋1）＝7＋7＝14。14÷8，余6。和

（1＋2＋2＋1＋1）＋（1＋1＋2＋2＋1）＝7＋7＝14。14÷8，余6。

"6"对应于坎（☵）卦之场（态）。

按阳爻为 3，代入上两式得：

（3＋3＋2＋2＋3）＋（3＋2＋2＋3＋3）＝13＋13＝26。26÷8，　余

2。和

（3＋2＋2＋3＋3）＋（3＋3＋2＋2＋3）＝13＋13＝25。26÷8，余2。

"2"对应存在为兑（☱）卦之场（态）。

以上三种式子中，一共同时存有兑（☱）"金"、坎（☵）"水"和兑（☱）"金"三种状态（场态）。

此三者相遇的结果是：

兑（☱）＋坎（☵）＋兑（☱）＝2＋6＋2＝10。10÷8，余2。

"2"对应于兑（☱）卦之场（态）。

此三者同时相遇（存在）的结果，是仍然以三爻卦序数为基础的相遇结果相同。即以兑（☱）卦的场（态）形式继续存在。

例2：五个爻的师（☷☵）卦其"反象"是五个爻的比（☵☷）卦。

五个爻的比（☷）卦其"反象"是五个爻的师（☷）卦。

上二者相遇会如何？

表面上，从阴阳爻的"中和"状态看，二者一共有 8 个阴爻和两个阳爻。二者相遇，"中和"掉两个阳爻外，还剩 6 个阴爻。

将阴爻为 2，代入其中。得：

$2 \times 6 = 12$。$12 \div 8$，余 4。

"4"对应于震（☳）卦之场（态）。

实际上，如果以三爻卦序数为基础得：

师（☷）+ 比（☷）=（坤 + 坎）+（坎 + 坤）

=（8+6）+（6+8）=14+14=28。$28 \div 8$，余 4。和

比（☷）+ 师（☷）=（坎 + 坤）+（坤 + 坎）

=（6+8）+（8+6）=14+14=28。$28 \div 8$，余 4。

"4"对应为震（☳）卦的场（态）。

按阳爻 1，阴爻 2，代入上两式得：

（2+2+2+1+2）+（2+1+2+2+2）=9+9=18。$18 \div 8$，余 2。和

（2+1+2+2+2）+（2+2+2+1+2）=9+9=18。$18 \div 8$，余 2。

"2"对应于兑（☱）卦之场（态）。

按阳爻为 3，代入上两式得：

（2+2+2+3+2）+（2+3+2+2+2）=11+11=22。$22 \div 8$，　余 6。和

（2+3+2+2+2）+（2+2+2+3+2）=11+11=22。$22 \div 8$，余 6。

"6"对应于坎（☵）卦的场（态）。

由于以上后两种情况相遇，会生成兑（☱）2+ 坎（☵）6=8 坤（☷）卦的场（态）。所以，以上震（☳）"木"、兑（☱）"金"和坎（☵）"水"同时存在而相遇的结果，是与以三爻卦序

数为基础的结论相同。即以震（☳）卦的形式（状态、场）继续存在。

例 3：五个爻的咸（䷞）卦其"反象"是五个爻的恒（䷟）卦。

五个爻的恒（䷟）卦其"反象"是五个爻的咸（䷞）卦。

二者相遇，表面看，一共有 6 个阴爻和 4 个阳爻。阴阳爻相互"中和"掉 4 个阴阳爻外，还剩下 2 个阴爻。

将阴爻为 2，代入其中。得：

$2 \times 2 = 4$。

"4"对应于震（☳）卦之场（态）。

实际上，如果按三爻卦序数为基础得：

咸（䷞）+ 恒（䷟）=（兑 + 艮）+（震 + 巽）

=（2+7）+（4+5）=9+9=18。$18 \div 8$，余 2。和

恒（䷟）+ 咸（䷞）=（震 + 巽）+（兑 + 艮）

=（4+5）+（2+7）=9+9=18。$18 \div 8$，余 2。

"2"对应于兑（☱）卦之场（态）。

按阳爻 1，阴 2 爻，代入上两式得：

（2+1+1+2+2）+（2+2+1+1+2）=8+8=16。$16 \div 8$，整除。为 8。和

（2+2+1+1+2）+（2+1+1+2+2）=8+8=16。$16 \div 8$，整除。为 8。

"8"对应于坤（☷）卦之场（态）。

按阳爻为 3，代入上两式得：

（2+3+3+2+2）+（2+2+3+3+2）=12+12=24。$24 \div 8$，整除。为 8。和

（2+2+3+3+2）+（2+3+3+2+2）=12+12=24。$24 \div 8$，整除。为 8。

"8"对应于坤（☷）卦的场（态）。

上面三个结果相遇，仍以三爻卦序数为基础的相遇结果相同。即以兑（☱）卦的场（态）继续存在。

例4：五个爻的大有（䷍）卦其"反象"是五个爻的同人（䷌）卦。

五个爻的同人（䷌）卦其"反象"是五个爻的大有（䷍）卦。

以上互为"反象"的两卦相遇，会是个什么结果呢？

表面上，二者相遇，共有2个阴爻和8个阳爻。阴阳爻相互"中和"掉两个爻后，还剩6个阳爻。

将阳爻为1或3代入。分别得：

$1 \times 6 = 6$。和

$3 \times 6 = 18$。$18 \div 8$，余2。

"6"对应于坎（☵）卦之场（态）。

"2"对应于兑（☱）卦之场（态）。

2与6相遇。得：

$2 + 6 = 8$。

"8"对应于坤（☷）卦之场（态）。

实际上，如果按三爻卦序数为基础得：

大有（䷍）+同人（䷌）=（离+乾）+（乾+离）

=（3+1）+（1+3）=8。和

同人（䷌）+大有（䷍）=（乾+离）+（离+乾）

=（1+3）+（3+1）=8。

"8"对应于坤（☷）卦之场（态）。

按阳爻1，阴爻2，代入上两式得：

（1+2+1+1+1）+（1+1+1+2+1）=6+6=12。$12 \div 8$，余4。和

（1+1+1+2+1）+（1+2+1+1+1）=6+6=12。12÷8，余4。

"4"对应于震（☳）卦之场（态）。

接阳爻为3，代入上两式得：

（3+2+3+3+3）+（3+3+3+2+3）=14+14=28。28÷8，余4。和

（3+3+3+2+3）+（3+2+3+3+3）=14+14=28。28÷8，余4。

"4"对应于震（☳）卦之场（态）。

以上三者同时存在的结果，是与以三爻卦序数为基础的相遇结果相同。即以坤（☷）卦之场（态）继续存在。

例5：五个爻的涣（☵☴）卦其"反象"是五个爻的节（☱☵）卦。

五个爻的节（☱☵）卦其"反象"是五个爻的涣（☵☴）卦。

以上互为"反卦"的二者相遇，会如何呢？

表面上，二者一共有4个阴爻和6个阳爻。阴阳爻之间"中和"掉4个爻后，只剩两个阳爻了。

将阳爻为1或3，分别代入。得：

1×2=2。或

3×2=6。

"2"对应于兑（☱）卦之场（态）。

"6"对应于坎（☵）卦之场（态）。

2与6相遇为：

2+6=8。

"8"对应于坤（☷）卦之场（态）。

实际上，如果以三爻卦序数为基础，则得：

涣（☵☴）+节（☱☵）=（巽+坎）+（坎+兑）

=（5+6）+（6+2）=11+8=19。19÷8，余3。和

节（☱☵）+涣（☵☴）=（坎+兑）+（巽+坎）

=（6+2）+（5+6）=8+11=19。19÷8，余3。

"3"对应为离（☲）卦之场（态）。

按阳爻为1，阴爻为2，代入上两式得：

（1+1+2+1+2）+（2+1+2+1+1）=7+7=14。14÷8，余6。和

（2+1+2+1+1）+（1+1+2+1+2）=7+7=14。14÷8，余6。

"6"对应于坎（☵）卦之场（态）。

按阳爻为3，代入上两式得：

（3+3+2+3+2）+（2+3+2+3+3）=13+13=26。26÷8，余2。和

（2+3+2+3+3）+（3+3+2+3+2）=13+13=26。26÷8，余2。

"2"对应于兑（☱）卦之场（态）。

以上三者的结果，形成了离（☲）"火"、坎（☵）"水"和兑（☱）"金"同时存在的局面。三者相遇的结果，依然是以三爻卦序数为基础的离（☲）卦之场（态）继续存在。

……

五爻集合体（五爻卦）"反象"之间相遇的结果，都是与以三爻卦序数为基础的存在结果相同。

在这些五爻集合体中，乾（☰）、坤（☷）、坎（☵）、离（☲）、颐（☶）、大过（☳）、小过（☴）、中孚（☶）八个卦，其"反象"就是其本身。互为"反象"的二者之间，虽然不能相互湮灭，但也会以三爻卦序数为基础的相遇结果继续存在。

在以上五爻集合体中，互为"反象"的二者，还各自存在有自己的"对象"。其"对象"的湮灭规律，同前面我们讲到的"对象"一节的相同。下面大家自己去试着分析分析。可是，其相互为"反象"的二者之间，并不存在有"对象"关系。

六、为：

六个爻组成的集合体（六爻卦）的"反象"。

例1：六个爻的鼎（☲☴）卦其"反象"是六个爻的革（☱☲）卦。

六个爻的革（☱☲）卦其"反象"是六个爻的鼎（☲☴）卦。

以上互为"反象"的二者相遇，是什么状态呢？

表面上，二者相遇共得有8个阳爻和4个阴爻。相互"中和"掉4个爻外，还剩4个阳爻。

将阳爻为1或3，代入得：

$1 \times 4 = 4$。或

$3 \times 4 = 12$。$12 \div 8$，余4。

"4"为震（☳☳）卦之场（态）。

实际上，如果按以三爻卦序数为基础得：

鼎（☲☴）+ 革（☱☲）=（离 + 巽）+（兑 + 革）

=（3 + 5）+（2 + 3）= 8 + 5 = 13。$13 \div 8$，余5。和

革（☱☲）+ 鼎（☲☴）=（兑 + 离）+（离 + 巽）

=（2 + 3）+（3 + 5）= 13。$13 \div 8$，余5。

"5"对应于巽（☴☴）卦之场（态）。

按阳爻1，阴爻2，代入上两式得：

（1 + 2 + 1 + 1 + 1 + 2）+（2 + 1 + 1 + 1 + 2 + 1）= 8 + 8 = 16。$16 \div 8$，整除。为8。和

（2 + 1 + 1 + 1 + 2 + 1）+（1 + 2 + 1 + 1 + 1 + 2）= 8 + 8 = 16。$16 \div 8$，整除。为8。

"8"对应于坤（☷☷）卦的场（态）。

按阳爻为3，代入上两式得：

（3+2+3+3+3+2）+（2+3+3+3+2+3）=16+16=32。32÷8，整除。为8。和

（2+3+3+3+2+3）+（3+2+3+3+3+2）=16+16=32。32÷8，整除。为8。

"8"对应于坤（☷）卦之场（态）。

以上三种结果，由于后两种都为坤（☷）8之场（态）。所以，三者相遇，只能以三爻卦序数相遇的结果相同。即以巽（☴）卦之场（态）继续存在。

例2：六个爻的大有（䷍）卦其"反象"是六个爻的同人（䷌）卦。

六个爻的同人（䷌）卦其"反象"是六个爻的大有（䷍）卦。

以上"反象"的双方相遇。

表面上，二者相遇，共得10个阳爻和2个阴爻。阴阳爻各"中和"掉两个爻外，还剩8个阳爻。

将阳爻为1或3，代入得：

1×8=8。或

3×8=24。24÷8，整除。故为8。

"8"对应于坤（☷）卦的场（态）。

实际上，按三爻卦序数为基础得：

大有（䷍）+同人（䷌）=（离+乾）+（乾+离）

=（1+3）+（3+1）=8。和

同人（䷌）+大有（䷍）=（乾+离）+（离+乾）

（3+1）+（1+3）=8。

"8"对应于坤（☷）卦之场（态）。

按阳爻为1，阴爻为2，代入上两式得：

（1+2+1+1+1+1）+（1+1+1+1+2+1）=7+7=14。14÷8，余6。和

（1+1+1+1+2+1）+（1+2+1+1+1+1）=7+7=14。14÷8，余6。

"6"对应于坎（☵）卦之场（态）。

按阳爻为3，代入上两式得：

（3+2+3+3+3+3）+（3+3+3+3+2+3）=17+17=34。34÷8，余2。和

（3+3+3+3+2+3）+（3+2+3+3+3+3）=17+17=34。34÷8，余2。

"2"对应于兑（☱）卦之场（态）。

以上三种结果坤（☷）"土"、坎（☵）"水"、兑（☱）"金"同时存在。由于后两种结果的6和2相加，等于8。因此，它们同时存在的结果，仍然是以三爻卦序数为基础的相遇结果一样。即以坤（☷）卦的场（态）继续存在。

例3：六个爻的比（䷇）卦其"反象"是六个爻的师（䷆）卦。

六个爻的师（䷆）卦其"反象"是六个爻的比（䷇）卦。

以上互为"反象"的两者相遇。

表面上，二者相遇，共有10个阴爻和2个阳爻。双方各自与对方"中和"掉两个爻后，还剩8个阴爻。

将阴爻为2，代入得：

2×8=16。16÷8，整除。故为8。

"8"对应于坤（☷）卦之场（态）。

实际上，如果按三爻卦序数为基础得：

比（䷇）+师（䷆）=（坎+坤）+（坤+坎）

＝（6+8）＋（8+6）＝14+14＝28。28÷8，余4。和

师（☷）＋比（☷）＝（坤＋坎）＋（坎＋坤）

＝（8+6）＋（6+8）＝14+14＝28。28÷8，余4。

"4"对应于震（☳）卦之场（态）。

按阳爻1，阴爻2，代入上两式得：

（2+1+2+2+2+2）＋（2+2+2+2+1+2）＝11+11＝22。22÷8，余6。和

（2+2+2+2+1+2）＋（2+1+2+2+2+2）＝11+11＝22。22÷8，余6。

按阳爻为3，代入上两式得：

（2+3+2+2+2+2）＋（2+2+2+2+3+2）＝13+13＝26。26÷8，余2。和

（2+2+2+2+3+2）＋（2+3+2+2+2+2）＝13+13＝26。26÷8，余2。

"2"对应于兑（☱）卦之场（态）。

同理，以上三个结果相遇，最后也是以三爻卦序数为基础的相遇结果相同。即以震（☳）卦的场（状态、形式）继续存在。

例4：六个爻的蛊（䷑）卦其"反象"是六个爻的随（䷐）卦。

六个爻的随（䷐）卦其"反象"是六个爻的蛊（䷑）卦。

以上互为"反象"的二者相遇。

表面上，二者相遇，共有阴爻六个和阳爻六个。阴阳爻相互"中和"。不显其他场（态）。

二者相遇反应出来的结果是：

将阳爻为1，阴爻为2，代入得：

$2×6+1×6=18$。$18÷8$，余2。和

$2×6+3×6=12+18=30$。$30÷8$，余6。

$2+6=8$。

"8"对应于坤（☷）卦的场（态）继续存在。

实际上，如果按三爻卦序数为基础得：

蛊（☶☴）+随（☱☳）=（艮+巽）+（兑+震）

=（7+5）+（2+4）=12+6=18。$18÷8$，余2。和

随（☱☳）+蛊（☶☴）=（兑+震）+（艮+巽）

=（2+4）+（7+5）=6+12=18。$18÷8$，余2。

"2"对应于兑（☱）卦之场（态）。

按阳爻1，阴爻2，代入上两式得：

（1+2+2+1+1+2）+（2+1+1+2+2+1）=9+9=18。$18÷8$，　余

2。和

（2+1+1+2+2+1）+（1+2+2+1+1+2）=9+9=18。$18÷8$，余2。

"2"对应于兑（☱）卦之场（态）。

按阳爻为3，代入上两式得：

（3+2+2+3+3+2）+（2+3+3+2+2+3）=15+15=30。$30÷8$，　余

6。和

（2+3+3+2+2+3）+（3+2+2+3+3+2）=15+15=30。$30÷8$，

余6。

"6"对应于坎（☵）卦之场（态）。

同样的道理：以上三种结果相遇，以兑（☱）卦的场（态）

继续存在。

……

六个爻组成的集合体（六爻卦）互为"反卦"的二者相遇的

规律，是与以三爻卦序数为基础的相遇结果是相同的。虽然，有时从总体阴阳爻的个数看，它们是相同的个数。由于它们之间并不是全都处在对应的位置上，所以，它们之间不能达到"中和"而湮灭的状态。可是，也会以二者卦场叠加出来的场态（状态、形式等）继续存在。

在六个爻的集合体中，有乾为天（☰）、坤为地（☷）、坎为水（☵）、离为火（☲）、山雷颐（☶）、泽风大过（☱）、风泽中孚（☴）、雷山小过（☳）8 个卦，它们的"反象"就是它们各自的结构状态。这些互为"反象"的二者相遇，也会变成其他的场（态）继续存在。

比如：乾为天（☰）卦其"反象"也是乾为天（☰）卦。

二者相遇得：

乾为天（☰）+ 乾为天（☰）=（乾 + 乾）+（乾 + 乾）

=（1+1）+（1+1）=4。

"4"对应于震（☳）卦之场（态）继续存在。

再比如：

风泽中孚（☴）卦其"反象"还是风泽中孚卦。

二者相遇得：

风泽中孚（☴）+ 风泽中孚（☴）=（巽 + 兑）+（巽 + 兑）

=（5+2）+（5+2）=7+7=14。14 ÷ 8，余 6。

"6"对应存在于坎（☵）卦的场（态）。

……

总之，64 卦中，互为"反象"的二者相遇，大多数是不能相互互补"中和"湮灭的。但也有个别少数卦，其"反象"之间是可以相互互补湮灭的。

比如：天地否（䷋）卦与地天泰（䷊）卦互为"反卦"。

二者对应爻的性质与结构完全相反，故会相互湮灭为：

天地否（䷋）＋地天泰（䷊）＝（乾＋坤）＋（坤＋乾）

＝（1+8）+（8+1）=9+9=18。18÷8，余2。

"2"对应于兑（☱）卦之场（态）继续存在。

这与六爻"对卦"相互湮灭的主体存在结果是相同的。

再如：水火既济（䷾）卦与火水未济（䷿）卦互为"反卦"。

二者对应爻的阴阳性质结构完全相反。故二者相互间可以相互湮灭为：

水火既济（䷾）＋火水未济（䷿）＝（坎＋离）＋（离＋坎）

＝（6+3）+（3+6）=9+9=18。18÷8，余2。

"2"对应存在为兑（☱）卦之场（态）。

这说明，六爻卦的"反象"中，也存在有其相应的"对象"的规律。同时，相对来说，"对象"中，也存有自身相应的"反象"规律。这也是《易传》中"错综其数"的根据之一。

"反象"中，除了六个爻及其以下的集合体中存在，还在七个爻、八个爻、九个爻等多爻集合体中都存在。虽然大多数互为"反象"的二者之间，不能相互"中和"而湮灭，可是一些卦的"反象"的确是与自己的"对象"是相同的——是相互间可以"中和"湮灭的。根据这种观点，也可以说，一些卦的"对象"的确是与自己的"反象"是相同的象。

下面再分析分析"传统"的"反对之象"的规律及特点与我们的"反对之象"的规律及特点有什么不同。

3. 反对之象

上面讲到过的六个爻的乾（☰）、坤（☷）、坎（☵）、离（☲）、大过（☱）、颐（☶）、小过（☳）、中孚（☴）有其"对卦"没有？各自都有各自的"对卦"。如：乾（☰）坤（☷）、坎（☵）离（☲）、大过（☱）颐（☶）、小过（☳）中孚（☴）它们各对卦的二者之间互为"对卦"。可是它们各自的自身却没有"反卦"（其"反卦"就是它们自身）。这是属于比较稳定的状况。故此传统易学认为这八个卦只有"对"而无"反"象。

"反对之象"的定义：64 卦中，其他 56 卦是即有"对"又有"反"的卦。它们一共组成了 28 对即有"反"又有"对"的卦。在易学中，将这种即有"反"又有"对"的卦象，称做"反对之象"。

例如：水天需（☵☰）卦与火地晋（☲☷）卦互为"对卦"；"晋"又与地火明夷（☷☲）卦互为"反卦"。

水天需（☵☰）卦与天水讼（☰☵）卦互为"反卦"；"讼"又与地火明夷（☷☲）卦互为"对卦"。

表面看是一个水天需（☵☰）卦。实际上，它还牵连（隐含）着另外的"讼"、"晋"、"明夷"三个卦。即其中还潜藏着三种其他的事物或矛盾结构（组合）状态。

再例：水雷屯（☵☳）卦与山水蒙（☶☵）卦互为"反卦"；"蒙"（☶☵）又与泽火革（☱☲）卦互为"对卦"。

水雷屯（☵☳）卦与火风鼎（☲☴）卦互为"对卦"；"鼎"又与

泽火革（䷰）卦互为"反卦"。

表面上是一个水雷屯（䷂）卦，实际其还牵连内含着另外的"蒙"、"革"、"鼎"三个卦（三种不同结构及事物或矛盾状态）。

通过以上的两个例子可以看出：存有"反对之象"的一个卦的出现，实际上是给我们提供了最起码是 4 个六爻卦的情况（不是一个六爻卦的情况）。如果再加上它们各自的全部"连互"、上下"半错"及其又伴生出的全部"连互"、"半错"和"反对"之卦象，你说这个《易》卦系统内涵大不大，内容包含的多不多。仅仅通过一个简单的六爻卦，就可以方方面面地将一个事物搞得是清清楚楚的。

综上所述，将一个事物反过来看了，再调过去看；近处看完了再远处看；上下、左右、前后、内外地看完了，再将其倒过来看；过去看完了看现在，现在看完了看将来向相反方面发展会成个什么状态及结果；整体看完了，局部、个体看等等。这样去考虑分析事物，当然就应该能为事物做出较全面完整的结论来。

其中，比如："上半对"、"下半对"还可以再变化。它还会有其"对卦"、"反卦"；又可以进行扩展"连互"等等。这系统是不是又大了，内涵更多了。表面只是一个卦，通过《易》卦的各种"象变"原理及规律（就如同是我们现在数理化各学科中所使用的变化公式之类），就又可以发现很多的卦及其变化规律和内容。只要出现一个卦，如果能将易学中所有的卦象变化的规则都运用上，就可以通过他（她）穿什么颜色的衣服，这么简单的状态，就能把他（她）或与他（她）有关的很多很多事情分析出来。因为各种与他（她）有关的事物，全内涵在卦里了。

有些人讲，你这么个搞法有什么意义呢？

非常有意义。它可以在将来你的工作中；在你决策中；在你考虑、研究、分析任何事物的时候，你都会在这些易学思想方法的指导下，将事物观察分析的更全面一些。在解决和处理各种事物之间的关系或矛盾中，相应也会比较好一些、正确一些。因为，你将事物的各个方面几乎都考虑到了。

综上所述，讲的是"反对之象"及其意义。"反对之象"包括"反象"、"对象"及有"反"又有"对"的象三种形式。

"对象"中包括"半对"（"上半对"及"下半对"）之象。

64卦中，有"对"又有"反"的卦，共有28对，56个卦。

只有"对"而无"反"的卦，共8个卦。

所以说，组成各种事物有8种基本相对独立存在的事物。不论从哪个系统中看，都是那种结构状态，都是那种结果。从而又证明了，易学中的八个基础（基本）"经卦"，也可以表述事物的八种基本结构的场和状态。

有观点认为，这些思想及这些概念也可以在爱因斯坦"狭义""广义""相对论"公式的推导中使用。通过易学方法的应用，同样可以把"相对论"的所有公式推导出来。只不过"薛定谔方程式"是8个。可是，经过90度的空间转换后，就成为与"薛定谔方程式"一模一样的4个方程式了（请参阅1937年薛学潜所著的《易与量子力学物质波》)。虽然在物理学界的某些人认为这是一种"附会"，不值一驳。可是我认为从多方面讲，易学的思想、原理及方法仍然还是科学性的学说之一。

第九节　交易之象

"交易之象"又名"交卦"、"两象易"、"上下象易"、"交错卦"等。

这些词语是我们在研学易学中，也经常会遇到的。对它们内涵概念的掌握与认识，对我们加深对易学思维方式、方法的理解和运用，起到开阔思路的作用。这种"交卦"的思想方法，汉朝时的易学者，称其为"上下象易"。这种"象"法在秦汉以前使用的较多一些。

"交易之象"的定义：一个六爻卦的卦体中，内外两卦交相移位，内卦出外，外卦入内而形成的新的卦体的现象，称之为"交易之象"。又名"交卦"。

例如：天泽履（☰）卦。

将天泽履（☰）卦的上卦乾（☰）卦，移到下卦的位置上来；而"履"卦（☱）的下卦兑（☱）卦移到上卦的位置上去。这样就又构成了另一个泽天夬（☱）卦。这种"象变"成卦的方法，称之为"交卦"之法。组成的新的泽天夬（☱）卦就叫做天泽履（☰）卦的"交易之象"。又名"交卦"。同样天泽履（☰）卦也是泽天夬（☱）卦的"交易之象"。也就是说，"交易之象"也是相互而存在的。

"交卦"的特点是什么？

这也是易学中研究分析事物的一种思想方法及思维方式。这是一种"交错"看问题的方法。其意思就是说，你处在我的位置上，我处到你的位置上——咱们两个交换个位置，看看会形成个什么局面（状态），会出现什么结果。说到底，对于我们人来说，就是要求构成事物的双方在考虑、研究、分析问题的时候，你要能替我想想，我要替你想想——互相站在对方的位置（立场）上，替对方着想。"交错卦"法它是这么一种思想方法，好比说我原来处在"履"（☱）卦的下头（兑），你处在"履"（☰）卦的上头（乾），是天泽履（☰）卦这种状态。而现在反过来，我（兑）到上头去，你（乾）到下头来，就形成了泽天夬（☱）卦这种局面及状态。这样研究分析事物是不是会更全面、更符合实际要求呢？这就是"交易卦"的作用。

当然这种思想方法在《易经》的卦、彖、象、爻辞中也会有所体现。如果这种变化形式（"交易之象"）不能掌握、了解的话，往往有些辞句的依据是怎么来的，就无从而知了。

下面举例说明。

例如："履"（☰）卦上九爻曰："夬、履，贞厉。"

你如果不知道其有"交卦"时，这个"夬、履"的"夬"是从哪里来的就无从而知了。它是根据"交易之象"，在分析了"履""夬"这两卦的相关关系之后，才得出的"贞厉"这个结论。如不知道"履"卦还有个"交易"的"夬"卦存在，就不会知道这个"夬"是什么意思，它是从何而来的。

要是想弄懂《易经》的内容，"交卦"的这种道理如果不知道，可能有些内容也是很难弄通的。再举一个例子来说明。

又例：雷风恒（☳）卦。

其意为长久、永恒的一种持之以恒的状态。其"交易之象"

为风雷益（䷩）卦。这个变化说明，只要长期地这样坚持下去，就可以保证有一定的收益，很容易地将"恒""益"两个卦的关系联系在一起分析。只不过就是它们内涵的上下卦的位置是相反的而已，如此的变化已使它们各自所反映的状况发生了根本的变化，可以使我们分析研究卦时，将其"恒"卦的内涵内容看得更真实可靠一些。

"恒"（䷟）卦，"象"曰："立不益方。"

而"益"（䷩）卦，"象"曰："其益无方。"

"恒"是永久的意思，即永久的保持这种状态。表示不改变的决心和特点，故而想得到收益就不能随意变化。不管什么时间，什么方向，什么方式等都不能有任何改变（都是"无方"的恒定方式）。因为，"恒""益"两卦的上下卦，都交相易位地得到对方的卦形，即雷风恒（䷟）卦交相易位为风雷益（䷩）卦，是由"恒"卦所表述的不变属性而来的，二者之间是互为"交易之象"的。

64卦中，除了那一般认为8种无"反象"的卦以外，都有其各自的"交易之象"，共28对，56个卦。

咱们以上讲的这八大类卦象及其规律，都是今后你研、学、用易学过程中，最基本最重要的一些方法论——思想思维的方式和方法。这些方法全部掌握以后，就可以在研学易学及其应用过程中，得到事半功倍的效果。

把咱们前面学到的"卦象"总结罗列起来有：

"爻位之象"，其中，包括承、乘、比、应、据、中、正七种基本爻位性质及其规律。

还有"八卦之象"，其中包括八个基本"经卦"的抽象及具体的（场效应）表述意义。

再就是"方位之象"，包括"先天"方位分布和"后天"方位分布。两种分布都不仅仅是平面结构的分布模式，而且都是上下、左右、前后、南北等的立体结构表述模式。

第四种就是"六画之象"，根据"一阴一阳之谓道"的思想，组成一个六画卦的上下两部分可以上下、左右、前后、内外、南北、东西……局部或整体、立体地、全方位地、全面地对应表述一切相辅相承的事物及其事物之间的各种关系和规律。

再就是"互体之象"，其中包括传统的"互卦"和如今我们将其延伸的"互卦"概念、特性及具体应用。还有运用这些"互卦"（包括三个爻、四个爻、五个爻的）概念推导出的"连互"（包括"四爻连互"和"五爻连互"）及"半象"（包括"半象"及"连半象"）象变规律。

如果将一个六爻卦的全部"连互"及"连半象"全都排列起来，其爻的个数将达到十数爻乃至数十个爻。

第六种是"像形之象"，任何一个卦（包括三个爻、四个爻、五个爻、六个爻、九个爻、十二个爻……几十个爻的卦形）都可以从内部到表面、由小到大、由局部到整体等立体的表述各种事物的抽象及其真真切切的具体形象；事物只要有其形象，易卦中就能找到与其形象结构相对应的卦象。

第七种是"反对之象"，根据易学中"一阴一阳之谓道"的对称、互补性原理及"剥极必复""复极必剥""无平不坡""无坡不平"的"任何事物最终都向自已的反面转化"的思想，将事物成对出现的规律通过卦象的变化表示出来。

按传统易学概念它其中应包括"对象"（整体的"对象"及

"上半对"和"下半对")"反象""反对之象"三大类型。

　　64卦中，"对象"有32对，64个卦。"反象"有28对，56个卦。"反对之象"，有"反"又有"对"的卦象28对，56个卦。只有"对"而无"反"的卦，4对，8个卦。

　　第八种是"交易之象"，64卦中，"交易之象"有28对，56个卦。不存在"交易之象"的卦共4对，8个卦。

　　以上这么多的卦变、象变、爻变之法，就如同数学、物理学、化学等现代科学领域中的各种定理、定义、法则、公式等一样。如果熟练地掌握和灵活地运用以上的这些易学思想方法和规律，那将会构成一个内涵性大且极为丰富的"巨系统"——各个领域、学科都能通用的学问。假使我们在考虑、研究、分析一个事物的时候，能运用以上的"象变"及"爻变"的法则，将其事物前面看看，后面看看；左边看看，右边看看；上边看看，下边看看；内里看看，外面看看；局部看看，整体看看；从这边看看，再从那边看看；从这个方向上看看，又从那个方向看看；从过去看看，现在看看，将来也看看；你要是变动我不动，会出现什么结局及状态；我如果变动你不动，又会是什么结局及状态；或者我们双方都同时变或交换一下位置，将会是一种什么结局与状态等等，这是多么全面的观察分析方法。这么多的思想方法揉到一起，通盘地考虑、分析、研究一个事物，看问题是不是就非常细致、非常深入。这样做得出来的结论还能不正确吗。所以说，易学是一种思想方法非常深奥、内涵又非常深刻的学问。

　　由于过去和现在的一些研究者，往往没有把这些学问当作世界观、方法论及研究事物的科学方式来对待，而往往被作为一种死的章句来记取与研究，结果是"泥于古，而死于句下"死抠"经""传"中的那些字眼儿，抠了半天仍不知其真实意义。其实，"经""传"辞句中所反映的都是些思想方法及思维逻辑关系。

64 卦表示了 64 种范畴、特征、概念等状态的逻辑思维方法。根据易学的"象变"法则，再根据需要，一个卦可以变化出很多很多的存在形式来。随便举一个六爻卦为例。将其所有的"象变"（包括卦变、爻变）都表述出来的时候，会形成一个相当大的"巨系统"（其中至少包含了 6.7 亿亿个以上的事物）。

实际前面讲的"反对之象"中，就已经看到，一个六爻卦一确定，就已经是 4 个六爻卦同时存在了。4 个六爻卦还可以将其继续再变化，可以将其 4 个卦各自再进行"连互"，"连互"出来的这些卦每个卦又会有它的"反对之象""上半错""下半错"及"交易象"等，看看能组成多少个卦。根据我粗略地计算，我们一般所看到的一个六爻卦，它起码可以反映亿亿个以上事物组成的系统及其规律。这种思想方法的内涵是那么多，分析是那么细致，判定的结果是那么的准确。因为其是把各个方面的因素几乎全考虑、比较到了之后，才得出的结论。

以上这些易学方法，大家要经常地琢磨琢磨，消化消化。将来在使用"易术"的过程中间，对大家的生活、工作及各种实践活动指导意义非常大。特别是当你需要决策的时候，如果把学到的这些思考方式都考虑到了以后，你的决策决心及对决策的信心就会增大。因为在充分的分析中，你抓住了正确的方向和主要矛盾，做到了心中有数（卦即是数，数即是卦；场即是数，数即是场；数即是象，象即是数；数即是信息，信息即是数，"积其数，遂定天下之象"），"在数难逃"。

有人说，你这卦就这么简单的几个爻，能表示宇宙中那么多的事物吗？

通过以上的论述该明白了吧。表面上只是几个爻，实际是亿万个事物系统的缩写（主要矛盾及矛盾主要方面的表述）。下面举些例子说明，易学方法是如何通过爻位之间的分析来作出判断的。通过"相应""敌应"等方面的知识，了解和掌握解决怎么来判断事物规律的问题，以及这些规律对我们的思想方法会产生什么样的启迪。同时介绍一些易学的思想方法以及怎么继续学"易"的问题。再接下来，开始学怎样起卦及起卦的方法。最后讲讲应用方面的问题。包括怎么用卦、怎么分析卦、怎么解卦等知识。

作业：火风鼎（☲☴）卦。

将其所有的反、对，半错（上下半错）、交卦、半象卦形全部画出来，并以"大象"示其卦名。

上次作业答案：

画出雷火丰（☳☲）卦的全部四爻及五爻"连互"。

答："四爻连互"的"连互"对象是由两个"经卦"组成。其有三种情况：

初至四爻（☲☴）"连互"为风火家人（☴☲）卦。

二至五爻（☴☴）"连互"为泽风大过（☱☴）卦。

三至上爻（☳☳）"连互"为雷泽归妹（☳☱）卦。

都是"中间两爻重复使用一次"而得卦。

"五爻连互"的"连互"对象是由三个"经卦"组成。其有两种情况：

初至五爻（䷰）"连互"为泽火革（䷰）卦。

二至上爻（䷟）"连互"为雷风恒（䷟）卦。

都是"中间一爻重复使用一次"而得卦。

"连互"的主要目的是将卦中的细微部分展开，以揭示事物间隐藏的内涵。

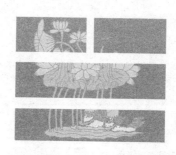

第二课 《周易大传》中的一些卦象规律

　　《周易大传》中还有一些其他我们还没有了解的易学"象变"方法和内容。下面我们来讲讲《周易大传》中是怎么利用这些"爻位""爻象""得中""居中""相应""刚柔"等规律及概念，以及在《周易大传》中，是怎么来应用这些易学性质解释《易经》中的具体内容的。

现代易经讲课实录

第一节 《易经》的构成

研学易学首先应该了解《易经》的构成。它是由哪几部分构成的呢？乍一看，是由卦辞、爻辞组成。卦辞及爻辞是"经"的基本组成部分。一般的《周易》著作翻开来，首先看到的就是"经"的部分。其有"上经"30卦，"下经"34卦组成。上下"经"加起来共64卦。这64呢，一卦又是6个爻，所以64卦一共有384个爻。加上"用九"和"用六"两个爻，总共有386个爻辞。

较古老的筮法是"蓍草法"其成卦程序如下：

取50根蓍草，随意拿出来一根。将剩下的49根蓍草随意分开成两部分。随后将各部分4根一组，4根一组地数出来放到一边，看每部分各剩下多少根。然后，将这剩下来的蓍草拿出来放到一边。又将4个一组数出来的两部分蓍草合在一起。随便你再分成两部分。随后再每部分按4根一组的方法将蓍草数出去。最后将每部分剩下的蓍草拿到一边。按以上做法，随后再合、再分、再数、再剩地去照做。这样做分、数3次就能确定一个爻。因此，要形成一个六爻卦，就得3乘6，等于18次才能形成。也就是说必须分合18回才能确定出一个六爻卦体结构。

这种方法在实用上应该是很准确的。你想，分合18回，每回都是认认真真、仔仔细细地做，当然是很容易准确的。但是这种成卦方法有个特点，那就是在我们生活、工作节奏极快的现实社会中，往往就不太实用了。更不能应急使用了。比如说，你想了解一下股票市场的走势如何？一看行情不妙，比较悬了——得马上决策。是马上抛还是马上吃进？结果你用"蓍草法"还没等到"蓍"完呢，那股票就已经跌了，可能你就赔了。因此，这种"筮法"对快节奏的环境，其适用性就差些。

中国古代的"数术"者们根据这类实践经验、教训的启示，把"蓍草法"简化，逐渐衍化变成用 3 个铜钱同时一抛，就确定出一个爻来。连续投抛 6 次就能确定一个六爻卦。根据铜钱出现的阴阳面的不同排列情况，"老阴""老阳""少阴""少阳"的情况就确定下来。因为卦爻性质的确定完全是靠以上这 4 种排列情况所决定的。故弄清楚以上这些情况的设定规律及性质地变化，是非常必要的。

下面就谈谈这些设定的具体内容及方法。

因为中国古时的人认为研究天上事物的规律，是靠其各自的自转与公转轨道来进行分析比较后确定的，所以他们认定"天为圆"。而地上事物的研究是靠东西南北的平面坐标（方形坐标系）来定位进行比较分析的。因此认定"地为方"。正好汉朝以后，人们使用的钱币外形是圆形，中间的孔是方形。按易学"天、人、地"三才之说及"天人合一"的思想，这铜钱的造型加上人为的筮求，正符合这种思想。它（他）们合在一起构成一个完整的"天意（自然规律）系统"。所以就将繁琐的"蓍草"成卦法，简化成用 3 个铜钱同时抛扔来定卦的方法。

由于在铜钱的不同的两个面上，其图形及字符的不一样，往往一个面上是皇帝"九五之尊"的"年号"（或是国徽、头像）之类。按易学思想这都是乾（☰）卦所反映的天道规律（乾为君王、为圆、为头）。故而，当铜钱是这个面朝上就画个与乾卦对应的圆圈，即"O"（圆圈图形）。而钱的另一面往往又是方形（应"地方"之说）的象形文字及面值。故当钱的这面朝上时，就打与坤（☷）卦相应（坤为地、为方）的一个"×"（"×"又表示构成一个方形图形时，相交叉的一对对角线）。

根据天道与地道都在变化的思想：

当3个钱同时都是"年号"（头像、国徽）面朝上时，就画一个圆圈，表示"自强不息"变化万千的"天"道，又名为"老阳"。其对应于"天"道（为阳性）变化，表示此爻是个变化的阳爻，即用"O"表示。

当3个钱同时都是面值、数、字面朝上时，就打个叉，表示"厚德载物"生生不息的"地"道，又名"老阴"。其对应于"地"道（为阴性）变化，表示此爻是个变化的阴爻，即用"×"表示。

当3个钱中，同时有两个"年号"（头像、国徽）（阳）面朝上，一个"字"儿（阴）面朝上时，根据易学"阴卦多阳"之说，将其定为"少阴"。根据易学中"乾坤"才能"生""六子"的道理，其应表示是一个不可变化的阴爻，即用"、′"表示。

当3个钱中，同时有两个"字"儿（阴）面朝上，一个"年号"（头像、国徽）（阳）面朝上时，根据易学"阳卦多阴"之说，将其定为"少阳"。根据易学中"乾坤"才能"生""六子"的道理，其应表示是一个不可变化的阳爻，即用"、"表示。

在这种用3个钱来成卦的方法中，最容易出理解、判断错误的是"少阴""少阳"两个爻的确定。如果不知道易学中，"阴卦多阳，阳卦多阴"的道理，就会做出与其相反的错误的判断。因为易学中有"爻变卦就变"的规律。爻（具体、局部）变了，卦（整体、全局）也随之变化。也就是说，会形成与原先实际不一样的场效应规律。此刻你所需要推断的时空环境，也发生了根本的变化。故而，对应的空间结构已不是原来那个时间所对应的结构。结构不同，其相互之间的关系及规律也可能就不同。因此，事物之间的规律也发生了根本的变化。根据这已不是原来规律表述的规律做出判断，肯定是容易得出错误的结论。因为易学方法是一种非常严紧、非常完整的"巨系统"方法。哪怕是有任何一个小小的错误的理解，都会造成无法挽回的决策失误或损失。所以在研学、运用易学道理时，是来不得半点虚伪和骄傲的。

在抛钱的过程中，会出现无任何一个爻变化及一个、两个、三个……直至六个爻都会发生变化的现象。一般来说，有几个"动"（变）爻，说明筮者心中或与他有关的有几件事情将要发生。变爻越多，说明心思及与其相关的事物的变化越多。一个爻都没有变，说明其心中或主观上还没有任何想法与动向。

从《易经》"筮法"来讲，往往会发生六个爻都发生变化的情况下（抛钱出来的结果是六个爻同时都是变爻）。比如：所有爻确定的结果都是钱的国徽这一面。这种情况下，卦的六个爻全部都得变。全部都变的结果，由乾为天（☰）卦变成了坤为地（☷）卦。像这种六个爻同时都得变的情况，在64卦中，只有乾为天（☰）卦和坤为地（☷）卦是处在六个爻同时都能变的情况中。所以，六个爻同时都变的情况，只有"乾"变"坤"及"坤"变"乾"两种卦变情况。

这时你想针对性的查一下具体的爻辞就不好办了。六个爻同时都变得查哪个爻的爻辞？以哪个爻的爻辞为依据呢？乾（☰）

卦的哪个爻辞都不能做为唯一的依据。因此，64 四卦里，乾（☰）坤（☷）两卦各自多出来个"用九""用六"的爻辞。

乾（☰）卦六个爻同时都变，叫"用九"。此时，只能用"用九"的辞来解释卦意了。实际它代表的是一种"爻变"——将其卦总体看做是一个爻了。

当坤为地（☷）卦六个爻同时都变呢？就用"用六"的辞来解释其卦意。因为它不可能再找到哪一个爻的爻辞能对应解释其意义。

比如：变爻是乾为天（☰）卦下卦的中间一爻，而且又是唯一的一个变爻。则乾为天（☰）卦变成了天火同人（☲）卦。在针对性的查爻辞的时候，可不是说让你去查天火同人（☲）卦第二爻的爻辞，而是查乾为天（☰）卦第二爻的爻辞来判断事物的规律，即"见龙在田，利见大人"来指导我们的决断。

当然，有时会有两个爻同时变化。那么，就又得用这一卦上面的这一个变爻的爻辞作为判断的主要依据，兼参考这两个变爻的爻辞。

三个爻同时都变呢？又要看变卦及"本卦"的"象"辞。而以"本卦"的为"贞"，"变卦"的为"悔"。前十卦为"贞"，后十卦为"悔"。

四个爻同时都变呢？则以"变卦"中未变爻的爻辞为准。即以下面那个不变爻的爻辞为主。

五个爻同时都变又如何判断？以"变卦"中唯一未变的爻的爻辞来断定。

六个爻同时都发生变化时，一般的卦以"变卦"的"象"辞断。而乾为天（☰）卦及坤为地（☷）卦，各自以"用九"及

"用六"爻辞判断。由于你想办、想问的事太多了，因此，也不必要分主次。"见群龙无首，吉"，你随便找个想干的事干就行了。

以上这种判定方法，请参阅朱熹所著的《周易本义》一书及《御纂周易折中》卷二十"考变占第四"节内容。

从以上方法来看，可以间接部分地说明《易经》中，64 卦的形成及卦辞、爻辞是如何来的。是根据"蓍草"的方法变化、分析、总结出来的。"用九""用六"这两种方法都较容易解释"乾"（☰）"坤"（☷）两卦的全（整）体变化。卦中其他的爻辞，无论从哪个爻还是从变卦来分析，都不能很好地解释它们的全体变化状态，只有从其整体上来断定了。

因为任何事物都是向自身的相反方面转化的。

比如：乾为天（☰）卦。从一爻开始顺次变到二爻、三爻、四爻、五爻，直至上爻都变向自己的反面性质（阳爻变为阴爻），那不就成了坤为地（☷）卦了吗。所以，这时的爻辞是借助坤为地（☷）卦所反映的内容来定的。因此，乾为天（☰）卦的总体爻辞就变成了个"用九"。

再如：坤为地（☷）卦。也从第一爻直至上爻都发生变（阴爻变为阳爻）化，则其卦就变化成了乾为天（☰）卦（任何事物都向其相反方面转化）。所以"用六"就是通过乾为天（☰）卦所反映的内容来暗示坤为地（☷）卦的整体特性的。

《易·文言》曰："六爻发挥，旁通情也。"它这里也是运用了"旁通卦"（就是前面讲的"对卦"）的概念及特性，做出了"用九"及"用六"的爻辞。

这种靠"摇钱"的方法成卦，相对还是比较慢了一些。起码得认真地"摇"6次钱，才能成一卦。在应用中会受到一些客观环境的影响，实用性往往有所受限制。

整个《易经》经文及爻辞除了"上经"30卦及"下经"34卦，384个爻辞外，还有"用九""用六"两个爻辞。所以"易经"中共有386个爻辞。

那么，这个"经"及其"经"中的爻辞是如何得来，干什么用的呢？

"经"文是古代好研"易"者，运用易学的哲理思想对当时某一件或数件具体事物实践的过程或结果，进行了一些推导和卜算。不管其结果应证与否，将其推导及卜算的征兆与结果记录了下来。以供自己和他人、后人研学及应用易学提供参考之用。有的是一个爻的后面同时记录了好几件事情的征兆与结果。

那么，这些爻辞内容的好坏会给你个什么启示呢？

咱们学习易学不是为了死记硬背那些"经文"辞句，而是通过这些卦辞、爻辞学习和掌握卦与卦、爻与爻、爻卦之间的辩证哲理和逻辑关系。我们所要学习和掌握的是"易经"中所反映出的思想方法和哲理、逻辑思维方法。真要是能做到运用各方面的易学方法来研学、应用易学知识的话，也就不会死读《易经》了。如果非得靠训诂考证死抠这些字辞句章来确定某一字辞或句章只是某某意思的话，那有可能是不符合当时实际的。

咱们一开始前面就曾经讲过，比如：地水师（䷆）卦第三爻的例子。其爻辞曰："师。或舆尸，凶。"说的是出师打仗后，拉着一车车的死尸回来了。死了人，当然这是不好、不吉利的结果。假若，现在你问的是结婚的事："张老师，你给看看我结婚如何？"正好判断对应的也是"师"（䷆）卦。也变在其第三爻上。结果，你根据其爻辞判断为拉着一车车的死尸回来了。那怎么可能！真是笑话。既便是说，你的婚事不顺利或者果真是出了车祸，把新郎和新娘子撞死了，并将他们的尸体拉了回来。那也不可能是一车车的死尸都往你家里拉吧。所以说《易经》中的这些卦、象、象、爻辞我们得客观地去领会其含意才是。因此，不可以将它们看做是死辞。只去死抠那些死辞，就会把"类万物之情，通神明之德"可以灵活汇通运用的易学科学，当作思路僵死的知识了。

　　因为《易经》它是几千年以前，人们用《易》具体实践的某些记述，以及后来数千年儒家的一些学派通过研学应用易学后，将其感受体会最深刻的部分，对其进行补充而形成的。在那些年代，人们的思想、思维方法、语言文字、逻辑特点等具体情况与现今的我们往往是大不一样的。咱们着重是学习卦辞、爻辞之间的那些哲理、哲理关系，那些趋势、逻辑方法等。大家不要拘泥于《易经》原文的卦辞、爻辞。这也是《易经》之"经"所要告诉我们的道理。

　　由于"经"是对古时候人们用《易》于各种具体事物实践的记述。因此，《易经》中的各种哲理思想往往就内涵在其卦、爻、经文辞句中了。

第二节 "十传"的构成及特点

初读《周易》的时候，往往会觉得无从下手。应该如何去理解其内容构成？它是根据过去易学者所能理解掌握的那些易学道理作为指导，判断出的具体事物的规律。其具体事物的规律，通过卦、爻辞的记述内容，就可以把它内涵的哲理反映出来。因此，必须首先得明白易学中咱们前面所讲到的那些卦象、爻象的变化特点、性质和专用术语。如果这些卦、爻象的特点、性质、专用术语不能很好地掌握，"经"文就无法彻底弄明白。

在这种要求的情况下，周朝以后，历代的儒学家为了使大家能较容易地把上下"经"文读通，搞清楚，按着各自的感受、体会和理解，做了很多的各色各样的注解。比如说《周易大传》一书。《周易大传》后面将《周易》原经文的后面又加上了 10 个"传"。这 10 个"传"又被称作"十翼"。就等于给原来的《易经》添上了 10 个翅膀。所以就能飞得高、看得远。如果要是弄懂了后面这"十翼"的具体内容，就如"如虎添翼"一般，知识面一下子就会开阔许多。对《易经》的具体内容及内涵的哲理，就会体会的更加深刻。咱们平时讲："大鹏金翅鸟，展翅九万里。"说的是大鹏金翅鸟飞得高，看得也就远（九万里）。所以说，你读懂弄通了这"十翼"后，分析、理解《易经》的思路，就会提高到一个相当高的水平。也就是说，这"十翼"是学习、理解《易经》相当重要的必备的基础知识。

那么，这"十翼"里头都讲了些什么？

首先，来看看《系辞传》。其又分为《系辞上》和《系辞下》两个部分。

《系辞传》主要是告诉人们为什么要创造"易卦"系统来表述一切事物及其相互的关系；易学是一种什么样的世界观及方法论。并举《易经》中具体的卦爻例子来说明这些世界观、方法论及其应用。也就是说，"传"是告诉你《周易》及《易经》的世界观、宇宙观、人生观。也是其对宇宙及世间万物应该如何看待与对待的问题。"一阴一阳之谓道"，这是其最根本的思想。即《易经》中最根本的唯物辩证观——"对应统一"规律。《系辞下》中，举了很多《易经》中的具体实例来说明《易经》是以一种什么世界观、什么人生观、什么宇宙观来看待，对待处理事物的。假如，再加上你有个很好的思想方法，学"易"的难题就容易解决了。

那么，这种思想方法到底是什么样的方法呢？

就是我们后面所要讲到的内容。

接下来是《象传》。其也有《象上》和《象下》两部分。

《象传》是以"阴阳学说"来说卦的。从阴阳哲理，再加上根据《系辞》中所论述的世界观共同来解释全卦的。其也是统论一个卦的具体卦意、卦名、"卦德"以及说明卦整体内涵的。"象者，断也。"说的就是判断某一卦整体上讲，它是什么意思、是什么意义，又叫做"断义"，即判断其意义的意思，要断卦是根据什么来断的，这就是《象传》的作用。也就是说，它是解释整个卦的总体意义的。同时，也根据"阴阳学说"，解释这一个卦的卦名是什么意思；这卦的卦意有什么意义；这卦的"卦德"它主要表示的什么事物——"明其所有之主"嘛。其说明要表明这一卦表示的所有内容，而且是主要内容。这都要靠"象"来做出结论，做出判断和说明。

除了《彖传》以外还有《象传》。"易者，象也。象也者，像也。""观象系辞，圣人则之。""八卦成列，象在其中矣。"《易传》中这类论述充分说明了"象"是研学易学的最关键的、最基础且最需要先掌握的知识。《象传》也分"象上"和"象下"两部分。

《象传》是用来干什么的呢？

是解释一个六爻卦中的局部特性的，也是解释"象辞"结论的原因的。

其中，一种情况，是通过六爻卦中各个爻的爻位的变化，来判断具体每个爻、每个局部是表示什么意思。

另一种情况，是六爻卦体中三个爻组成的卦（即"经卦"）象各自表示什么。

"彖"是从一卦的总体上来讲卦义，《象传》则是从一卦的各局部对应来分析其意的。《象传》也是运用"阴阳学说"来解释卦爻的。其中也使用"大象"的概念来解释卦意。

什么叫"大象"？

就是：乾为天、坤为地、巽为风、震为雷、坎为水、离为火、艮为山、兑为泽之类。通过"大象"来分析一卦的意义。

"小象"是具体的爻象、爻位等意义。具体分析用"小象"概念来区分各爻，把各爻所反映的意义解释出来。

咱们前面讲的"六爻之象"：即从一卦下面是脚趾头，上面是脑袋顶，中间是腹、心脏等这种分布概念，或者是从下面往上为士、大夫、公、诸侯、王、宗庙分布之类。这类分布方式方法，就是具体对应解释卦中每个局部意义的。

总之，《彖传》是解释卦整体意义的。《象传》是解释卦中局部或个体意义的。

除《象传》外，还有《文言传》，《文言传》只有一篇。

它是为了专门解释乾（☰）坤（☷）两卦意义的。因为"乾坤易之门邪""易与天地准"。说明"乾""坤"两卦的内涵是易学思想中最重要也是最基础的思想模式。故"乾""坤"也是产生其他62卦的两个基础卦。其他的62个卦都是由"乾""坤"两个卦衍变而来的。所以，必须要从本质意义上来了解"乾""坤"两卦到底表示的是什么意义。然后，才容易知道其他的卦意是在这些意义上如何发展来的。

其中最重要的思想之一是：

"方以类聚，物以群分。""同声相应，同气相求。""天行健，君子以自强不息。""地势坤，君子以厚德载物。"使我们能更深刻地了解"对应统一"规律的实际价值及其思想体系。

还有一个章节就是《说卦传》。它也只是有一篇。

它是说明"八经卦"所表示的抽象及实际具体意义的。咱们强调，首先要记熟的就是《说卦传》中的内容。"说卦"说的是古代被易学者们普遍认可的"八卦"主要的抽象和实际意义是指的哪些具体事物。

"观象系辞，圣人则之。"说明了什么？

说明了明"象"的重要性。连古代的圣贤们都是观察分析了卦、象、爻的特点及具体意义之后，才写出来卦、彖、象、爻辞及系辞的。圣人们都是这么做的，而且都不能违背"观象系辞"

这个原则。那我看我们也不应该违背这个原则——"明象才能明意"。也就是说，我们如果不了解什么"象"是表示或代表什么的话，是无法研学《易经》及其原文的。故熟悉掌握各种"易象"及其变化规律，将是研学易学首要也是最重要的任务。接下来是《序卦传》，它也只有一篇。

它是说明64卦先后排列顺序的道理的。64卦为什么是这么个排列顺序的道理，是通过《序卦传》来反映的。

那么为什么要这么排列呢？这么排列是根据什么道理来排列的呢？

这是根据长年祖祖代代研用易学的实践经验，才总结编纂修订后才确定是如此的排列顺序。只要按着这个事物发展变化的顺序去实践，就容易成功。违背了这个次序去实践就容易失败。所以，必须要搞清楚这种排列顺序的道理，从而去体会掌握64卦的社会、人事效应。这个排列顺序一定会给你一个非常好的启示。使你能从社会实践的角度，对64卦的真实指导意义进行深刻地认识。

既然《序卦传》是易卦排列先后的道理，那咱们看看"乾、坤、屯、蒙、需、讼、师……"如此排列到底有什么特点？

乾（☰）坤（☷）互为"对卦"而无"反卦"；屯（☳）蒙（☶）互为"反卦"；需（☵）讼（☰）互为"反卦"等等。所以说《序卦传》的特点是"非覆（'反卦'）即变"。其变中还包括"对卦"与"交卦"等规律在内，即64卦主要是以"对卦"、"反卦"成对的形式排列的。

最后一篇是《杂卦传》。也只有一篇。

《杂卦传》的实际意思，是用最精炼的词语比较各卦意义的异同的。将64卦打乱它们传统地排列顺序，用最精炼最简捷的词语，说明每个卦各自的意义，并将它们进行比较。比较它们各卦之间在相互意义上有什么相同的地方，有什么不同的地方，以及它们相互间的联系。

比如："比乐，师忧。"就将"比"卦代表高兴的状态，"师"卦表示是忧愁、担忧的状态说清楚了。一看马上就能明白两卦的根本特点及差异了。了解掌握了这些卦之间的特点，再去研读《易经》就比较容易理解其"经文"的卦意、卦辞了。

以上这"十翼"的内容、特点及其规律能全面掌握到手后，再去研学《易经》就奠定了雄厚的基础。因为这"十翼"都是数千年来研用易学者们感受最深刻的经验、体会的总结与汇集。是研学易学必备的最基础的知识。从这些知识中，可以全面地掌握易学的总体思想（即世界观及其方法论）以及易学思想体系的复杂性、完整性、全面性、统一性和科学性。

从传统的"骨卜法""蓍草法"中，我们可以得到一些思想方法上的启迪，即任何事物都不是孤立存在的，都是相互联系地存在于一定的时空中间的；一个事物产生的同时就意味着它的消亡；它消亡的同时又意味着其他新生事物的产生……事物在不断地转化及产生。这既符合了"物质不灭定律"，又符合了易学及现代科学认为"物质是发展变化和运动的""变易"道理。

通过对"骨卜法"的了解，会使我们明白研究、观察、分析任何事物时，首先要注意的是它出现之前的"先兆"、"征兆"——"兆头"。由"兆"而得"象"；由"象"而得"卦"；再由"卦"而得意。

"蓍草法"使我们了解到研究、观察、分析任何事物之时，首先必须要注意的是其"数"的对应变化规律。故其先得"数"；由"数"再得"卦"；由"卦"来得"象"；最后由"象"再得其意。

平时我们经常会遇到"祸不单行"的不顺利、不愉快的事情发生，实际这就是以上"征兆"规律的体现。我们不管干什么，因为知道任何事物都不是孤立存在的，都是相互联系地存在于一定的时空环境条件下的，事情一开始就不顺利，接着在事情以后的发展变化中，往往就会有一大串的不顺利的到来。故我国古代的传统中，无论干什么事情总是要选个好日子、搞个好意头、有个好的开端，这是有它的科学道理的。

下面就讲解一下《周易大传》中的一些卦、爻、象之间的某些特点。看看它是如何利用易学中的爻位、卦位、爻象等性质来说明《易经》内容的。掌握了这些性质、特点之后，将这些性质及规律结合起来，直接就可以知道《易经》里，部分的卦、爻辞的意义是怎么来的了。

第三节　卦位

"卦位"的定义：就是我们平时所说的"别卦"，又名"重卦"。即前面所涉及到的64卦。它是通过六爻卦中的不同位置，来表明不同的事物及其状态的。

下面举例说明。

例如：雷火丰（䷶）卦。

雷火丰（䷶）卦是由上下两个"经卦"组成的。即由上面的"经卦"震（☳）卦与下面的"经卦"离（☲）卦上下重叠组成的。上下两个"经卦"组成一个六爻卦。

那么，这个六爻卦可以表示什么意义呢？

我们可以根据"经卦"（三爻卦）所处的不同位置来说明其表示着相同或不同的意义。"经卦"震（☳）卦在上部，"经卦"离（☲）卦在下部。上下两个"经卦"可以表示"上下"之意、"前后"之意、"内外"之意、"贞悔"（表示好坏）之意。上卦为"左"，下卦为"右"，表示事物的一种左右的分布情况。这种分布又是一种"平列"的意思等等。

那么在《易经》里这些性质、这些卦的特性是怎么样在文章中体现出来的？现在介绍一下高亨先生的一些看法。

一、"异卦相重，表示上下之位"

故名思意，其说的是不同的"经卦"相重组成的卦体，其表示的是"上下"的（关系）意思。

也就是说，是"八经卦"中，不同的两个三爻卦重叠组成的六爻卦，才是这个特性。如果，上卦是巽（☴）卦，下卦也是巽（☴）卦或上卦是坎（☵）卦，下卦也是坎（☵）卦之类的情况。若是遇到这样的组成状态，就叫"相同"而不是"异"了。除了这类情况外，其它不同的两个"经卦"相重，重出来的六爻卦，都可以看做是一种表述事物上下两部分或上下两部分的事物的意思（关系）。

例如：山水蒙（䷃）卦。

其《象》曰："山下出泉，蒙。"

上面的艮（☶）卦表示"山"，下面的坎（☵）卦表示水，而"泉"又是一种与水有关的事物——即"泉水"。因此，从山水蒙（䷃）卦全卦的总体来看，叫"山下出泉"。这个《象辞》的意义是根据这些卦象的意义得来的，其表示的是一种山在上面，水在下面的关系，表示的是一种"上下"有别的意思。

二、"异卦相重，表示内外之位"

也就是说，上下两个不同的"经卦"重叠在一起，可以表示一种内外的意思，表示的是事物内外的一种联系，一种关系。即两个不同的"经卦"重叠形成的六爻卦，可以表示事物内外两部分或内外两部分的事物。只有上下两个"经卦"是不同的卦时，才具有这种含意。

例如：地火明夷（䷣）卦。

它的上卦是坤（☷）卦，下卦是离（☲）卦。

其《象》曰："内文明而外柔顺。"

前面讲过，上下两卦可以表示"内外"的意思。坤（☷）在外卦（上卦），离（☲）在内卦（下卦）。"内文明"指的是下卦离（☲）所表示的意思。因为离为"文"、为"明"，且又处在内卦（下卦）位置，故曰："内文明。"外卦（上卦）为坤（☷）卦。坤为"柔"、为"顺也"，故由此卦象才曰："外柔顺。"

内卦为文明，外卦为柔顺，象征着一个人的特点是：内心里是明白的，什么都清楚，对外处理事物很柔顺和气。

这就是根据卦的内外（下上）的内涵意义（关系）来解释其内容的。

三、"异卦相重，表示前后之位"

前面讲过：一个六爻卦可以表示一个事物的前边或前边的事物。也可以表示该事物的后边或后边的事物。所以才说是"前后之位"。

也就是说，这一个六爻卦体在表示两个事物时，是一个在前面，一个在后面，说明它们的位置的不同。通过它们卦位的不同来说明两个事物所处的前后位置的不同，也只有当上下两个"经卦"是不相同的卦时，才有这种意义。

例：水天需（䷄）卦。

"需者，待也。"有等待之意。

其《彖》曰："需，须也。险在前也。刚健而不陷。"

"须"与"需"在古时是通假字，它们的意思是一样的，都是待也、等待的意思。坎（☵）卦在上卦的位置，乾（☰）卦在下卦的位置。对于一个六爻卦来讲，上卦表示"前"面，下卦表示"后"面。再加之坎（☵）为"险"、为"陷"。其位置又处上卦之位，因此，其为"前"。合观之，为"险在前也"。乾（☰）为"健"也、"刚"也。其位置又处下卦之位，因此，其为"后"；"前险、陷"而"后刚健"，故"不陷"。合而观之，为"刚健而不陷"。

因为，危险在前面，如果能刚健沉着将事情处理圆满，等待着时机而不盲目冒进，那么就不会坠入危险，受到陷害（掉入各种陷井之中）等境地。

这是根据六爻卦中这种"前后"的表述概念来确定"彖"辞的。

四、"异卦相重，表示平列之位"

"平列之位"指的是上下两个不同的"经卦"表示的是一种平列、平行，或为左右，或表示同一个层次的事物或事物的同一个层次，即表示的是一种平列的（关系）意思。

例：水雷屯（☵☳）卦。

其《彖》曰："雷雨之动满盈。"

水雷屯（☵☳）卦的下卦震（☳），为"雷"、为"动"，上卦坎（☵）为"雨"、为"中满"。因为下雨、打雷在一般情况下都是"雷行雨施""雷雨大作"，往往是同时发生的，即为同是一个事物里包含的内容，的确下雨的时候往往会产生打雷的现象。当然也有"旱天雷"，但是"旱天雷"是在（天、上卦）上面，在（天、上卦）上面才能叫"旱天雷"。而现在在水雷屯（䷂）卦中"雷"［震（☳）卦］却在下，"雨"［坎（☵）卦］在上，故是雨中雷。这是表示的是一种同时发生的事件。而且"雨（坎）满盈"，坎（☵）在水雷屯（䷂）卦的最上面，表示"雨"满的已经积聚到"屯"卦的最上头了。

其《象》还曰："云雷屯。"

实际上"云"是水的一种存在形式，是有点水的意思。但必定与水的定义还是不一样。"云"只是水的密度比较小的一种表现形式。从卦的结构状态来讲，它应该是泽风大过（䷛）卦这种存在形式。上面是兑（☱）卦，兑为"少小"。下面是巽（☴）卦，巽为"风"、为"云"（随风飘动的水滴、冰雪，都是"水"的存在形式）。按"半象"概念这个"经卦"坎（☵）卦应是"经卦"兑（☱）卦的上两爻和"经卦"巽（☴）卦的下两爻组成的。其"连半象"应是三爻坎（☵）卦变为四个爻的大过（䷛）卦；四个爻的大过（䷛）卦再变为六个爻的泽风大过（䷛）卦。所以说"云"也是水。只不过是水滴结构细小，水比较少一些而已。坎（☵）水在上头（上卦），震（☳）雷在下面（下卦）。打雷时可以将其下面的一些物体劈毁，而云则往往是飘浮在上的。

以上例子说明一个事物中，同时发生且还没有分开时的某种事物状态（即同时存在）所以说其有表示"平列"的（关系）意思。

五、"同卦相重，是重复之位"

"重复之位"是指相同"经卦"组成的一个"重卦"状态。它可以表述是一种重复（位置、关系）的意思。

前面四种情况是讲的异卦（不同的"经卦"）相重所反映的规律及特点。这里讲的是相同"经卦"相重所组成的"重卦"的规律及特点。

例如：巽为风（☴）卦。

其上下两个卦都是同一种"经卦"巽（☴）卦组成。

其《象》曰："重巽以申命"。

因为"巽"（☴）卦是由上下两个巽（☴）卦相重叠而组成，故曰："重巽"。"以申命"：巽为"教命"。就是一种教育、培训、训练及一再的强调之意，即"重申"的意思。我重申了我们的什么观点或意见，就是说再一次地（强调）说，有一种重申、申明的意思。因为巽为"教命"。表示一种说过了又一再的强调、一再的说的意思，说明"巽"（☴）卦有"说教"的过程。

当然，其他的一些卦里，比如说，乾为天（☰）、坤为地（☷）、坎为水（☵）、离为火（☲）等"纯卦"中，都有这种重复的特点。其"象传"、"象传"中往往也有这种重复的概念表述。

六、"同卦相重，不分其位"

"不分其位"是说，同一种"经卦"相重在一起，不表示它们各自是什么位置（关系）。

比如，同种"经卦"巽（☴）组成巽为风（䷸）卦。要是变为重乾（䷀）卦呢？乾为健也，或乾为天。要是重坤（䷁）呢？又叫坤为地……这在《周易大传》中，《彖传》《象传》里都会有这种状态存在。

假若说，是艮（䷳）卦，艮为"止也"。《彖传》里解释艮（䷳）卦时，只讲"艮为止"，别的什么也不说。

或者，乾为天（䷀）卦《象传》中叫"天行健，君子以自强不息"。其解释乾（☰）卦时，只讲乾卦的特性"乾行健"。别的性质什么也不说，这是根据乾（☰）卦本来的意义来发挥的。

坤为地（䷁）卦《象传》中曰："地势坤"。就是因为坤卦（☷）可以表示地。只强调"坤为地"的含意，别的坤（☷）卦的特性及其内涵它什么也不说。

在上下卦的位置上，其表示的意思都是一样的这说明上下两卦是不分其位主次的。

以上就是"卦位"及"卦位"在《周易大传》中高亨先生的部分应用。

第四节　爻数

"爻数"，在《周易大传》中叫"爻数"，即我们平时所说的"爻位"。

一、三个爻组成的"经卦"

一个卦从上至下可以表示"天位""人位""地位"。也就是易学中"天人地"三才合一的思想，应在卦中什么位置上，才能得到体现的问题。

其中分两种情况。

一种是三个爻组成的"经卦"是如何体现"天位"、"人位"、"地位"这种思想方式的。

"八经卦"（又称"八卦""基本卦""经卦"）中任何一卦，其上（六）爻就是"天位"；中间一爻是"人位"；下（初）爻就是"地位"。

因为，人的上面"顶"着的是"天"，下面踩着的是"地"，"人"是生活在天地之间的。所以，如此表述是符合自然规律的客观现实的，无疑也是正确的。

另一种是六个爻组成的"六十四卦"中的任何一卦，是如何体现"天位""人位""地位"这种思想方式的。

下面举例说明。

例：乾为天（☰）卦。

从"爻"上说，自下而上叫"初九"、"九二"、"九三"、"九四"、"九五"、"上九"。在此六个爻中能否看出"天、人、地"的区分来？

从其爻辞中来分析证明。

其上卦中的"九五"爻曰："飞龙在天"。指的是"天"或天上的事。故卦的五、上（六）两爻表示的是"天位"。即"天"在六爻卦中的位置。

其"九三"爻曰："君子终日乾乾，兮惕若，厉。""君子"指的是人。其爻说的是"人"的事。故卦的中间三、四两爻表示的是"人位"。即"人"在一个六爻卦中的位置。

其"九二"爻曰："见龙在田，利见大人。""田"是"地"上的事。故其初（一）、二两爻表示的是"地位"或地以下的事物。即"地"在六爻卦中的位置。

二、三个爻组成的"八经卦"

除了"天位"、"人位"、"地位"这种思想在卦中的体现外，一个卦还可以表示任何事物的上、中、下三部分。即在易卦的卦中，我们是如何确定"上位"、"中位"、"下位"的表述位置的。

其中也分为两种情况。

一种情况是，三个爻组成的"八经卦"中任何卦是如何表述的？

其上（三）爻表示的就是"上位"；

中间一爻表示的是"中位"；

下面（初）一爻表示的是"下位"。

即"八卦"中任一卦，其上、中、下三个爻分别可以表示任何事物的上、中、下三部分（部位）。这也是易卦对事物的一种表述思想方式。

另一种情况是，六个爻的"六十四"卦中，任何一卦在卦里是如何体现易卦中"上位"、"中位"、"下位"这种分布规律和思想的。

"上位"是指六爻卦中，最上面那个爻所处的位置，即"上（六）"爻为"上位"，表示一个事物的最上部。

"下位"是指六爻卦中，最下面的那个爻所处的位置，即"初（一）"爻为下位，表示一个事物的最下部。

"中位"是指六爻卦中，下卦中间的那一爻（第二爻）和上卦中间的那个爻（第五爻），即二爻和五爻所处的位置叫"中位"，也就是我们前面讲到的"得中""居中""中位"等所表述的位置。

三、"阳位""阴位""同位"之分

除了"上、中、下"三个位置外，一卦中，由于爻所在卦中的位置不同，还存在"阳位""阴位""同位"之分。

"阳位"是指初（一）、三、五爻所在的位置。即"阳"爻所应该在的位置。

"阴位"是指二、四、上（六）爻所在的位置。即"阴"爻所应该在的位置。

"同位"是指初（一）与四、二与五、三与上（六）爻之间

的互应（关系）位置。也就是我们前面所讲到的"应"的关系
及位置。一旦提到"同位"就应该知道这就是"应"的概念及
规律。

初与四爻：都是处在一个"经卦"最下面的位置。"初"爻
在下卦的最下位，"四"爻在上卦的最下位。均处于一"经卦"
的下位，故名为"同位"或"同位爻"。

二与五爻：都是处在一个"经卦"中间的位置。"二"爻在
下卦的中间位置，"五"爻在上卦的中间位置。均处在一个"经
卦"中间的位置，故曰："同位"或"同位爻"。

三与上爻：都是处在一个"经卦"最上面的位置。"三"爻
在下卦的最上位，"上"爻在上卦的最上位。均处于一"经卦"
的上位，故名："同位"或"同位爻"。

在一些易著中，将"同位"性质规律称做"同位爻"。实际
就是指的相应的两个爻的位置及关系。

下面我们就利用前面所讲到的易学性质及规律，分析研究一
下这些性质及规律在《易经》里是怎么体现和应用的。

一、刚柔相应

在一个六爻卦里，经常会用"刚""柔"这个概念来说明卦
爻的意义。

"刚"，如果某爻为阳爻，往往就被称做"刚"或"刚爻"。

"柔"，如果某爻为阴爻，往往就被称做"柔"或"柔爻"。

"刚"及"柔"是针对"爻"的阴阳性质来讲的。

通过《系辞》中有关"在天为阴与阳，在地为柔与刚，在人
为仁与义"的论述，这个"刚""柔"，我们可以直观地感知到或

分析体会到"刚""柔"的概念。从而通过爻与爻之间、爻位之间"刚""柔"地变化特点来断定其卦爻的意义。

下面举例来说明。

1.五柔应一刚

例:水地比(䷇)卦。

《杂卦传》曰:"比乐"。一看就知道这个"比"(䷇)卦是表示高兴、愉快意思的一个卦。

水地比(䷇)卦,其"象"曰:"上下应也"。

因"九五"爻是一个阳爻。阳爻为"刚"。其余的五个爻都是阴爻。阴爻为"柔"。阳爻为"君子",阴爻为"小人",即得到众小人烘托(支持)一君子之"象"。而且"九五"爻又是"王位",全卦也是"一王得众"的意思。处在这个位置上就是"五柔应一刚",即这五个阴柔之爻与这一个阳爻相互应,大家(五个阴爻)都烘托着它(阳爻),大家(阴爻)都可以"承"(支持、支撑)它(阳爻)。虽然其中有"上乘五",但是因为五爻阳爻在"君王""至尊"之位,且又"当位",而"上六"爻阴爻虽然也"当位",可是由于其处在一个事物最穷途末路的位置上,没有多大的生命力,所以也无济于事。又由于"九五"爻与"六二"爻上下阳阴相呼应,故"象"曰:"上下应也。"

因此,从总卦的结构看,"比"卦应是高兴、欢乐之意。大家都烘托着你,你又在你应处的指挥一切的领导位置上,事事顺利("坤以众顺"),当然高兴。还因为处于"九五至尊"的位置上,是个"王位",上下诸侯臣民都服从你这个领导,能不乐吗?

2. 五刚应一柔

例如：风天小畜（䷈）卦。

其有小的积蓄、小的储存、容易接纳之意。

风天小畜（䷈）卦中，其"六四"爻是一个阴爻，其他的五个爻全都是阳爻。其卦的构成，为一个"阴爻"，五个"阳"爻。

其《象》曰："柔得位，而上下应也。"

因为"六四"爻是阴爻，又由于阴爻"得""阴位"，故曰："得位"。"六四"爻是个阴爻，故曰："柔"。"六四"爻"柔"爻在它应该在的位置上，故曰："柔得位。"

"上下应也"是说，上下其他的阳爻与它这一个阴爻相呼应。还说明什么？说明周围是一堆"君子"（阳爻为君子），中间围绕着一个"小人"（阴爻为小人），即"小人得志"、当权，其他的"能人"受气、不得志。如果是这样一种情况，不论摊在什么样的机关、单位、企业等部门，其事情都不好办了。众"君子"辅佐一个无耻"小人"工作，事情怎么能顺大家（阳爻）的心意呢。

3. 三双同位爻，刚柔相应

"三双同位爻，刚柔相应"是说在一个六爻卦中，其三对"同位爻"（即"相应"的关系）都各自是一个阴爻和一个阳爻组成（阴阳相吸引，故而能相应）。因为阳爻为"刚"，阴爻为"柔"，所以叫"三双（即'对儿'）同位爻，刚柔相应"。

例：雷风恒（䷟）卦。

雷风恒（䷟）卦其"象"曰："刚柔皆应。"

因为雷风恒（䷟）卦其"初六"爻与"九四"爻是阴与阳相

应;"九二"爻与"六五"爻也是阳与阴相应;"九三"爻与"上六"爻还是阳与阴相应,即它们三对"相应"的爻,都是一阴一阳的相应,且阳爻为"刚",阴爻为"柔"。故曰:"刚柔皆(都的意思)应"。

4. 三双同位爻,刚柔敌应

"三双同位爻,刚柔敌应"是说,在一个六爻卦中,其三对"同位爻"(即"相应"的关系)各自都是阳爻或阴爻组成。因为阳与阳、阴与阴都是一种相互(同性)排斥的关系,故其之间是"敌应"(不相互呼应)关系。又因为阳爻为"刚",阴爻为"柔",所以说:"三双同位爻,刚柔敌应。"

例:艮为山(☶)卦。

艮为山(☶)卦其"初六"爻与"六四"爻都是阴爻;"六二"爻与"六五"爻也都是阴爻;"九三"爻与"上九"爻都是阳爻。由于它们各对爻之间都是同种性质的爻,故而它们同性之间有一种排斥的关系,因此它们之间是种"敌应"(不相应)的关系。同时,又因为阳爻为"刚",阴爻为"柔",故曰:"三双同位爻,刚柔敌应。"

其意,有一种相互排斥、相互排挤的意思。"艮其背",谁也瞧不起谁,谁也不服气谁;办起事来总是"事与愿违",跟原来想的、说的都不一样了——向相反方面发展——背信弃意。说明其表明的是一种困难,甚至非常困难的意思。

艮为山(☶)卦其《象》曰:"上下敌应。"

其卦中,上卦中的三个爻与下卦中的三个爻,其"同位"的对应爻之间,全都是一种相互排斥、背道而驰的关系。从位置上看，它们应是呼应的"相应"关系。到底它们是不是"应"的关系呢？是"应"的关系。但是，是同性相斥的"敌应"的关系，故曰："上下敌应。"

"应"爻互相之间谁与谁都不亲近；谁也不支持谁；各自站在各自的位置上观望；只是一种毫不相干的关系；即谁也不为谁卖力气。这是一种不能合作而互相排挤的关系，最后的结果只能是"艮止也""阻也"（阻力、障碍），什么也不干了。本来想象的都很好，可到实践中一检验，什么都"敌应"（敌对、敌视），互不服气，互相排斥，这事就没法干了。这是根据艮为山（☶）卦"爻位"之间的关系得出的结论。

5. 两中爻，刚柔相应

"两中爻，刚柔相应"是指一个六爻卦中，上下两"经卦"中间的那个爻阴阳相应的情况。即"二"爻和"五"爻中，一个是阳爻（"刚"），另一个是阴爻（"柔"）。故曰："两中爻，刚柔相应。"

例：天火同人（☲）卦。

其意为同志、合伙、同路人、同行、为了一个共同的目的干一件什么事的人或同伙之类等。

天火同人（☲）卦中，其"象"曰："中正而应。"

天火同人卦中，"九五"爻和"六二"爻是两个"中"爻，其双方又为"同位爻"。"九五"爻为阳爻（"刚"性），其又是阳爻居"阳位"——既"得正"又"得中"。"六二"爻为阴爻（"柔"性），其为阴爻占据"阴位"——既"得正"又"得中"。而且上下（阴阳）"刚柔相应"。故其"象"曰："中正而应。"处在这种位置上的双方还能有办不成的事吗?

二、刚柔相胜

前面讨论的是阴阳爻之间相互呼应的关系。下面分析一下阴阳爻之间"胜""败"的问题,看看它们之间有什么特点及规律。

1. 刚胜柔

例:泽天夬(䷪)卦。

泽天夬(䷪)卦中,只有"上六"爻是个阴爻("柔"爻),其他五个爻都是阳爻("刚"爻)。假若,"刚"的表示"君子",则"柔"就可以表示"小人"。此卦之意就类似于五个"君子"胜于一个"小人",大家(阳爻)把"小人"架空了,下面实权全夺走了的这种状况。

再从泽天夬(䷪)卦上下两卦看:上卦为兑(☱),兑为"少"、"小"。下卦为乾(☰),乾为"君子"。而且从初爻到九五爻全是阳爻组成的五个爻的乾(☰)卦〔实为三个"经卦"乾(☰)卦〕,象征"众君子"。"经卦"乾(☰)卦为"阳卦"("刚"性),"经卦"兑(☱)卦为"阴卦"("柔"性)。这样分析来看,全卦也应是"刚"胜"柔"的状态。

泽天夬(䷪)卦中,《象》曰:"刚决柔。"

"夬"卦的"夬"有决断、决定、决裂、解决等意思。其卦从下向上发展,按"消息卦"的变化方法,其下一步就是用阳爻取代最上面的这一个阴爻,故而要"刚决柔",即五"刚"胜一"柔"——"众君子胜一小人"。

2. 柔胜刚

例：山地剥（☶☷）卦。

山地剥（☶☷）卦其意为"剥者，烂也"，剥落、脱离、腐烂、腐败、脱落、剥离等。

其卦中爻辞由下爻到上爻描述由脚趾头开始腐烂（阴爻），一直烂到头面（第五爻的位置），只剩上面（上爻）这一点点还没烂（阳爻）。这一爻如果再变了的话，全卦就变成了坤为地（☷☷）卦了。因为坤（☷☷）卦为"肉"、为"土"——肉入土了。

山地剥卦中，"上九"爻是唯一的一个阳爻（"刚"性），其余的爻全都是阴爻（"柔"性），这叫做："五阴盛一阳"，即"五柔胜一刚"。其意相当于众小人（阴爻）将一君子（阳爻）架空（坤为"虚空"）。况且"上九"爻是阳爻处在阴位上，其位置"不当位"。按易学道理，阳爻应该占据"阳位"才得势、有利。"上九"爻又处本卦的穷途末路阶段（走向退出历史舞台的位置），故又无能力。虽然与"六三"爻阴阳相应，但中间相隔甚远，又有四、五两爻同性排挤；且"六三"爻又处下卦穷尽阶段，故而也借不上什么外力的支持。虽然初、三、五爻都是阴爻，阴爻处在"阳位"上"不当位"，但因为"六二"、"六四"爻在"阴位"上"当位"得势，阴爻众多——"阴柔"重，所以还是"柔胜刚"。

在这种"五柔胜一刚"的情况下，山地剥卦的《象》曰："柔变刚也，小人长也。"

其意为（老百姓、群众）"小人"（阴爻）得势（易学中提到过的"小人"，不一定非得指"坏人"而言）。"柔变刚也，小人长也"是指"十二消息卦"剥卦下一步的变化就是上面的阳爻

（"刚"性）被阴爻（"柔"性）所取代，故曰："柔变刚也。"阴爻（"小人"）占满全卦，故曰："小人长也。"

3.刚柔位当与位不当

所谓"当位"在易学的不同著作中，其叫法与说法往往会有所不同。还有称其为"正位""得位""位正""得正""在位""居位"等名称。虽然有很多不同的叫法，但其意义都是指阳爻（"刚"爻）处在卦中初（一）、三、五爻的位置上，阴爻（"柔"爻）处在卦的二、四、上爻的位置上。

例：水火既济（䷾）卦。

水火既济（䷾）卦中，其初（一）、三、五爻都是阳爻（"刚"爻），故称"刚""当位"。二、四、上爻都是阴爻（"柔"爻），故称"柔""当位"。

所谓"不当位"在易学的不同著作中，其称呼是不一样的。还有称其为"不正位""不得位""位不正""不得正""不在位""位不居"等名称。虽然称呼不同，但其意义都是指阳爻（"刚"爻）处在了二、四、上爻阴爻的位置上，或阴爻（"柔"爻）处在了初（一）、三、五爻阳爻的位置上。

例：火水未济（䷿）卦。

火水未济（䷿）卦中，其初、三、五爻位置上都是阴爻（"柔"爻）。阴爻处于阳爻的位置上，故称"柔""不当位"。而二、四、上爻的位置上都是阳爻（"刚"爻）。阳爻处在阴爻的位置上，故称其为"刚""不当位"。

在大量的社会实践中，我们大家都明白，你该在什么职位上，就老老实实地呆在什么位置上。该干什么事情，就干什么事情。不该你干的，就说明你没有在那个位置上，就不该那么干。"不在其位，不谋其政"指的就是这个意思。你不在这个位置上就别这么干事，不然社会分工就不清楚，局面就容易混乱、不安定而难以控制及达到和谐。

下面举例说明"刚柔当位与不当位"的规律。

分两种情况。

A. 刚居阳位，柔居阴位

刚柔性质的区别是通过爻题中的"九"或"六"来确定的。一看到"九"，就知道是对应于阳爻，是"刚"性事物的表述。一见到"六"，就知道是对应于阴爻，是"柔"性事物的表述。古时，有的易学著作中，往往是利用"刚""柔"爻的"当位"、"不当位"来分析事物的规律、特点及过程的。

例：水火既济（䷾）卦。

易学著作中，在解释水火既济（䷾）卦时，《象》曰："刚柔正而位当也。"

在一般易学著作中，"正"与"当位"及"位当"是同一个意思。

水火既济（䷾）卦中："初九"爻是阳爻，且处在"阳位"上；"九三"爻、"九五"爻也是阳爻处在"阳位"上。阳爻（"刚"性）处在"阳位"上，称做"当位""得正""正""位当"等。

"六二"爻是阴爻，且处在"阴位"上；"六四"爻、"上六"爻也是阴爻处在"阴位"上。阴爻（"柔"性）处在"阴位"上，称做"当位""得正""正""位当"等。

此卦中，"刚"（阳爻）"柔"（阴爻）都是"得正"及"位当"的，说明各自都处在各自应该在的位置上，形成一个非常和谐的局面。所以"既济"卦是一个达到成功和吉利的好卦，故其"彖"才解释为"刚柔正而位当也"。

例：天地否（䷋）卦。

天地否（䷋）卦自下而上的"爻题"（爻的代号或代名词）依次为"初六""六二""六三""九四""九五""上九"。

其中，"九五"爻曰："休否，大人吉。"

《象》在解释此爻辞的原因时曰："大人之吉，位正当也。"

因为"九五"爻是个阳爻，且又处"阳位"，"得正"又"当位"。同时"五"爻还是"君王（大人）至尊"之位，合观之，说明"九五"爻站在了自己这个"正""当"的位置上。且"九五"爻又处于上卦的"中位"，又"得位"，其"王位"也"正"，既是核心的"得中"人物，又加之其位也"正""当"，那当然是吉利的。所以说："大人吉。"

这就是咱们学到的易学知识在《周易》中应用所得到的效果。

B.刚柔位不当

"刚"在"阴位"上，即阳爻处在阴爻应该在的位置上，为"位不当"。换句话说，就是你处在不应该在的位置上了，在这种情况下，好多的事情就不怎么好办了。"不在其位，不谋其政"，否则，会形成混乱或无序的状态。因此，在"易经"的卦、爻辞里也反映出了这种意思和这种规律。

例：火水未济（䷿）卦。

火水未济（☲☵）卦中，初爻是阴爻处在"阳位"上；"九二"爻阳爻处在了"阴位"上；"六三"爻阴爻处在"阳位"上；"九四"爻阳爻处在"阴位"上；"六五"爻阴爻处在"阳位"上；"上九"爻阳爻处在"阴位"上。此卦全部的六个爻都"不当位"（即"位不当"）。

表面看全卦是个不好的卦，可是其卦爻中还有个"刚柔相应"的特点，因为"相应"说明内部还有点有利的合作互补的因素。此卦"相应"的特点全都是"刚柔相应"，而不是同性的排斥性"敌应"。两"同位爻"之间是上下可以联系、呼应、配合的关系，"未济"只能说明事情还没有成功，但不等于就是坏事情，所以它还不是一个特别坏的卦。

因此，其卦《象》曰："虽不当位，刚柔应也。"

说的是"未济"卦虽然各个爻均"不当位"，但是由于各爻的"同位爻"之间都阴阳"相应"、互相呼应，结果事情还可以继续进行。

4. 刚柔得中

"得中"就是指六爻卦体中，处在上卦中间的爻和处在下卦中间的爻而言的。即处在二爻和五爻的位置上。不管是阳爻还是阴爻处在了这个位置上，都叫"得中"。只不过是阳爻处在这些位置上叫"刚得中"；阴爻处在这个位置上叫"柔得中"；一阳爻与一阴爻各得一个"中位"叫"刚柔得中"而已。

例：乾为天（☰）卦。

乾为天（☰）卦中，其"九二"爻爻辞曰："见龙在田。"

《文言传》中是如何解示的呢？"龙德而正中者也。""龙德"

是整个卦的中心思想,整个这一卦及"九二"爻都表示的是"龙"的特征及特性。实际上,整个乾为天(☰)卦就是通过"龙"的变化"德性",给大家启示的是一种认识完整事物及其内部的逻辑关系的方法。

从"仰则观象于天"来讲,就是要求我们经常观察与其卦相对应的"东方苍龙七星"的变化及其与银河系位置之间的关系。在观察此"龙"星的变化过程时你会发现:

开始处于"潜龙勿用"最初的时期,即春天刚刚到来的时候,在天空中是看不到这"苍龙七星"的。也就是说在傍晚太阳刚落下地平线时,是看不到它们的。

逐渐随着时间的变迁,慢慢地就可以在地平线以上看到"苍龙七星"的升起。这就到了"见龙在田"的阶段。

逐渐逐渐地几乎是整个银河系也绕到天顶上来了。然后,我们就会看到这七颗星全体垮在银河系的上面。这时候就是"乾"卦中的"或跃在渊"的时候,即处于乾卦第四爻时,说明整个的"龙"星正处在天上较偏高(上)的位置。

随着时间进一步的变迁,"苍龙七星"都绕过了天顶,这就到了"亢龙有悔"的阶段。

继续观察下去会发现,"苍龙七星"中最前面的那颗星看不见了(在地平线以下),其后面的六颗星还都能看到(在地平线以上),这就到了乾卦中"用九""见群龙无首,吉"。的阶段。没有带头的了,大家可以自由发挥,像"春秋战国"时期一样,各个方面都无法被某者控制了,出现了"百花齐放,百家争鸣"大好形势。

这些爻辞在某种意义上来说,是根据天象(观天象)变化而总结来的。因此,才用"龙"性这种多变的事物做为乾为天(☰)卦的代表。

为什么说"龙德而正中也"?因为其"九二"爻在下卦的中间位置,其得到了"中位"。虽然它"不当位",但是得到了做为核心的"中位"。当然也很好,故而曰之。

"中"有中和、核心、平衡、不偏不倚等意思,说明什么事情也不能过火,什么规律都不能过头,恰到好处为最好。一过头,就到了"亢龙有悔"的状态,那就不好了。

"中"有 5 种类型的存在与表述状态。

下面分别给大家介绍一下。

A. 一刚得中

"一刚得中"就是在二、五两个"中"爻的位置上,有一个是阳爻。则此阳爻("刚"性)就被称为"一刚得中"。"刚得中"有时又叫"刚中"两个辞都是一个阳爻得"中位"的意思(状态)。

例:风山渐(☶)卦。

风山渐(☶)卦有逐渐、渐渐地、按部就班地、不冒进、踏踏实实、一步一个脚印等意思。

其《彖》曰:"其位,刚得中也。"

因为此卦下卦的"中位"被"六二"爻阴爻所占据,所以应该说它是"柔得中位"才对。因此说,此《彖》辞肯定指的是"九五"爻的意义。由于"九五"爻所占的位置是上卦的"中位",其又是阳爻,故应是"刚得中"。

可是《彖》辞中并没有直接告诉你这是"九五"爻的事。由于掌握了易学"中位"的特点规律,通过"其位,刚得中也"这么一句话，就能判断出此句话是指"九五"爻而言的（"得中位"者何也？不是"六二"爻就是"九五"爻。但二者一个是阴"柔"，一个是阳"刚"。当然，"刚得中也"应是指阳爻而言了）。

再例：水地比（☷）卦。

《杂卦传》中曰："比，乐。"说明"比"卦有高兴、乐观之意。

水地比（☷）卦其《象》曰："一刚得中。"

肯定也是指"九五"爻而言的。因为下面是"六二"爻阴爻得"中位"，应断为："柔得中。"现《象》曰："一刚得中"，那一定是指"九五"爻一个"刚"爻"得中"来说的了。

还比如说，泽天夬（☱）卦。

泽天夬（☱）卦其"九二"爻曰："有戎勿恤。"

其《象》辞解释其原由时说："其戎勿恤，得中道也。"

它说的是，有了武器并加以防卫，即使是晚上别人来进攻的话，由于有了防备，又偷偷地隐蔽且埋伏起来，所以就不用"恤"（担忧、忧虑、害怕）了。因为有了防备，有了预防，而且又有武装实力可以抵御，也就不用担心别人来偷袭了。

为什么呢？

《象传》是这样解释的："得中道也。"

因为"九二"爻处在下卦的"中位"上，虽不"当位"但得到核心的"中位"，又被周围的阳"刚"之气的阳爻包围（护持）着——坚不可摧，那还有什么可怕的。

实际上，这么说是让我们体会的是一种思想方法。这种思想方法是通过易学中，卦爻的"得中位"来判断某些卦象、象、爻辞的来历。就"夬"卦"九二"爻辞来说，其结论是：虽然晚上有危险，由于有了防备、有了自卫能力，因此就不用害怕了。它是在这种思想方法的指导下写出的这个辞。结果，实践中证明这样做也是正确的，故而古人也就记录了下来。

　　以上讲的都是易学性质是怎么在《易经》及实践中应用的。这只是给大家提示一下，在今后研学易学著作中能自学、看懂其各方面的内容。这些性质在《易经》及易学著作中都有所体现。这不是我随便臆造的。把学到的易学知识在研学、应用、玩易的过程中，能做到不断、自觉、灵活地运用这些性质和规律，是我们今后努力的方向。

　　讲评作业：画出火风鼎（䷱）卦所有的"连互"方面的六爻卦象（它有四爻、五爻的"连互"形式）。还有"反象""对象""半错象"（包括"上半错""下半错"）"半象""交象"。

　　火风鼎（䷱）卦下面自初爻到五爻为五个爻的大过（䷛）卦。将其用"半象"规律中"合并同类项"的方法压缩合并成三个爻的"经卦"坎（☵）卦。这样整个火风鼎（䷱）卦就被压缩成四个爻的未济（䷿）卦。

　　因为"经卦"坎（☵）卦为"血"卦，其又可表示为"水"、为"肾"、为"血液"等，可以通过对它的分析来看血液中有什么情况。为什么说吃多了盐会水肿？其"连半象"为大过（䷛）卦。其卦总体看来是一种白（上兑）里稍带点蓝（下巽）的结晶体（中乾），即钠盐［坎（☵）卦］的结晶体。海盐一般情况下看就是白色的盐粒，它略微带点蓝头。如果杂质多了，就带点黄、灰的颜色，但是稍微纯净一点的盐粒往往都是白中发点蓝，这不就是坎（☵）卦内涵的内容吗？坎主"肾"、主"水"，将大过卦（䷛）一压缩成"经卦"坎（☵）卦就可以知道造成水肿的原因了。盐一潮湿，盐的颗粒就会发粘，也会很快的溶解于水中或一些液体里。

"半象"和"连互"是相互互用的定律。

两者互用的目的一个是可以将卦"展开",同时,一个又可以"合并同类项"将卦压缩、归纳、合并、简化。一个是把事物展开搞"复杂化";一个是把复杂的事物归纳"简单化"。

因为,易学中很重要的一个思想就是"易简"的思想——将复杂问题"抓住其主要矛盾"而"简单化"。咱们在研易、学易、用易的过程中,也应尽量做到符合易学的这个原则。

火风鼎(䷱)卦"四爻连互"有三种情况。

初到四爻为姤(䷫),"连互"为天风姤(䷫)卦;

二到五爻为夬(䷪)卦,"连互"为泽天夬(䷪)卦;

三到上爻为睽(䷥)卦,"连互"为火泽睽(䷥)卦。

火风鼎(䷱)卦"五爻连互"有两钟情况。

初到五爻为大过(䷛)卦,"连互"为泽风大过(䷛)卦;

二到上爻为大有(䷍)卦,"连互"为火天大有(䷍)卦。

其"反象"是泽火革(䷰)卦。

其"对象"是水雷屯(䷂)卦。

其"上半错"是水风井(䷯)卦。

其"下半错"是火雷噬嗑(䷔)卦。

其"交象"是风火家人(䷤)卦。

B. 一柔得中

"一柔得中"是指二、五两个"中位"的位置上,其中有一个是阴爻,此阴爻("柔"性)就称为"一柔得中"。"柔得中"有时又称做"柔中",此两种称呼都是指一个阴爻得"中位"的意思（状态）。

例：天火同人（☲☰）卦。

天火同人（☲☰）卦中，其《象》曰："柔得位、得中。"

天火同人（☲☰）卦，其下卦的中爻是"六二"爻，故曰："得中"。"六二"爻是阴爻。阴爻为"柔"性。故曰："柔，得中。"

因为天火同人（☲☰）卦中，其上卦乾（☰）卦的中爻是"九五"爻。"九五"爻是个阳（"刚"性的）爻得"中位"，又"九五"爻是阳爻得"阳"位。如果《象》曰："刚得位、得中。"才是与其对应的正确结论。现在其《象》曰："柔得位、得中。"因此《象》曰应该指的是阴爻的状态才相符合。所以《象》曰不是指此"九五"爻而言的，肯定是指"六二"爻（"柔"爻）而言的。

况且"六二"爻又是阴爻得"阴"位，所以曰："得位。"

上下两意结合，故其"象"曰："柔得位、得中。"

C. 双刚得中

"双刚得中"是指二、五两个"中位"的位置上，全都是阳爻（"刚"性）所占据的情况。也就是说，是指一个六爻卦卦体中，上卦的"中"爻及下卦的"中"爻位置上，全都是阳爻的这种状态。

例如：风泽中孚（☴☱）卦。

风泽中孚（☴☱）卦中，其《象》曰："柔在内，而刚得中。"

风泽中孚（☴☱）卦，其上卦的中爻是"九五"爻（阳爻），下卦的中爻是"九二"爻（阳爻）。两个阳爻分别占据了上下卦的"中位"，由于此两个爻之间是"敌应"关系，故互相（同性相斥）排斥。

"柔在内"是说从全卦的整体卦象结构［风泽中孚（䷼）卦］来看，"六三""六四"两个阴爻在全卦中间（中心）的两个爻位上，其他的四个阳爻均匀的分布在全卦的（上下）外部。

"刚得中"说的是阳爻（"刚"性）得到了上下卦"中位"的位置。

实际上，这个风泽中孚（䷼）卦按"半象"法一压缩就成了三个爻的"经卦"离（☲）卦，故其全卦有"离"（☲）类卦之象。也说明"中孚"这个卦本身就含有离（☲）卦之象所反映的内容，离卦也是一个阴柔之爻在卦内的状态。

易学中，有很多专用名词、术语及卦、爻变化规律，都内涵且隐藏着很多其他的内容及因素。

比如："飞伏"一词。

实际就是"旁通"现象中的一种表述方式。当你看到任何一个阳爻或阴爻，就知道其有一个同样位置的阴爻或阳爻与其对应。也就是说，很多卦爻中都暗含着其他的预知因素。

实际是不是暗含着呢？

咱们可以把这个"中孚"卦的"对卦""反卦""上半错""下半错""交卦"等都画出来。然后，再把它们全部的"连互"画出来，将其前面得到的与"中孚"卦有关的所有的"卦变"结果，都展开。会发现内含着非常多的内容。表面上看只是一个简简单单六个爻的卦，可是其内里可能含有几十卦，甚至到几百个六爻卦都是可能的。这就要根据当时研究分析事物的需要，确定采取什么样的"卦变"及变化程度（变化到什么层次、状态及位置）。

比如：将其"上半错"变完了之后，还可按其"上半错"的结果将其"反象""对象""上半对""下半对""交卦"等等方法继续变化，接下来它还有"连互"的状态及特点。同样，"下半错"还有"下半错"以后的一连串的变化及结构……这样一直变下去，会发现好多好多状态的卦。

表面只见一个卦，实际其代表了许多卦的存在。

风泽中孚（䷼）卦有诚信、守信用、说话算数等意思。如果你是"中孚"卦状态，说了话不算数的话就不行。如果是说了话不算数就会形成外面（上卦）吹着风（巽为风），内里（下卦）在大声（震为雷、为大声）的说（兑为说），说的都是些没影的事（像刮风一样）。从外边看总体为来回（巽为"进退"）的说（兑为说），什么事上都说空话［损（一到五爻）卦］，不用（艮为止）实际行动（震为动）解决问题，这样"中孚"卦就成了说空话的卦了。所以说，只要见到"中孚"卦，就要求你这个人不管干什么或说什么，说了就一定要算数。可别乱吹牛、说谎话。

在日常生活、工作中，我们常常会遇到做买卖的人来咨询。他们往往碰到"中孚"卦的机会比较多。在做买卖的初期，由于经验不足过于轻信的缘故，往往会被人们称之为"侃大山"。"侃大山"从卦中看为四个爻的（四至上爻）渐（䷴）卦。其中，巽（☴）"木"克艮（☶）"土"，即外（上卦）为巽（为风），故为"侃"。内（下卦）为艮（为山），故为"大山"。有时受各种环境条件的影响，一些做买卖的人没能力控制局面，说了话往往不能算数，很容易出现"中孚"卦的这种状态了。

还比如：你的姓名是"中孚"卦。就要求你这一辈子不管干什么都要忠诚、讲信用。如果不讲信用，给人形成一个吹牛说大话（初至四爻为归妹卦）的印象，这样大家会不喜欢与你交往。更谈不上与你合作干事情了。

你是什么场（卦），就得按照这个场特点的需要，指导自己办一切事才能成功。不按（违背）这个场的要求去办事，就一定不容易成功。

D. 双柔得中

"双柔得中"是指在六爻卦体中，上卦及下卦"中"爻的位置，都被阴爻（"柔"性）所占据。也就是说上下卦"中位"位置上，都是阴爻，故称其为"双柔得中"。

例：雷山小过（䷽）卦。

雷山小过（䷽）卦有小的过渡、小的过错、小失误、过手、中间商等意思。

根据"半象"规律看，其应为"大坎"（"经卦"坎）之象。而上面讲到的"中孚"卦为"大离"（"经卦"离）之象。"离中虚"，其中间为空的、虚的。而坎（"经卦"坎）为"坎中满"，是中间为实实在在的状态。

雷山小过（䷽）卦其《象》曰："柔得中。"

这里指的是"六五"爻与"六二"爻阴爻（"柔"性）各自都处在了上下卦的"中位"上。故而其《象》曰："柔得中。"二、五两爻占据的是核心位置，本应该是"相应"的，由于两个爻都是阴爻（"柔"性，同性相斥）。因此，它们之间是"敌应"状态，带有一定的排斥力。所以"小过"卦的卦意是"小的过错"、处在"小的过渡阶段"等，不会有大的过错。因为其二者虽然"六五"爻不当位，但其必定是占据了"得中"的好的核心位置。

位置如果没站好那就不行了。

E. 刚柔分中

"刚柔分中"指的是在一个六爻卦体中，在二爻或五爻的位置上，一个爻是阴爻，而另一个爻是阳爻，即阴阳爻各占上下卦中的一个"中位"位置。阴爻为"柔"性，阳爻为"刚"性，卦中"中"爻的这种分部状态称做"刚柔分中"。

例：风地观（☶）卦。

风地观（☶）卦其上卦的"中位"为"九五"爻，是阳爻（"刚"性）；其下卦的"中位"为"六二"爻，是阴爻（"柔"性）。且又是阳爻得"阳位"，阴爻得"阴位"，二者都"当位"。它们都是既得"中"，又得"正"。二者之间还是阴阳"相应"状态。而且"九五"爻又是"天子"之"尊位"。

故风地观（☶）卦的《象》才曰："中正以观天下。"

其中"中正"是指二、五两爻都是得"中"又得"正"之爻。"观天下"是因为"观"卦本身就是一种自上向下观望之意。且"九五"爻为"天子"之位，故有自上（上卦）而下（下卦）的（二、五呼应）"观天下"之意。这些结论都是根据其卦中的卦象、爻象分布的特点、性质及规律而确定的。

以上讲的是"刚""柔"在"中位"上的五种分布状态及其性质、特点。这些规律在研学易学的过程中，经常会遇到的。遇到这些情况时，往往一结合《彖》《象》辞的内容，就能很清楚的知道是什么意思了。

5. 刚柔居尊位、或居下位、或居上位

一个六爻卦体中，最上面的上（六）爻叫"上位"，最下面的初（一）爻叫"下位"，上下卦各自的中间位置（二、五爻）叫"中位"。

每个六爻卦的第五爻叫"尊位"，又叫"天位""君位""王位"等。

A. 刚柔居尊位

"居尊位"是有条件的。无论是"刚"（阳爻）还是"柔"（阴爻）"居尊位"，就像人居"王位"（帝王之位）的概念一样。即在一个六爻卦体中，第5爻居其下卦（"经卦"）乾（☰）卦之上时，或居上卦（"经卦"）之中间位置时，则称此第5爻为居"尊位"。

第一种情况：刚得尊位。

"刚得尊位"是指阳爻（"刚"性）得到"九五"之"中位"的一种状态（形式）。只不过此时是其下卦为（"经卦"）乾（☰）卦而已。

例：水天需（䷄）卦。

水天需（䷄）卦有等待、需要等一等、等候之意。

水天需（䷄）卦其《彖》曰："位乎天位以中正也。"

《彖》一般是泛泛地说一个六爻卦的总体意义的，它往往是用来解释一个六爻卦的整体内容的，不是每一个爻都进行解释。虽然如此，也应该知道它泛泛地说是根据什么道理来说的。

因为"九五"爻是阳爻处在"阳位"上，其为"正"位。它又在上卦"中位"的位置上，故又得"中"位故曰："中正也。"
第五爻本身就是"天"位、"尊"位。因此，知道《象》这里是
指第五爻的情况来说的。又因为"需"卦（䷄）下卦为（"经卦"）
乾（☰）卦，且第五爻又在其乾（☰）卦之上的"中"位上，为
得"天"位。故曰："位乎天位。"所以二者统观之，《象》才曰：
"位乎天位而中正也。"

第二种情况：柔得尊位

"柔得尊位"是指一个六爻卦体中，上卦的"中位"被阴爻
（"柔"性）所占据的一种状态（形式）。它也是"中位"的一种
状态。

例如：火天大有（䷍）卦。

火天大有（䷍）卦其《象》曰："柔得尊位，大中，而上下
应之。"

"柔得尊位"这里是指阴爻（"柔"性）"六五"爻处在第五
爻的"中位"上，其又在下卦（"经卦"）乾（☰）卦的上面，故
而知其得"尊位"。其全卦中，上卦的"中爻""六五"爻阴爻
又与下卦的"中爻""九二"爻阳爻阴阳"相应"。故曰："上下
应之。"且二者都得到"中位"故曰："大中。"又因为除"六五"
爻为阴爻外，其余的爻全都是阳爻。只有"六五"爻一个阴爻处
在"尊位"上，做为"王"——大家都围绕着她、维护支持她。
所以说，她得了"大中"之位。这也是所有的爻都以它为核心，
并与它上下内外相呼应的结果中得出来的结论。

实际上，这里"象"是指的第五爻的情况来讲的。但在《周
易大传》中，《象》辞一般不会明确直接地告诉你是指的是哪个

现代易经讲课实录

爻位的事。往往是从总体的概念上顺便地说一句而已。即使是顺便说一句，也都是根据卦象、爻象的规律来说的。

B. 刚柔居上位

"刚柔居上位"是指一个六爻卦体中，一个爻占据了最上面那个爻（六爻）的位置，称为"居上位"。由于占据"上位"位置的爻是阳爻（"刚"性）与阴爻（"柔"性）性质的不同，又分为"刚居上位"和"柔居上位"的不同。

下面分别举例说明"上位"的内涵意义的不同。

a. 像人之高贵

例如：天泽履（䷉）卦。

天泽履（䷉）卦其"上九"爻的《象》辞曰："元吉在上，大有庆也。"

"元吉"之意就是一开始事情就很顺利、很圆满。即事情从一开头就非常通达、非常好的意思。"大有庆"，是更大更多的喜庆与大大的好事。

因为"上九"爻是处在天泽履（䷉）卦的最"上位"。此乃"高贵"之位。在高贵之位的人，咱们讲他（她）是处于"元、亨、利、贞"〔上卦为"经卦"乾（☰）卦〕的状况，什么都非常健全、圆满、完美，一切都相当的吉利。

"元吉"指上卦（"经卦"）乾（☰）为"元"、为"吉"。"元吉在上"指的是在"履"（䷉）卦的"上位"。此处之"上"也指的是"上位"，所以《象》辞说"大有庆"。说的是在这种情况下，是有大喜庆的，是好事，不会有什么坏事发生，因为是处在了至高无上的"高贵"位置上。

b. 象征尽头、末端

按前面"爻位之象"的规律，"上位"是指一个六爻卦的上爻位置。其应该是表示一卦的尽头、终端、末尾，象征着人处于困境无法前进或一件事物发展到了尽头，无法再发展了，并且要向相反方面发展了。或是人走到头，走到死胡同里了；走到山顶、楼顶等前面没路了……表示的都是一种困难境地。都处于一种没有发展余地只有走向灭亡的困难境地。

例如：水泽节（䷻）卦。

水泽节（䷻）卦有控制、节制、克制、节约、调节等之意。表示的是受限制、不自由的一种状态。

水泽节（䷻）卦"上六"爻辞曰："苦节，贞凶。"

因为水泽节（䷻）卦的上卦是"经卦"坎（☵）卦。坎（☵）卦又表示是"凶"、"险"的意思。上六爻之位是"上位"，处在这种情况下，就如同你克制、控制自己的情绪——已经忍耐到无法容忍的地步了。精神上已经非常难受，非常痛苦，一而再的忍耐已到了无法再忍下去的地步，也就是说忍到头了。这是一种苦苦的克制状态，故而曰"苦节"。

如果处在这种情况下，如何判断此时自己的趋势如何？

"贞"，即占筮、推算的意思。此时，如果要占筮的话，答案是"凶""险"、凶恶的。为什么这么说呢？因为已处在坎（☵）"险"的最上面、最危险的时候；已经没有任何办法；到了穷途末路的阶段。此刻你的思维正处于非常不利的情况下，故曰："苦节，贞凶。"

"上六"爻的《象》辞解释其原因时，曰："其道穷也。"

说明这是由于走到穷途末路，没有道路可走了。这是由"上位"原来之意，反过来解释上爻"苦节，贞凶"的原因。

通过举例说明，我们就可以看到《彖》《象》"爻"辞之间的相互关系。

c. 象征事物之满盈

"上位"可表示一卦处于"满盈"状态，象征正处于发展的最极盛时期与阶段。极盛阶段也往往是忘乎所以、容易骄傲自满的时期。

第六爻是一个六爻卦最上面的尽头，也可以象征一个事物满盈、充盈时期，或象征一个人、一种事业、一个事物等发展到了非常昌盛的顶峰时期，乃至昌盛到几乎无法再昌盛下去（没有发展余地）的地步。可是，由于受昌盛表面现象所迷惑，看不清事物的真实面目，如此时还妄自尊大，就容易骄傲。这种"亢"盛，往往像"亢龙有悔"一样，是产生骄傲自满的一种危险状态。

例：乾为天（☰）卦。

乾为天（☰）卦其"上九"爻辞曰："亢龙有悔。"

"亢"，是到头、过头、没有发展、挽回余地的尽头状态。

"上九"爻的《象》辞解释其原因时，曰："盈而不可久也。"

杯子里盛满了水，不可能再容纳更多水的时候，其仍能保持满而不流失。除了向外流失外，其内里还会有各种的消耗。流失、消耗的太多了，这种满盈的状态就不可能保持太久。什么事做的太过分，往往此人都是处于骄傲自满、忘乎所以的状态下。

这是什么都不顾的情况下，才会发生的事。骄横跋扈就容易失去民心。常此下去，当积怨达到大家起来反对你，甚至将你打反在地再踏上一只脚的时候，你才后悔。可是，这时已经来不及、没有改变的机会（挽回的余地）了。

C. 刚柔居下位

"刚柔居下位"是指一个六爻卦中，阳爻（"刚"性）或阴爻（"柔"性）处在"下位"（初爻）的位置上的状态。在这种状态下，看它表示什么事情、什么意思，会出现一些什么状态等。

例：乾为天（☰）卦。

乾为天（☰）卦中，"初九"爻是全卦的最下面的一个爻，所以，它是"下位"。表示一个事物的产生、发生、最初、末端等。

乾为天（☰）卦"初九"爻曰："潜龙勿用。"

其《象》辞解释其原因时，曰："阳在下也。"

按易学的道理，一般阳性的事物应该在上面，阴性的事物应该在下面。"阳尊阴卑"，古人认为应该是这样的情况才合乎事物分类、分布的法则。现在卦中是阳卦（"经卦"）乾（☰）在下面，这显然是不符合情理了。虽然卦的上部没有阴性事物所占据，但是阳爻处于"下位"（即事物的最底层）初始阶段，受到排挤及压制，也不能发挥作用。也可能是块好材料，将来会有很雄厚的实力，但是，现在却无力地被压制在最底层。这自然也是种无用武之地，没法发挥自己才能的状态。

统观"爻"、《象》辞来看，"阳在下"的这种情况就属于"刚居下（爻）位"的情况。"刚居下位"往往是处于一种不好、不利的状态。

例：泽风大过（䷛）卦。

泽风大过（䷛）卦中，其"初六"爻在全卦最下面的位置上，所以称其为"下位"。

"初六"爻是阴爻（"柔"性），而且是处在"大过"（䷛）卦的最下面一爻的位置上，故"初六"爻得"下位"。因为是阴爻得其位，所以是"柔居下位"的状态。

泽风大过（䷛）卦其"初六"爻曰："藉用白茅。"

意思是说，用白茅草铺垫在下面。这是因为阴爻可表示"柔软"、"柔顺"的事物，且初至三爻为巽（☴）卦，"巽"为"草木"，即随风摇摆的木本植物，所以，知道初爻的爻辞是根据这两种卦象和爻象的意义才得出来的。"巽"又为"多白眼"、"绳直"（细长之物），其"反卦"为兑（☱）卦，兑为"白"，故曰"白茅"。这都是由"卦象"的意义综合而来的爻意。

《象》辞在解释"初六"爻爻辞的原因时，曰："柔在下也。"

意思是说，阴爻所表示的柔性物质在下面。过去古人在祭祀的时候，往往在祭品的下面都要铺垫一些白茅草或比较柔软的东西。这只是描述祭祀过程中的一种操作方法而已。为什么要在祭品下铺白茅草之类的软东西呢？因为祭祀是很神圣很庄重的场合，不允许有任何的响声发生。祭品放在柔软的东西上，一是比较稳定，二是不容易发出声响影响气氛，所以就必须得"柔在下也"。

6. 柔从刚、刚从柔

"柔从刚""刚从柔"在《周易大传》中是这样说法。也就是与我们前面所讲过的"承""乘"两种"爻象"的意义是一样的。下面分别来阐述。

A. 柔从刚

"柔从刚"在有些易学著作中又叫"柔顺刚",说的是一种阴爻处在阳爻下面的情况,这是一种"顺从"的意思。阳爻在上面,阴爻在下面,象征阳性在前,阴性紧随其后,表示的是一种"跟随""顺从"的意思。天(阳)在上,地(阴)在下,表示是一种"烘托""支撑""顺应"之意。

"柔从刚"这种状态分布,在《易经》中往往都属于比较吉利,符合规律之列。看到这类分布的爻辞,往往就是吉利的意思。因为这种分布局面(状态)是符合大自然的整体规律性的。

例如:巽为风(☴)卦。

巽为风(☴)卦中,其"九二"爻与"初六"爻,"九二"爻是阳爻("刚"性)在上,"初六"爻是阴爻("柔"性)在其下面。

前面我们讲到"承"的定义是:一卦卦体中,一个阴爻在一个阳爻的下面,此阴爻对上面的阳爻来说,称做"承"。

还有一种情况是:一卦卦体中,一个阴爻处在数个阳爻的下面,此阴爻对上面的这几个阳爻,均可称"承"。

再有一种情况是:一卦卦体中,数个阴爻在下,一个阳爻在上,此数个阴爻对上面的这一个阳爻来说,均可称"承"。

以上的这些"承"的概念,在这里就都把它叫做了"柔从刚"。

巽为风(☴)卦中,"初六"爻是阴"柔"之爻,"九二"爻是阳"刚"之爻。"九二"爻在"初六"爻之上，这就称做"柔从刚"。"九三"爻是阳"刚"之爻，其又在"初六"爻阴"柔"之爻之上，故也可称"初六"爻"从刚"。

巽为风（☴）卦其《象》曰："柔皆顺乎刚。"

其意思是说，不只是"初六"爻"从""九二"爻及"九三"爻之"刚"，而且"六四"爻、"九五"爻、"上九"爻它们三个爻之间，"六四"爻同理也可以对"九五"爻、"上九"爻称做"从刚"。换句话说，全卦中所有的阴爻对阳爻都是"顺乎刚"的关系，即柔顺着刚、柔追随着刚的关系。

处在这种"柔从刚"的状态下，《易经》中的辞一般都是比较顺利、比较吉利的。处于巽为风（☴）卦"柔皆顺乎刚"的状态下，就会更吉利了。

B. 刚从柔

"刚从柔"在某些易学著作中，又称其为"刚顺柔"，说的是一种阳爻处在阴爻之下的一种"爻象"状态。阴爻在上，象征"柔"在前行，阳爻在其下，象征"刚"从其后，说明阳"刚"无力，阴"柔"乘虚而入。

例：风火家人（☲）卦。

风火家人（☲）卦中，"六二"爻是阴爻（"柔"性），"初九"爻是阳爻（"刚"性），"六二"爻阴爻处在"初九"爻阳爻之上。这种"爻位"的状态就称其为"初九"阳"刚"顺从"六二"阴柔，简称"刚从柔"。

因此，"六二"爻的爻辞曰："无攸遂（成），在中馈（家中饮食之事），贞吉。"

"六二"爻的《象》解释说："六二之吉，顺以巽也。"

意思是说，"六二"爻所以说是"贞吉"的，是因为（"刚"，"初九"爻阳爻）"顺从"而谦逊的结果。

"家人"（☲）卦全卦的卦辞曰："利女贞。"

说明女人占卜时，遇到"家人"卦是吉利的。因为妇女是"柔顺"的，故"家人"卦对妇女有利。言外之意对男人相对就是不好的。

这就是"柔乘刚""刚从柔""刚顺柔"的情况。一般出现这种"爻位"状态，就是咱们前面曾讲过的"乘"的规律。处在被"乘"的情况下或处在"乘"的位置上，往往都不利，或者是对事物持有一种否定的态度。这说明是处在否定某件事情，处在一种否定的立场上。所以一般出现"乘"这种状况，往往都持有某些否定的意义。

例：火雷噬嗑（☲）卦。

火雷噬嗑（☲）卦中，"六二"爻处于"初九"爻的上面，即阴爻（"柔"）处在阳爻（"刚"）的上面。上面的"六二"爻阴爻对下面"初九"爻阳爻来说称"乘"，即乘虚而入之意。所谓"乘"也就是我们这里所说的"柔胜刚""刚顺柔"。

"六二"爻在"噬嗑"（☲）卦中，是即得"正位"又得"中位"，当然应该是不错的位置、状态。可是其处于"初九"阳爻之上，虽然其位置表面看是不错，可是也不吉利。

"六二"爻的爻辞曰："噬肤，灭鼻。"

这是说，个人偷吃了应该是大伙吃的肉，受到了割鼻子的刑罚。古时候，刑罚有很多种，割鼻子是一种刑罚，割耳朵也是一种刑罚。这人爱偷听别人的秘密，打小报告。被发现抓住以后，就将其耳朵割下来。当他再走到大街上，大家一见这人没耳朵，就知道是爱偷听人讲话的人来了，借此提醒社会上的人提高警惕，同时警告大家，使大家都能注意到什么可干，什么不可以干，不该做的事情就不去做。这里是指偷吃别人的东西，鼻子被割掉了。大家一看是个没鼻子的人——没皮没脸、没鼻子、没出息的小偷来了，大家躲着点、防备着点。这里"六二"爻爻辞是指该人受了"灭鼻"之刑。

"六二"爻的《象》辞解释其原因时说："乘刚也。"

也就是说，某人干了不应该干的事（"乘"过头了，超范围、超能力了），没经大家同意，就将大家享用的肉给偷偷地独吞了。在远古时，生产力低下，大家无论是处于什么情况下，都应该首先考虑、照顾到大家的利益才对，即顺民意。不是你的东西你想吃就吃，当然别人就不干了。"乘刚"说的就是，将自己的位置放到了不适当、不应该的位置上。这种行为是不正当、不应该的。是对自己不利的。

再例：水雷屯（☵☳）卦。

水雷屯（☵☳）卦其意为：一个事物刚刚开始，正处在小小的积聚、积累时期。事物刚刚开始发展，就如同是萌芽状态一样。事物刚开始萌发的状态，就是"蒙"（☶☵）卦所讲到的规律状态。

水雷屯（☵☳）卦中，"六二"爻阴爻也是在"初九"爻阳爻之上。这个"六二"爻对"初九"爻称做"乘"。

故"六二"爻的爻辞曰："女子贞，不字，十年乃字。"

意思是说，一个女人守住自己的贞节，不愿嫁人，十年以后才嫁人。为什么人们向她求婚会吃闭门羹呢？为什么会让她否定了这件婚事呢？为什么她不愿意出嫁与人结婚呢？

《象》辞解释曰："六二之难，乘刚也。"

说明这女子（"六二"爻）其得"中"、"当位"，又占据于"当位"的"初九"爻之上，很厉害，谁都不服从。"十年乃字"，说明这个男人实在是太软弱无奈了。要是他有主动权的话，说要与她结婚，她也就无奈地马上会同意结婚的。"乘刚"（阴盛阳衰）吗，因此没办法了，只有等她十年以后再说了。"乃字"，因为初、二两爻都当位（合适、恰当），又阴阳相"亲比"有一种亲密无间的关系，所以最后还是能结婚的。

又例：泽天夬（䷪）卦。

泽天夬（䷪）卦其有解决、决断、决裂等意。

泽天夬（䷪）卦其"上六"爻的"象"辞解释爻辞时，曰："扬于王庭，柔乘五刚也。"

这么说的原因，就是因为"上六"爻阴爻为"柔"爻，却处在所有阳"刚"君子之上——"乘"了"五刚"了。意思是说，一个"小人"处在上层的"高贵"之"上位"，大家及君主（九五爻）们，都在她下面受到压制。这种情况的出现是不正常、不应该的，所以才要"决"。"夬"卦之意就是与其决裂、与其决斗、赶快把它解决掉、消灭掉的意思。由于"夬"就是决裂、解决、决定之类的意思。到了这个阶段，事物就得走向反面去了。就像清朝末年慈禧当朝垂帘听政时的情况那样。对国家的命运来说，这种情况的出现往往就是不利的状态。

总之，"位"、"中"、当不"当位"、中不"中正"、"上位"、"下位"、"中位"等讲了这么多的"爻位"规律在《周易大传》中，是通过各种卦爻辞及《彖》《象》辞里，反映了这些性质及规律。我们就是要通过《易》和《易传》中的各种卦、彖、象、爻辞，以及各"传"中所叙述描写的内容，去寻找易学自身的规律。找到它的规律，了解并掌握它。然后通过我们不断地反复实践来验证这些规律是否正确。正确的就继承、发扬、发展，不正确的加以修正。

第三课　起卦的方法

起卦容易。

《易·系辞》曰："道也屡迁，变动不居。"

这说明易学随着历史的变迁也在不断地与时偕行的变化。它所表述的事物规律，都是在不断地发展变化着，是没有什么固定格式的。

"周流六虚"说的是一个卦有六个爻，表面上看不出有什么规律。可是，它六个爻的"周流"变化，可以表示上下、内外、前后、左右及东西南北等任何结构形式的事物。其爻变化，由初（一）爻顺次变到上（六）爻，再由上爻返回到初爻又顺次变到上爻……或者是不一定变在哪个爻上，又不一定是哪个爻在变。就这样在卦中不断地流行且变化着。

"上下无常，刚柔相易。"说的是阴阳爻的变化，是不一定变在哪个爻上，又不一定会处在什么位置上。不同卦的同一个爻的位置上，也不一定非得是表示刚（阳）的还是柔（阴）的爻。其间"刚柔相易"，阳（刚）阴（柔）爻会随着时间、事物及时空地变迁，也在不断地相互变化（转化）着等等。也就是说，六爻卦中的任何爻变组成，都不能说它

现代易经讲课实录

或它们必定是什么性质的爻，或者说它及它们的阴阳性质是同时可变或不可变的，即六个爻位上都是可变化且性质不一定是固定的变化位置。

虽然如此，也都"不可为典要"。

"典要"，其意是指固定的、不变的、必须必要的，就必须如此，别无他样之类的意思。就像平时我们所谓的精典著作一样，往往非得以它为依据、为标准不成。易学思想中可不是这样来看待事物的。它认为对一切事物的认识模式与方法都是"不可为典要"的。意思也是说，不管在实践中怎样地运用易学知识来指导实践，都是没有固定的格式的。绝没有一个非得要如此这样的死的方法及模式可以记取，即没有表述事物的固定的模式存在。

"六爻相杂，唯其时物也。"必须要"唯变所适"，根据当时的具体地变化情况，做具体的分析，才是最适合、最恰当、最适宜的方法。这就是易学研究、分析、对待事物发展变化的根本原则。

我们前面将易学的很多的分布结构模式告诉给了大家。下面我们要讲讲一些对应得卦的方法。不是说让大家不论到任何环境场合，都得是以这些格式死套着去观察、分析、研究事物。是说，可以在这些格式的指导与启发下，根据具体情况进行具体地对应发挥。

第一节　用字起卦

　　中国文化中的"汉"文字是"象形"文字。是由易学的"卦象"概念与内涵，再结合事物的具体形象发展而来的。所以，我们起卦、得卦也得按照字的"象"及象形内容规律来决定我们的对应原则。我国这数万个汉文字的结构，不只是根据事物的具体形象，而且主要是根据很多易学的"卦象"哲理及其分类来确立的。因为相传中国古代是伏羲时期就创造了以卦的形式表述一切事物及其规律的方法。这要比后来用文字进行表意的方法，要早差不多3000年的时间。

　　有人会问："这样说，你是根据什么？"

　　因为人类的发展、发明创造往往是先有了思想，为了表达交流这些思想，才创造出来语言。语言有了，为了进一步的表达、交流、记述及流传各种思想，经过历代人的实践，逐渐才创造和完善了文字。文字是描述、表达和反映人类内心的思想、境界以及对事物的认识，或是人类的某种需要及反映、表达其他一些事物状态的。因此，会靠象形的表述来进行交流而引起共鸣。象形之"象"也是根据"易象"的原则确定的。可以说，中国的"汉"文字是世界上既完善又完美的文字。"字"中的每一笔、每一画，每一点、一钩、一撇、一捺等都有其实际意义，决不能随意胡乱地书写。

1. 通过一个字起卦

"汉"字的结构是非常有规律性的。单个"汉"字一般多为上下或左右两部分组成。

易卦中，一个六爻卦是由上下两个"经卦"重叠而成。

其上卦可以表示为上、左、前、外、南等部位及事物。

其下卦可以表示为下、右、后、内、北等部位及事物。

根据这种易卦思想的表达方式，我们的上下两卦就可以对应确定出来了。

那么，我们下面举一个神仙的"仙"字为例，看看我是怎么对应得卦的。

因为我们一般用的都是像形的"汉"文字，又因为易卦是一种场效应的反映，所以我将每一笔、每一画等都算作一个因素（不管其长短、大小、方向）。这与平常我们所熟悉的笔画方法是大不一样的。

只要笔画有方向变化就算一画（一个因素）。

例：仙。

"仙"字的左边是两画。"左"为上卦。"先天"卦序 2 对应于"兑"（☱）卦。

"仙"字的右边是 4 画。"右"为下卦。"先天"卦序 4 对应于"震"（☳）卦。

其兑（☱）卦在上，震（☳）卦在下。二者上下重叠组成泽雷随（䷐）卦。

为什么要用"先天卦的序数"对应于"先天八卦"的卦形起卦呢？

因为"先天卦"的分布结构反映事物的规律更准确。它反映的是事物原本的场效应规律。我经常讲:"有什么场,就有什么结构、形象、状态、形式与其对应。"故而就不用再求助于其他什么系统起卦了。

"先天卦"所表述事物的规律性在百分之九十五以上的准确性。

因为,数的规律,在任何的系统或时空中是永远不变的。

《易·系辞》曰:"极其数,遂定天下之象。"我正是按此思想及"蓍草法"的思想:先得数;由数得卦;由卦得象;由象得意。

"随"(☳)卦之意为随其自然,"随其自然"这才能成神"仙"。从"随"卦的整体看,说明要当神仙,就必须顺其自然,要顺随,脾气要好,要随和,要能随着(按)自然规律变化规律的变化去认识与对待一切事物。

如果想看看写这个字的人现在正处在一种什么状态。比如说,问:"张老师,你看看我调动工作能不能行啊?"或"你看我练这功能不能练好呀?"当然他心里会想:"我要是练好了,不是也就能成神仙了吗!"是这种心理状态下,这个时候,到咱们这里,又写了这么个"仙"字。通过这个"仙"字让我们看看他是不是能成仙。

因为是这个时间来问的。所以我就"根据时间确定空间结构,再通过空间结构找出事物规律"的原则,将现在的时间因素加入到卦的系统中,来确定此时所对应的空间结构的具体状态(《易》曰"六爻相杂,唯其时物也")。现在是上午10点钟,即古时所说的第六个时辰,也就是说现在是"巳"时,将巳时的数序"6"加入到卦数中间，来确定"变爻"在"随"（☳）卦中的位置。即：（上卦序数＋下卦序数＋时辰数）除以6，以余数的数来对应于哪个爻是变爻。（2+4+6）÷6，正好整除，无余数，故为第六（上）爻变。

他到底能不能成神仙？

由泽雷随（☱）卦变为天雷无妄（☰）卦，因为变爻是处在上（六）爻，即变在上卦中。这个含变爻的上卦［乾（☰）卦］就是"体"卦，而与其对应且不含有变爻的下卦［震（☳）卦］就为"用"卦。

我在卦中"体""用"的确定，不像古时的方法那样，只是以"内卦"为"体"，而"外卦"为"用"的死格式（固定模式）。而我确定"体""用"的模式是活的。它们在上下（内外）卦的位置不是固定的。是随变爻所在卦中的位置而变化的。

其原则是：变爻在上卦时，上卦就为"体"；变爻在下卦时，下卦就为"体"。即变爻变在上下卦的哪个卦中，哪个卦就为"体"卦。没有变爻的卦，就是"用"卦。确定方法比较灵活。也不用借助于一般死的"应""世"关系。根据具体情况，直接就能自己来确定。

"体"就是指要判断的那个事物的本身（关注的主体）。

"用"呢，就是与那个（主体）事物相关联且对应的一切其他事物。

他能不能炼成"仙"呢？

这个"体"卦是上卦（乾），其"五行"属性为"金"性。"用"卦为下卦（震），其"五行"属性为"木"性。二者之间是乾（☰）"金"克震（☳）"木"的关系，即"体"克"用"的关系。

那么，这里就出现了从卦中怎么来分析、判断其吉凶祸福、成功与失败等问题了。"体""用"之间都有某种相对的固定性关系，这就要看它们之间各自的"五行"属性如何，才能做出正确的判断。

"体克用""用生体""体用比合"（即"五行"是同属性），这三种情况都为吉利、成功的、对的、可以的、正确的、行的、是能够的等等结局。当然这还要看问话是怎么来问的具体情况而定。不管怎么问、怎么说其结果都是肯定的。

看看我们上面所举的这个例子。其目的能不能达到呢？

天雷无妄（☰☳）卦中，上卦为乾（☰）"金"、为"体卦"，下卦为震（☳）"木"、为"用"卦。其乾"金"克震"木"，即"体克用"，那结果是肯定能成的。

此时，如果是问练功能不能成器的话，回答是"肯定能成的"。只不过要求他得动点脑筋，细心研究琢磨琢磨才行。因为初至四爻为颐（☶☳）卦，说明内心（下卦）里又想动又不想动，处在"进退不果"、往复不定的状态之下。震（☳）在其内卦（下卦），为"来"；艮（☶）在其外卦（上卦），为"往"。四个爻的颐（☶☳）卦表示"去"已经走到头（艮为止）该往回返了。艮（☶）卦的"反卦"就是震（☳）卦，说明又反馈回到了震（☳）卦。震（☳）卦的"反卦"又是艮（☶）卦，又回反回去，这不是说明来回犹豫不决吗？心里总是犹豫不决可不行，必须得动（震）动脑筋（乾），学些真格儿的修法才行。

既然是天雷无妄（☰☳）卦，那就要求不管干什么都不要有超出实际能力的宏伟计划及追求，所以才有道学的"无妄无助，无中生有"的修炼原则。具体说，你怎么才能成仙呢？"无妄"才能成仙。如果产生超常的追求，有野心般的欲望，就不可能达到此目的。这里"无妄"（☰）卦将其处事规律都预示给了大家。

此时，我随机举的这个"随"（☱）卦变为"无妄"（☰）卦的例子，不但能反映课堂上讲课的内容，而且也反映出我们课堂上及教室中此时的状况。

大家看看周围状态：

现在我在讲课，大家都在动（震为动）脑筋（乾为头）想。下面坐〔二至四爻为艮（☶）卦，艮为坐〕了一排排〔初至五爻益（☴）卦〕的人。手上还在来回的写〔三至五爻为巽（☴）卦。巽为笔、为划〕。也是坐〔二至四爻为艮（☶）卦。艮为坐〕着一排排〔初至四爻为颐（☶）卦〕的学员〔天雷无妄（☰）卦初至四爻为颐（☶）卦。颐卦为大离，即"经卦"离（☲）卦的"半象"。故"无妄"（☰）卦可简化为五个爻的同人（☰）卦。"同人"卦有同志仁人之意〕。我〔震（☳）卦为高个子。〕站（震为立）在高台（艮为台阶）上在跟大家〔"无妄"（☰）卦的"对卦"地风升（☴）卦。"升"卦的四至上爻为坤（☷）卦。坤者，众也、大家也。〕大声的说〔"无妄"（☰）卦的"反卦"为山天"大畜"（☶）卦。"大畜"卦的二至四爻为兑（☱）卦。兑为说也。其三至五爻的"互卦"为震（☳）卦。震为雷、为大声。同时"大畜"（☶）卦的"对卦"为泽地萃（☱）卦。"萃"（☱）卦有聚众讲习之意〕等等这些内容卦象里是不是都有了。

在这个时候，写出个"仙"字来，就预示"说"：如果以"无妄"的态度来修炼的话，就可以成"仙"了。

那么，"体""用"处于什么状态情况下，才预示着不成功或被否定、否决呢？

"用克体""体生用"，处于这种情况状态下，就是不吉利、不成功、不行、不可以等被否决的状态。当然具体内容也要视其问话具体情况而定。

"体"为判断的主体及内容。"用"是与主体及其内容相联系并对应的一切其他事物。

比如，我是"体"，你是"用"。下面分别论述二者关系的好坏状况。

"体克用"，我（主体）克着你（用），我说怎么着，你就得怎么着，说明我有主动权、决定权，有雄厚的实力。我说什么你就得说是什么；我说怎么干你就怎么干。这当然对我来说是好的状态和好事情了。

"用生体"，我（主体）呆在这儿，你（用）主动来拍我的马屁，主动支持我，主动为我想办法出主意，有什么事你都主动地替我办妥了，我呆在这儿，事情就由别人给我办完了。你说我这环境状态多好。你主动支持、帮助、支援我，对我来说当然是求之不得的好事。我如果环境、条件、实力、运气不好，你会给我拍马屁吗。

"体用比合"，前面曾讲过"比合主喜"，当然是好事了。我（主体）有个议项，正好你（用）也有这么个议项，你想这么干，正好我也想这么干——咱俩志同道合，咱俩齐心合力，一起一合计，这事就容易办成了，"众人捧柴火焰高"嘛。所以这也是一种吉利、有利的环境状态。"比合"说明双方都有共同的愿望与志向（共同的目的）。

"用克体"，本来我（主体）是领导，负责处理这件事情，可是你（用）一个平头小百姓却能指挥我。你说怎么着我就得听你的，就得怎么着，我不想听你的还不行，为什么？你家里有后台，他比我的职位高得多，又是我的直接上司，那我就没什么辄了。这时候，你（用）说啥话我（主体）都得听着你的，"本末倒置"了。说明我没有主动权，无实权、无权威了，我处于非常被动的局面中。对于我来说，处在这种情况、状态下，肯定是不利的。肯定有什么把柄或短处让你掌握了。所以我就很被动。

"体生用"，我（主体）是单位的领导，你（用）是单位里的一个小老百姓，可我得常常给你家去送酒、送肉、送红包（我得主动给你送礼），我这个单位领导低三下四地去拍你（老百姓）的马屁，肯定我是有什么所图的。为啥？大家对我的意见很大，我现在的权力和权威不行了，所以想通过你上面的关系帮助疏通疏通。这种状态对我来说是不利的，说明我正处在不好的状态下。当然这个例子中的所作所为是不应当的，我们只是用这么个说法让大家明白什么是"体生用"关系及状态的内涵而已。

"体""用"之间的判断方法就这 5 种情况。

这 5 种状态完全足够判别一切事物的成败了。所以一定要将这 5 种基本判定原则记清楚，弄明白，达到运用自如。

再讲一遍怎么来确定"体"卦？

我的方法是：六爻卦体中，变爻变在无论上下卦的哪一卦中，哪一个有变爻的卦就定为"体"卦。变爻假若在下卦中，下卦就为"体"卦。变爻在上卦中，上卦就定为"体"卦。

为什么前面以"仙"字左边的笔画数 2，定为上卦为兑（☱）卦呢？

因为六爻之象中，左边表示"上"，即左与上卦相对应。右边表示"下",即右与下卦相对应。这就是上下卦的一种表述方式。如果一个字分上下两部分，则上部分笔画数定"上卦"，下半部笔划数定下卦。

例："贾"字。字的本身就可分为上面的"西"字与下面的"贝"字两部分。把"贾"字上下分开各自计算笔画数组成卦。"西"字7画，按"先天"序数，7对应定为艮（☶）卦。其为上卦。"贝"字繁体字为9画。9除以8余1（定卦的过程中，如果笔划数超过8，就除以8。余数定卦）。按"先天"序数，1对应定为乾（☰）卦。其为下卦。上下两卦重叠组成山天大畜（䷙）卦。

定变爻的方法：（上卦数＋下卦数＋时辰数）除以6，余数定哪个爻是变爻。为什么除以6呢？因为一个六爻卦只有6个位置。从初变到上，第7个数以上，又得从初爻开始往上依次从新排位……

山天大畜（䷙）卦的变爻确定：（7+1+6）除以6，余数为2。即"大畜"（䷙）卦的二爻变。则变化成山火贲（䷕）卦。由于"大畜"卦（䷙）第二爻变在下卦，则"贲"（䷕）卦中的下卦离（☲）卦为"体"。其上面的艮（☶）卦为"用"。离（☲）卦属"火"，其上面的艮（☶）卦属土。按"五行"规律"火生土"，即二卦之间为"体生用"的关系。

"体生用"的情况下，如果是问："修行能不能成呢？"回答是"不成！"

为什么？

想（离为思、为想）的太多了，"离中虚"，并且山火贲（䷕）卦，其意就是无嗅无味、装修、装饰之类。即从全卦的表面上看，挺好，但其内里并没有什么实际内容——装门面的样子货。内里（下卦）太虚伪（离中虚）了，只求表面，不深入、不踏实，故而就达不到修行的要求。既不想踏踏实实艰苦的炼功，还只想走捷径，只想不用艰苦实在的修炼就得以达到成"仙"的目的。处在这种心理、环境状态下，不但达不到修行的目的，而且还会大量地消耗着自己体内的能量。为什么？因为只顾着"男女双修"〔初至四爻为既济（☲☵）卦〕去了，浪费了自己的体能，"炼精化气"的精（乾为精）都没有（离中虚）了，还化什么气。男的（坎为中男）在上面（二至四爻），女（离为中女）在下面（初至三爻）。由于男女之间"既济"的太多了，体能状态就不充足了。

再者说，这个"贾"字，其通假字从发音上讲，也是"假"修行之意。这里字本身的意义、用途以及与其对应的卦里的的意思是一致的。只不过是想象着自己能成仙，但从真实的心理状态上来讲，你根本就没想真正去成仙，只是个虚假的说法而已，是应乎社会潮流，追求表面，虚伪心理的反映。通过你写的一个字，一下子就将你的内心世界道破。

这就是用一个字起卦的过程及效果。不管想判断什么事情，只要你告诉或我得到一个字，就可以根据这个字起个卦判断其结果。

比如"山"，一个字无法分上下、左右，那怎么起卦呀？"了"字怎么个"了"法呀？怎么个"了"啊？

在传统的一些易学、数术中，认为是没办法起卦和判断的。可对我来讲，也是可以起卦的。

上次在张家口"易经学习班"上，有个善于数术的学生说，

《梅花易数》和"易卜"中讲：山、河、石头等固定不变以及一年四季总固定在某个方位与地方的事物，总用这些东西起卦，结果出来的卦总是一样的。这又能代表和说明什么呢？所以，这些东西是无法起卦的。我说："不见得吧。你举个例子试试看。"他问我说："你看我的孩子是男孩还是女孩？"我说："你随便写个字吧。"结果，他写了个"山"字。我连算都不用算，立刻回答说："你的孩子是个小男孩。"他惊讶的说："对呀！你怎么判断的？"我说："山为艮（☶）卦。艮为少男吗。所以断定你的孩子是个小男孩。"

2. 通过两个字起卦

"两个字的起卦法"同"一个字的起卦法"原则。只不过上下两卦的确定是由前后（左右）或上下两个字的笔画总数各自除以 8，余数定卦而已。

左边或上边的那一个字，字的总笔画数除以 8。余数按"先天"卦序定卦。其为上卦。

右边或下边的那一个字，字的总笔画数除以 8。余数按"先天"卦序定卦。其为下卦。

上下两卦组成一个六爻判定（本）卦体。如果被 8 除尽者，定为"经卦"坤（☷）卦。

（上卦数十下卦数十时辰数）除以 6。余数定变爻的位置（除尽者，为上六爻变）。

例子大家可自行举例试试。

3. 通过三个字起卦

在用字起卦的过程中，只要不是别人写给你的字，基本都应该是用宋体的繁体字的笔画总数来定卦。

同时，也要根据每个字的象形意义来确定"木""禾""林""口""日""目""曰""国""固""园"等字的有钩与否。

因为，我们的"汉字"早先是由甲骨象形文字发展来的。由于甲、骨又比较坚硬，当时又无非常过硬的工具进行刻画，所以有些文字的拐弯笔画应是折形的，而不是光顺圆滑形的。故其笔画每发生折划方向（那怕是较小的）变化，就算是一画。

由于现行的简化汉字在卦象类型及象形意义方面，很大程度上已不能较全面准确的表述原来创字的真正意义（形、意、声、调等各方面的场性特点共振统一）。往往发着那个"音""调"（机械波效应），想着事物的形象（视觉、感觉、卦象、形象、感性思维、电磁波效应），手上写着事物的象形概念（字形是由事物形象抽象出来的象形文字），它们之间产生了很多的不和谐性干扰。说的、想的、写的、表述的内容及场效应效果不能统一，故而造成了交流、理解上的很大差异。因此人们之间的各种关系越来越复杂，感情交融随之淡漠且难以互相体谅和理解。

因为易学是一种场效应规律，故而为了保证其共振效应的对应性完整、确切，我建议还是以宋体繁体字为对应（起卦）文字为好。

比如：姓刘的"刘"。

其宋体笔划为 19 画，除以 8，余 3，3 为离（☲）卦，"离"（☲）卦"五行"属"火"。可是，按简体的"刘"字来看，其笔画数为 7 划，7 为艮（☶）卦，"艮"（☶）卦"五行"却属"土"。

二者性质完全不同了。按"半象"规律来看，"艮"只不过是"离"象中的上半部分（颐）。所以说，简体"刘"字的结构场，已经不能完全反映"刘"字的真实意义了。故而用简体"刘"字起卦，就会丢失大量的信息因素。因此在分析整个系统的内容时，相继也会失去一定量的信息资源，反而造成结论总体性及全面性的不全面和不完整。

下面具体谈谈三个字的起卦方法及原则。

例：比如，一个做大买卖的人，看到别人练功后，收到了不少的益处，故很羡慕，他也想练功。可不知能不能达到自己的目标，于是来求教于我们，给我们写了三个字——"刘大亨"做为信息的采样依据。"大亨"忙于发财，各种事情又多，哪有什么时间练功呢。八成是练不成的。可是，我们必须按易学的思想方法来分析，才觉得踏实可信。

"三个字"成卦的原则规律是：前面一个字的总笔画数，除以 8。余数定卦。其卦为上卦。后面两个字的笔画数相加，除以 8。余数定卦。其卦为下卦。上下两个卦上下重叠组成六爻（本）卦。

前面"劉"字总笔画数为 19，除以 8，余 3，3 为离（☲）卦，"离"为上卦。

后面"大亨"二字笔画总数为 13，除以 8，余 5。5 为巽（☴）卦，"巽"为下卦。

上下两卦重叠为火风鼎（䷱）卦。

（上卦数十下卦数十时辰数）除以 6，余数定其变爻的位置。

（3+5+6）除以 6，余 2，为火风鼎（䷱）卦的二爻变。

故得"鼎"（☲）卦变为火山旅（☲）卦。

因变爻二爻在下卦内，所以下卦艮（☶）卦为"体"卦，上卦离（☲）卦为"用"卦。

看看火山旅（☲）卦这种状态，他的功能不能练成功呀？

"旅"（☲）卦乃旅行之卦。有不安定、"旅不亲也"、与事物不亲近之意。"鼎"卦中，现在是"用生体"，"用生体"是好事，表面上看是能行的。由于艮（☶）卦表示的是阻碍、阻止、困难之意。"旅"（☲）卦表示不安定、止而无动向。总括起来，说明此人，事太多，一天到晚忙个不停，也不知他在忙个什么，就看他能不能坐得住了。前面我们在讲"八卦之象"时，打坐不就是艮（☶）象吗？可是"旅"卦中，二、三、四爻组成巽（☴）卦。"巽"为进退不果、犹豫不决之意。因"巽""木"克"艮""土"，一会儿坐得住，一会儿坐不住，总喜欢旅游，到处跑，那他还有什么时间练功啊。从总体卦的结构来看，其外部［离（☲）卦］条件及想法（离为想）还是不错的（离"火"生艮"土"）。就看他自己干［初至四爻为"渐"（☶）卦］不干（艮为止）啦。要是过去已经成"佛"［"佛"字为离（☲）卦］了，也就成了。现在才开始练，就成不了"佛"。更成不了"仙"［"仙"字为坎（☵）卦］了。因为艮（☶）"土"克坎（☵）"水"。"艮为止"。即到此为止之意。也就是说，没什么新［二至五大过（☵）之坎象］的动向了。

这就是"三个字"的起卦方法及原则和分析方法。

4. 通过四个字起卦

"四个字"起卦的方法及原则类似两个字的起卦方法。只不过是前（上）面两个字的总笔画数除8，余数定其上卦。后（下）两字的总笔画数除以8，余数定下卦而已。上下两卦上下重叠组成六爻（本）卦。

前面两个字的总笔画数，除以8，余数按"先天"卦序数定卦，其卦为上卦。

后面两个字的总笔画数，除以8，余数按"先天"卦序数定卦，其卦为下卦。

上下两卦重叠组成六爻（本）卦。

例："大千世界"四个字。

因为总字数为偶（双）数，故将其由中间分开成前后两部分。

前面"大千"两字总笔画数为（3+3）=6。6除以8，不够除，即以6来成卦，不够8数以上的数，即以自身之数来成卦。6"先天"卦序为坎（☵）卦。其为上卦。

后面"世界"两字总画数为（7+10）=17。除以8，余1。1"先天"卦序为乾（☰）卦。其为下卦。

坎（☵）为上卦，乾（☰）为下卦。两卦上下重叠组成为水天需（䷄）卦。

从"需"（䷄）卦的意义中就能看出"大千世界"到底是什么意思。一般人认为"大千世界"是变化万千的境界，现在看来他（她）们对它的内涵，肯定是认识错了。"需"卦表明"大千世界"是一种等待的意思（并不是变化、变动的意思）。不想又

现代易经讲课实录

不能等待就达不到"大千世界"所反映的境界。

再看看"大千世界"现在是一种什么状态？

这就要加上现在的时间变量，来确定其对应的空间结构（与时间对应的卦形）。现在是第6个时辰。以此时间来定变爻的位置。

怎么来确定变爻呢？确定变爻的原则也与前面所论述的方法一致。

上卦数十下卦数十时辰数除以6，余数定变爻的位置。

"需"（䷄）卦中的变爻为：

（6+1+6）除以6，余1，为"需"卦的初（一）爻变。

则"需"（䷄）卦变为水风井（䷯）卦。

由于变爻一爻处在下卦之内，故下卦巽（☴）卦为"体"卦，上卦坎（☵）卦为"用"卦。

"井"（䷯）卦中现在是"用生体"的状态。

即上卦坎（☵）"水"生着下卦的巽（☴）"木"。

"井"卦有大家都上这儿来喝水——借光、占便宜之意。也就是说，现在"大千世界"是处在人人都在借它的光的状态。巽（☴）卦本身就表示是一种神经、灵感、灵气等的一种气功或修炼状态。巽（☴）又为"僧尼之道"。"井"（䷯）卦为求助于别人帮忙（找出路），或别人求助于你帮忙的一种互相"借光"、互相支持的状态。所以现在很多人都借助于"大千世界"这个词来解释一种修炼的高境界。

以上就是"四个字"的起卦方法及原则。

5. 通过多个字起卦

当然用"5个字"起卦时，起卦原则是：前两个字的笔画总数定上卦，后三个字的笔画总数定下卦。上下两卦组成六爻（本）卦。

"6个字"起卦时，起卦原则是：将6个字从中间把它们前后均等分成两部分，即前面三个字为一组，其三个字的总笔划数定上卦，后面三个字为另一组，用其三个字的总笔划数定下卦，上下两卦重叠成六爻（本）卦。

从以上的例子我们会发现，通过运用字成卦的基本原则是：

字的个数是偶（双）数的时候，是将字的个数从其中间分成前后字数相同的两个部分，前面字的笔画总数定上卦，后面字的笔画总数定下卦，上下两卦重叠成六爻（本）卦。

字的个数为奇数（单）数的时候，也是将字前后分成两部分，只不过是不能等分，即前面字的个数总是比后面字的个数少一个字而已，前面字的笔画数的总数定上卦，后面字的笔画数的总数定下卦，上下两卦重叠组成六爻（本）卦。

6. 通过多字的音调起卦

假若，字数比较多，这样笔画数会很多，计算起来太复杂、太麻烦，成卦用去的时间太久，时空对应性就不够确切（不准确），会影响对事物规律判断的速度性与准确性。

根据易学中"易简"的思想，我们可将其成卦方法简化。即5个字以上的用字的起卦方法，可用字发音时，不同的音调来起卦。

字的"平声"为1；"上声"为2；"去声"为3；"人声"为4。

即不用管字的笔画数是多少，只管这个字的音调数是几。

成卦（一般的公式）原则仍然与前面的多字成卦法的原则（一般公式）一致。只不过是将字的笔画数的总数，变成了音调数的总数而已。

这样就将字"简化"，突出抓住主要矛盾来确定卦。

这是字数在十一二个乃至十数个的情况之下，较多采用的一种成卦方法。

前面讲的是一些易学思想方法在实际中是如何应用的。我的目的首先是想在易学学问上，起码在学习过程中，能解决大家一部分怎么来应用易学道理的问题。所以先讲了一些通过运用字的笔画数如何来起卦的方法。将来在日常生活、工作中，可能会遇到一些生字、生词、语句之类，其意思有些不明白或搞不清楚。只要能熟悉掌握易卦的表述方式及内容、特性等，将其用笔画成卦法起成卦。再通过对起成的卦的卦象分析，对其字、词、句、语等的基本内容，也就会有个大概的了解。

我们讲应用的目的，就是为了给大家提供一种简便的学习方法。因为有很多易学思想、规律及特点，要是想只靠训诂来理解的话，考证起来可能是相当困难的。况且，咱们有许多人文化水平又低，又没有雄厚的古汉文基础条件。只要掌握了我教给大家的这些易学应用方法，将字变成卦，然后，往往就能通过运用卦象知识来断定其是什么意思和内容了。

有些人在用字来起卦的方法上，有许多许多的想法和存有

"单个字有些字就不好起卦"之类的怀疑。单字除了靠其自身所属的卦意进行判断之外，它都会有笔画数的。只要有了笔画数，按易学"极其数，遂定天下之象"的道理，就能组成与其对应的卦。通过卦象的充分分析，就能得出确切的结论。

因为咱们讲了，易学的道理是启示一种与平常我们所能掌握的道理有所不同的道理（"道可道，非常道。名可名，非常名"）——是阴阳（对应统一）的道理。

它是靠什么来体现？

靠"象数"与"数术"来体现。"在数难逃"、"上古之人，其知道者，法于阴阳，合于数术"之说，都足以说明我们的先辈们对数（场的代表）理模式是何等的重视。即按照阴阳的道理将一切事物都变成与其对应的数，通过数之间的各种运算，达到确定卦的目的，以此实现对某个事物做出判断，得出明确的结论，或达到所要预期的实践结果。无论任何的事物都要通过运用"象数"的方法来指导实践。只要是数没有错，我们通过一定的方法就可以把"阴阳"这个道理在实践中体现出来。

古人说"法于阴阳，合于数术"是什么意思呢？

落实到我们运用易学方法分析事物时，就是要求我们把一个字或任何一个形象的事物（万物都有数，"在数难逃"），先将其转变成数（场）字；通过对应的数（场）字再转变成卦（"极其数，遂定天下之象"）；通过"卦象"的结构状态，我们再从中分析、判断事物的状态及其规律。

我一贯认为"有什么样结构的场（态），就会对应产生什么样的事物结构形式"。

当卦被确定之后，这个卦就表示其对应事物的那个场。在这

现代易经讲课实录

种场（卦）的情况状态下，它所对应的人事关系是这样的；身体状况是那样的；家庭、住址、环境、条件又是这个样子；单位内的关系还是这种关系等等——跟这种场（卦）有关的一切事物的关系，都通过这个卦体现出来了。也就是说，我们是根据所学到的易学中的阴阳、八卦的辩证道理来判断事物的结果的。

7. 通过字的个数起卦

遇到十几个字乃至更多的字起卦时，无论是用"笔画数"还是用"音调数"的起卦方法，都是非常麻烦、相当复杂和非常费时与易出错的。

此时，就不管是写什么字了，把其每个字的整体都当做是一个数，根据"易简"的道理，将复杂的问题（事物）简单化，就只看字的总个数，别的都先不管了。

具体字里行间是多少、什么笔画、什么造型、发什么音、什么具体内容等我都不去管，反正我听到你好像是说了多少个什么字，也许没听清楚你说的是啥内容，只要听到或看到他（她）说或书写了多少个字就行了。

具体方法是：

字数为偶（双）数个，就将全部字数，对半分成字数相等的两部分，前一半数，除以8，余数定上卦，后一半数，除以8，余数定下卦，二卦上下重叠组成六爻（本）卦。

字数为奇（单）数，将全部字数分为两部分。只不过是前面的字数总是比后面的字数少一个（字）数。前面的数，除以8，余数定上卦，后面的数，除以8，余数定下卦，二者上下重叠组成六爻（本）卦。

例：比如一共是 11（奇数）个字。

按照前面易学奇数个字的起卦原则，将其分成 5 与 6 两部分。"5"，"先天"卦序数对应的是巽（☴）卦。其巽卦为上卦。"6"，"先天"卦序数对应的是坎（☵）卦。其坎卦为下卦。

上下两卦重合为风水涣（䷺）卦。

现在假如是第 8 个时辰。其定变爻的原则仍然是：

（上卦数十下卦数十时辰数）除以 6，余数定变爻的位置。这个定变爻的格式应是固定不变的。

（5+6+8）除以 6，余 1。

即风水涣（䷺）卦的初（一）爻变。

风水涣（䷺）卦变成风泽中孚（䷼）卦。

其中变爻的确定为什么要以 6 来除呢？

不是被时辰数来除，是被一个卦，爻数的总和来除。

因为一般一个卦是由 6 个爻组成的，其中变爻只有 6 个位置。不是初（一）爻变就是二爻变，要么三爻变，要么四爻变，要么五爻变，要么是上（六）爻变；

比如，是 7 数，又是从一爻开始变起，8、9、10、11、12，变到 12，又变到上六爻了；下面又得从一爻开始变，13、14、15、16、17、18，又变到上六爻了；接着从一爻开始往上爻变，19、20、21、22、23、24……

所以，要通过除 6 来确定（主要矛盾）是在哪个爻位上变化。余数是几，就是第几爻变。

有的人问："你爻变是由下往上变呢，还是由上往下变？"

问这样问题的人，可能是我前面讲卦的构成及"爻位之象"

时，大概还没弄清楚。易学认为，任何事物都是由小到大、由下往上发展的。你从小时候的小个子，长大后成为一个大个子，都是从下往上长。易学规律更是要符合这些客观规律的。

在卦中，确定爻的变动位置，就是为了确定现在这个事物，处在一种什么场的什么状态情况下的什么位置。因为这个场（一个卦）如果被确定了，处在其不同的位置（爻位）上，说明其周围的环境条件是不一样的。现在你到底处在哪个位置上？哪种场效应情况下？那就得拿6来除，以确定其空间位置。

《易·系辞》曰："爻者，言乎变者也。""列贵贱者存乎位。""系辞焉，以断其吉凶，是故谓之爻。""爻象动乎内，吉凶见乎外。""爻也者，效天下之动者也。""道有变动，故曰爻。爻有等，故曰物。"这些词语都是前人对"爻"及其"爻位"意义经验的总结。

再回到风水涣（䷺）卦变为风泽中孚（䷼）卦的例子上来。

其中，变爻为初（一）爻。初爻在下卦之内。故下卦兑（☱）为"体"卦。上卦巽（☴）卦就为"用"卦。

"体""用"的确定原则仍然是：一个六爻卦体中，变爻在上下两卦中的哪个卦中，哪个卦就定为"体"卦，其表示动向的主体。这也是符合易学中"爻也者，效天下之动者也"的原则的。

这里我们再强调一下：《梅花易数》中的"体""用"确定方法与我的方法是不一样的！

古时的一些"数术"者们，为了保住自己的饭碗，怕其他人轻易地就学会了他的数术方法，抢了自己的饭碗。所以在一些"数术"著作中，往往会设一些莫明其妙的难题。比如"卜筮正宗""大六壬""奇门遁甲""渊海子评""梅花易数"等，不管其操作方法如何，往往书中都要给你做些假，设些套，给你发点难、绕些弯子。这就看你的易学知识及传统文化的功底深厚与否了。只要你这些文化知识的基础功底深厚，那么不管它如何的绕弯子，你马上就能知道其真伪。立刻就能按正确的（规律）方法跳过去继续进行操作与分析。

当然，由于古代印刷制版技术的不健全及人为制作时理解或制作时的马虎，不小心将字句等搞错也是常有的事。比如，你将"干支"文化的各种变化的基础规律都掌握透彻后，书中哪儿有错，一看就能知道，按着正确的的规律直接理解下去就对了，这可以避免按着错误的思路去理解其"数术"技术，从而达到不走冤枉之路的目的。否则，按照错误的思路往往就根本找不到什么正确的规律。甚至会将自己的思想、思路等搞糊涂，不知如何才好。

我的方法是：无论你指什么事情，所谓的这个"体"卦之"体"，就是指与此卦相对应（具有针对性）的那个事物的"主体"。

比如问：身体怎么样？

那么，这个"体"就是指身体的主要状况及毛病。

如问：搬家能不能搬成？

那么，这个"体"就是指搬家这件事。即指的是搬家的问题。

如问：我那个有奖储蓄能不能得奖？

那么，这个"体"就是指你能不能得奖的这件事。

比如，问得不得奖时，正好也得出了我们所举的风泽中孚（䷄）卦。从卦中看，"体［兑（☱）'金'］克用［巽（☴）

现代易经讲课实录

'木'〕"，故断其能得奖，不过不会太多，少了点。因为"体"卦为兑（☱）卦，兑为少、为缺，古时"少"与"小"字互为通假字，即"少"就是"小"的意思。

所谓"体"就是指你问或想判断的那个事物。"用"是指与此主体事物所对应的其他一切事物。《梅花易数》中却不是这样。它把变爻所在卦，定为"用"卦；把没有变爻的那个卦，定为"体"卦。更有甚者将其内卦定为"体"，外卦定为"用"。这种情况下，许多事情就不好分析啦。

会出现以下的问题。如问："我调动工作行不行呀？"那么，"主体"应该是指调动工作这件事。

比如，还是风水涣（䷺）卦一爻变，变成风泽中孚（䷼）卦。

其中兑（☱）为"体"卦，即说（初至三爻为兑，兑为说也）了半天，东南（四至上爻为巽，巽为东南）方向坡（三至五爻为艮，艮为山、为坡）上的什么事情与它有关。你说这些干什么？这就是为了说明这是事物的主体〔兑（☱）卦〕。

那么，外面（上卦）的"用"卦（巽）就是与这个事物相关的一切事物。就此"中孚"（䷼）卦而言，外卦表示的就是外面与其内卦相关的事物，非常直观，一看就明白，不用绕圈子再去找事物的主客体关系了。

以上都是按着咱们所讲的"相对论"的观点做出的结论。因为一切事物都是相对于一定的时空存在的，没有任何一个可以孤立存在的事物，就看你从什么方面来看了，是从这边看还是从那边看，其结果将有可能是大不一样的。

如果非要依前面我们曾提到过的《梅花易数》中后面那种

"体""用"确定的死格式的话，就得将事物的主次关系颠倒过来、颠倒过去的进行分析。那么分析方法将复杂多了。我的这种定主次的方法很直观。这个兑（☱）卦就是"体"。有了事物的主体——即讨论问题的针对性目标，别的相对它就好分析、好联系、好联想了。

"本卦"（风水涣卦）说明的是这个事物［风泽中孚（☲）卦］原来没有变化时的状态。到底原先没变化时，原来事物中的主体是以谁为"体"呢？

根据卦之间的相互对应关系，风水涣（☲）卦的下面（下卦）坎（☵）也是"体"卦，其上面（上卦）巽（☴）卦相应也就为"用"卦。通过风水涣（☲）卦可以看到事物原来主客（主次）的状态。

通过"涣"（☲）卦可以看到，你原来所处的环境状态就不很好。按其卦意可以知道是处于一天到晚注意力涣散，精神不集中，什么理想、什么雄心大志都没有的状态，可是自己又不断地在操心、辛劳（坎为呕心、为劳卦、为水）的给他人办事（巽为教命、为木）。

因为其总体上是坎（☵）"水"生巽（☴）"木"，即"体生用"状态，主动的为人办事的状态。总体及外部看，是处于"生"着别人的泻气且被动状态，那怎么能调动成工作呢。

可是，从内部看，说明还想得到些什么有利的机会。因为卦中，内里［二至五爻为颐（☶）卦］与主体［坎（☵）卦］相联系的一部分（二至四爻的"互卦"）震（☳）卦为向前、向上的发展动向。可是三至五爻组成的艮（☶）卦为"土"，艮（☶）"土"又克着震（☳）卦下面的坎（☵）"水"，有一种反馈下来的动向，由震（☳）卦发展上去到了艮（☶）卦又发展（反）了回来。所以说，心里希望反馈回来点什么。并且还想控制住人家［震（☳）"木"克艮（☶）"土"］，使其不至于跳过自己与他人［坎（☵）卦］直接发生关系［初至五爻为蒙（☷）卦］。所以，从卦内里（二至五爻）的卦之间的关系将其内心世界的东西也反映了出来。同时，它们之间相生相克、支持与反支持、控制与反控制等关系也清楚的暴露了出来。

可是，事情一变成了风泽中孚（☲）卦的这种状态。从其"中孚"卦的总体来看，是下面的兑（☱）"金"克上面的巽（☴）"木"，是一种"体克用"的主动状态。其内里［二至五爻为颐（☶）卦］（二至四爻）为震（☳）"木"克（三至五爻）艮（☶）"土"。也是一种主动的状态。因为震（☳）卦是"体"卦兑（☱）卦的"互卦"，故震（☳）卦在内卦中也是"体"卦。总而言之，震（☳）卦也是"体"卦兑（☱）卦内部内涵的一部分。

如果这个事物继续发展下去的话，那么这个事物将来发展变化的结果中，谁又是"体"卦呢？

这就要通过对其"变"卦［"中孚"（☲）卦］的"旁通卦"中的卦象关系，进行对应性分析来确定了。因为按易学思想，其认为一切事物总是要向其反面转化的，故"旁通卦"，即"对卦"就是其事物将来的发展状态。

按此方法则风泽中孚（☲）卦变为与其对应爻性质完全相反的"旁通卦"——雷山小过（☳）卦。

因为在"中孚"（☲）卦中的下卦兑（☱）卦为"体"卦。

故在"中孚"（☲）卦的"旁通卦"雷山小过（☳）卦中，其与兑（☱）卦相"对"应的下卦艮（☶）卦就是将来结果中的

"体"卦。则其上卦震（☳）卦就是"用"卦。

从"小过"（䷴）卦的总体来看，说明这件事情（工作调动成功到新单位以后）最后的结果是上卦震（☳）"木"克下卦的艮（☶）"土"，即"用克体"，最终的状态还是不好。为了减少受制约，还需要到处跑或者远离单位乃至出国工作，才能有较好的工作环境（因为"小过"卦总卦象像一只展翅远飞的鸟。）。

得到"小过"（䷴）卦的人，往往都是在家或单位中，工作能力发挥都不理想的人。只有他（她）远离家庭或单位，独立担当一份工作的时候，其能力才能得到充分的发挥。即独立承当单位在外地的办事处、代理处、推广站或分公司之类的工作为好。还说明这些人中绝大多数是想出国或要到外地去的人。

通过以上这个例子告诉我们："本"（原）卦、"之"（变）卦和"旁通卦"所表述一个事物过去、现在和将来全过程中，"体""用"对应的确定原则和在不同（历史）时期的研究、分析方法。

这个过程中，"体"的位置和"用"的位置都是相互对应后而固定的。

假如，将雷山小过（䷴）卦现在的"体用"关系，按《梅花易数》中的原则颠倒过来分析。即"小过"（䷴）卦的上卦震（☳）卦为"体"，下卦艮（☶）卦为"用"。这样就形成了震"木"克艮"土"的局面，即"体克用"的局面，其分析的结果与我们的方法分析的结果完全相反。

除非其"体用"之间的生克制化原则及结论状态，与我的原则及结论状态完全相反，它才能保证其结论与我及我的学生和同行们久经大量实践印证的结论是一至的。

如果"体用"的确定方法按《梅花易数》中，内卦为"体"，外卦为"用"的固定模式来分析以上的卦例时，就会出现不能整体统一、全面互通的结论。

由于我的"体用"关系是靠变爻的位置所对应确定的。一旦确定后，无论在什么卦变、象变中，这种"体用"对应关系就保持在此分析过程中永远不变。

就如在上面例子中，雷山小过（䷽）卦我们所确定的"体"是其下卦艮（☶）卦的位置。"用"是上卦震（☳）卦的位置。前面我们讲了"变、之、对"一目了然的分析方法。

如果现在以其"反卦"雷山小过（䷽）卦再进行分析时，原来的艮（☶）卦，现在变成了上卦震（☳）卦，而原来的震（☳）卦，现在却变成了下卦艮（☶）卦。因为我们的"体用"的位置是相对且固定的，所以在"反卦"中，现在的状态是震（☳）"木"克艮（☶）"土"，即"体克用"。

"反卦"之意，前面我们曾讲过，是将一个事物从其相反的方面上来观察分析，反过来从其背面方向来看同一个事物，即将原来"用克体"反过来，正是现在的"体克用"。故而，我这种"体、用"确定方法，没有违背易学系统严格的整体、统一性及全面性规律。

如果按照《梅花易数》中，内卦"体"，外卦"用"的原则，当雷山小过（䷽）卦成为其"反卦"雷山小过（䷽）卦时，其"体用"关系也应随之改变为下卦艮（☶）卦为"体"，上卦震（☳）卦为"用"。这样全卦形成震"木"克艮"土"。即"用克体"。仍与原来"用克体"规律相同。这就违背了"反卦"的规律及思想原则。成为不管从任何方向、角度看同一个事物，其结构形象都是一样的结果。这是不符合易学"变易"思想及系统的完整、统一和全面性的。

这种固定"体用"进行分析的死格式，表面看起来是很简单的。实际在分析卦的过程中，调过来、反过去、你变我不变、我变你不变、两人同时变等，再加上各种"连互""半象""连半象"等规律，一加入分析过程中，就需要不断地反复去确定"主客""体"。我想可能分析不了多少步，思路已经无法把握住谁是谁了。那你分析的过程及结果到底是针对谁的，恐怕自己早已搞不清楚了。

这就是用字的个数起卦的方法及过程。在分析卦的过程中，其中最重要且最基本的是卦中"体""用"关系的确定。

8. 用字起卦应用举例

"用字起卦"到底是用来干什么的？是用来研究事物及其规律的。那么咱们下面就用这些方法研究研究事物及其规律。学会了用"字"起卦。又如何来分析已起成的卦呢？下面举例说明。

例一：

比如有人说："张老师，你怎么总是讲《易经》，不怎么讲《周易》呢？"

我认为，一个人的姓名，一个地方的地址等，如果用来起卦以达到对事物规律的判断，就必须用场效应系统较健全的宋体的繁体字为好。且不管字型的结构及其笔划的长短、大小、方向如何，只要其方向有所改变就算是一划。

比如"丁"这字算几画？

我是算 3 画。

为什么？

因为咱们讲，"易卦"反映的是一种场效应规律。方向一变，其场力（矢量）的方向也随之产生变化。这是不是应该算是一个因素呢？当然算是一个因素啦。本来"丁"字应该是"横"划算是 1 个因素；"竖"划算是第 2 个因素；"勾"算是第 3 个因素。"丁"字笔划中含有 3 种运动方向。所以"丁"字系统中，一共含有 3 个因素。反映了一个事物中的 3 个运动过程。

如果认定"丁"字为一划，则其只有一个过程。实际上，不是丢掉了这两个"T"过程就是丢掉了这两个"J"过程。不管怎么说，总还是丢掉两个过程（即约百分之七十的因素）。那么 3 个因素组成的完整系统，丢失掉了两个因素。如果研究其系统的规律时，系统规律性的确定及其准确性就会下降百分之七十左右，那还称什么规律性？因此，在分析研究字或者是其他任何事物的过程中，系统中决不能丢掉任何一个大或小的因素。

所以不管任何情况下，只要字的笔划一改变方向，就算是一划（一个因素）。

有的人在写字时，写到半截上，笔停了一下或接了一下碴。像这么一个"周（中间为连笔画）"字。这种情况就与他（她）个人的状态特点有关了。在这种时间、环境及自身的场的同时作用下，其必然是这样来写字的。这样他（她）所写的"周"字就算是 9 画而不是原来的 11 画了。

此外，还可以把"后天八卦"的分布规律和字体笔划的分布套用在一起进行分析。如果，一写写成这样"𡧤"一个笔画。从那个方向发展过来，其笔划往下斜了一下，或者有的时候往上斜了一下，那么这个"有"字代表的意思都不一样。

按我的道理说，这个"有"字是几画呀？应该是 8 画。其 8 数按"先天"卦序数所对应的是坤（☷）卦。坤卦表示"土生万物，万物归土"因为"万物"都在其坤卦里面，所以说它才"有"，这是坤卦所反映出的意思。

可是，你将笔画自觉、不自觉地往下一斜，写斜了，写成了这个样子"有"（王羲之之"有"）。那么我们将"后天八卦分布图"往其周围一摆，笔划斜在了"后天八卦分布图"的什么方向、什么卦位上，就会有与其卦对应的事物发生。分布中，乾（☰）卦方向的笔画突出了，同时他（她）又问的是能不能提拔升级的问题，说明其能被提拔或升级。因为乾位上多了（乾为君王、为官），说明升官的机会大且多，也说明其上面领导（乾卦）的关系多，领导会主动提拔他（她）。

有与卦位分布对应图

如果"有"字艮（☶）卦位置方向上长或者较大、较突出。说明写字之人是个任性、固执且自我感觉良好的人。如此时，也问提拔升级的问题，因艮（☶）"土"生（乾为官）"金"，说明其正处于泄气无力时期。且艮（☶）卦又表示为阻力、为到此为止之意，说明其根本没有提拔的可能性，况且他（她）自己也不愿意升官（艮为止、无动静）。

"有"如果这样写"有"。巽（☴）卦位置方向上笔划重且大。说明写此字的人有灵气、预感能力较强、神经敏锐、思路细致。此时，若问提拔的问题，因巽（☴）"木"受乾（官）"金"

所克，故也无升级提拔的希望。因为巽（☴）卦反映的是进退不果的状态。说明他（她）在提升问题上，犹疑不决，还没下决心到非走仕途之路不可的地步。

如此等等。

这些都是为了说明一种易学的思维方法而已。也说明任何事物都不是孤立存在的，都是互相联系着的——你中有我，我中有你。

下面咱们通过这种易学方法，看看《易经》与《周易》有什么不同？

先来看看《周易》到底是怎么个学问？

"周"字一共11画，"易"字也是11画，它们都被8除，余数全都是3。3在"先天"八卦序数中，其对应的是"经卦"离（☲）卦。

将"周易"两字，按前后次序组成上下重叠而成的六爻（本）卦。即构成离为火（☲）卦。"离"（☲）卦之意为"明也""丽也"。说明《周易》这部书里写了很多丰富的内容。几乎将各种事物的规律都很明白的告诉了世人。

其中，三至五爻为兑（☱）卦，兑（☱）为"说"。从其外（卦）面（离）讲，说明讲（兑）的都很漂亮（离者、丽也），讲的很好，说的很明（离者、明也）白，说的很清楚。从内（卦）里来讲，离（☲）为"文"、为"文书"。二至四爻为"经卦"巽（☴）卦，巽为"笔"、为"进退"。说明往复来回书写的也很漂亮[初至四爻"互卦"家人（☲）卦]、很清楚。但是，从其中间[二至五爻"互体"大过（☱）卦]内部来看，上面这个兑（☱）卦"互"着个巽（☴）卦。说明你说你的，我说我的——

来回（巽为进退）扯皮（兑为肺，肺主皮毛），谁［兑（☱）卦］也说服不了谁［巽（☴）卦］。因为兑（☱）卦的"反卦"就是巽（☴）卦，巽（☴）卦的"反卦"就是兑（☱）卦。

现在，基本对《周易》的研究就是处在这种状态下。

文王、周公旦早将经文写好了。

孔老夫子及其弟子门生在其后加上了"十翼"（十"传"）。其"传"的内容也都清楚地写好了。

不管任何的《周易》学派，大家对外讲的都挺好。

到处都能找到与《周易》有关的著作，表面看起来写的都挺清楚，但是深入的往里一钻研，总是有很多内容搞不明白。

为什么？

因为，从其内里（中间的）"互卦"（表示事物将来终结的结果。也表示一个事物的核心内容）看，兑（☱）为说，"互"巽（☴）为来回说，即你来回强调你的理解，我反复强调我的理解，谁都不服谁（说的好听点是"仁者见仁，智者见智"）。其中为"扯皮"的这个二至五爻的大过（☱）卦，其"反卦"还是大过（☱）卦，还是来回扯皮之意。"大过"卦的意思是将别人的理解，通过自己的嘴巴过渡的说一下而已。没有自己的什么见解，没有新的理解和内容，只是贩卖他人的见解（言必引他人之说，以所谓古今的权威压人）。

《周易》究其成卦历史及中间的内涵来讲，只是一种过渡阶段（时期）的学问。它不是一种最终定局的终结性学问。所以说《周易》只是易学文化整个系统中间，周朝、周文王、周公这段历史阶段过渡时期的阶段性学问，其不能含盖全部的易学思想内容。

也就是说，《周易》只是整个易学系统中〔泽风大过（䷛）卦〕一段过渡时期的产物。

按照任何事物都要符合"法于阴阳，合于数术"、"在数难逃"、"极其数，遂定天下之象"的易学原则及其规律。回过头来，我们看看《周易》这个事物系统中，它一共涵概了多大的（极）数？

通过这个（极）数来判断它最终将发展成什么状态。也就是说，我们要寻找到它发展的总体的数值。即它发展的总的数值是："周"字笔画总数 十 "易"字笔划总数。也就是 11+11=22。《周易》系统的总（极）数也只有 22 这么多。

"在数难逃"。当《周易》发展到 22 数以后其"命运"也就结束转化为其他的事物了。故第 22 数就是"周易"的最终结局。因为它只有 22 数，22 数之后它就没有数了，它也就停止发展了。

通过数 22，我们来确定《周易》最终的变化位置及状态，看看它到底变在哪个爻的位置上，即看看《周易》最终是截止在哪个卦及哪一爻的位置上。

按易学道理，"爻变卦就变"。看看它最终将变成什么状态。则：22 除以 6，余 4。故得离为火（䷝）卦的 4 爻变。变成山火贲（䷕）卦。

这么一变就知道，如果总是死啃《周易》的最终结果是什么结果了。

山火贲（䷕）卦的卦辞、爻辞其总的意义是：无嗅、无味、装修、装饰之类的意思。

因此，我们可以得出结论说：仅研究《周易》的最终结果及形成的最终状态是只做为一种装饰、修饰、表面的、虚伪的、撑面子、装门面的一种（学问）方式和手段。自己［上卦"体"卦为艮（☶）卦。艮为"自身"］觉得自己内心［下卦离（☲）卦为心］里对《周易》理解体会［初至四"互"为既济（䷾）卦。其有理解明白之意］的很有水平、很有学问、很有派头，但实际上，只是了解皮毛，装样子而已。没有掌握易学的真实意义。

为什么这么说？

因为"体"卦为艮（☶）卦，艮有"止"之意，说明事物到此为止了，又有受"阻"，很艰难、很困难，无法研究和发展下去的意思。艮（☶）为"山"，大了是"山"，小了（像）是"坟墓"，故而也只有求助于坟墓去训诂考证啦。进入坟墓中，也就说明是过去的死的东西。再往下研究就没什么发展余地——走向了死亡。

可是反过头来，我们来研究分析一下《易经》这两个字，看其结果如何。

"易"字总笔画数为11划，"经"字总笔画数为18划。

"易"字11画，被8除，余3。3"先天"卦序为离（☲）卦，离（☲）卦为上卦。

"经"字18画，被8除，余2。2"先天"卦序为兑（☱）卦，兑（☱）卦为下卦。

上下两卦重叠组成六爻卦，火泽睽（䷥）卦。

"睽"（䷥）卦之意是心里想着，但是看不见了，年久离开了、不在一起了、断了联系了、断了音信，说明在盼望。咱们也在盼望，想找到《易经》思想的真谛。可是因为年代久远，很多内容已经失脱看不到了。

"睽"卦如果表述的是人事情况的话，可说明心里想着惦记着的人，可能分居在外地；要么出国了；要么他（她）不在人世了……想，但是找不到——心里想，但是看不到。外面，嘴（兑为口）上在往漂亮上说［初至上爻为火泽睽（䷥）卦］。内里在不断地想［二至四爻为离（☲）卦，离为想］。心（离为必）也在想（离为思）。就是看不到［三至上爻"互"未济（☲）卦。"未济"卦有差一点总是赶不上趟之说；也是达不到目的之意］。

从我们学易的过程中也可以认识到：从远古的"自然之易"来讲，只留下了《河图》《洛书》这么两张图，别的什么也没有。《连山易》《归藏易》也不知道佚失到哪儿去了，这是不是瞧不见，看不到了。各派的易学家们嘴上说了，著作中也写了，都知道它们应有很多的内涵内容。可是，我们只能见到那寥寥无几的只言片语，瞧不见其到底是什么真实内容。

就"易经"这俩字的内涵来看，它最终会发展成一种什么状态呢？

因为判断一个事物的发展变化规律，总还是要研究、分析其最终的结局是什么状态的。如果其状态好，我才能顺其发展。否则，成了《周易》那种无嗅、无味的装饰品。白费了一辈子力气，最后是"泥于古，而死于句下"那就没什么意思了。

看看"易经"二字的总笔画数是多少？

"易"字总笔画数 11+"经"字的总笔画数 18 =29。"易经"二字的总笔画数是 29。

从笔画的总数上看，它比"周易"二字的总笔画数要大。说明其寿命也长的多。

29 除以 6，来确定《易经》最终是处于一种什么状态，结果余 5，即 5 爻变。

那么，火泽睽（䷥）卦的 5 爻变，变成天泽履（䷉）卦。

五爻处于"尊位"，即君王之位。既是阳爻得"正"，又得"中"位，说明《易经》最后能得到社会公正之"尊"位。现在它处于瞧不见的"离中虚"状态，许多内容也找不到或看不到，往往是处于想象之中。我看其终将会得到公正的评说。

由天泽履（䷉）卦就可以知道《易经》最终反映的是一种规律性，而且是必须遵照、遵循的一种规律性。"履"卦的原意是指鞋子而言，"履"就像我们走路一样；要沿着一定的轨道在走、沿着一定的道路在走。其反映的也是事物规律的性质和特点，即表述一切事物的规律。从宏观上讲，指的就是认识并遵循一切事物的规律行事。

任何事物都要向其相反方面发展，《易经》也不例外，《易经》将来发展的最终结果是什么状态？

其卦的"对卦"就是其将来发展的最终状态。

也就是说，《易经》按照它自己的这套规律再往前发展的话，就由天泽履（䷉）卦发展转变成地山谦（䷎）卦的状态。当你认识到世间各种事物的规律（"履"卦所反映的）以后，为了从新提高对自身的认识，就需要反馈回来自己从新认识自己。即人类本身对自身的认识，也会走向原来认识的反面。

最终你认识自身的结果是自身的上下都是空［"谦"（䷎）卦上卦为坤（☷）卦，坤卦为"空虚"，全卦又是五个阴爻包围一个阳爻，阴爻表示虚空］的，中间是一阳生。这就是说要"虚其体，而实其腹"即对于人来说，要谦虚谨慎。

"劳谦，君子有终"这就是"谦"卦做人的原则。

"履"卦是表述大自然的规律性的卦。如果认识到了这些规律性并继续深入的研究下去，当你充分认识掌握到这些规律性的时候，就会发现自己的知识太少太少了。与大自然丰富多彩的各种规律及其内涵相比，自己是太渺小、太无知了。因此，必然就会谦虚谨慎。在认识事物过程中，首先会处于客观的等待状态下。以我（中心）为核心或以掌握的某个事物的规律为核心。等到了［"九三"爻，即初级阶段（下卦）的极限向新阶段（上卦的初爻）发展的］这个位置，仍在继续等待。

"易无思也，无为也，寂然不动，感而遂通⋯⋯"等到了这种状态的时候，就会产生新的悟性。又能悟出事物更高层次本质的规律性。这样，你又会反馈回来，不断地利用这个规律指导实践。实践的结果，你又会认识到想进一步再提高自己的认识水平的话，必须又得把这些规律简单化，并将其归纳起来。最后终于发现周围好像什么也没有似的，只有这么一个规律。

如果继续再"悟"下去，就对事物又会产生更新、更深刻地认识。人们对客观世界就是这样一种反复认识、提高的认识过程。这也就是"易经"的（生生之谓"易"）生命力之所在。也就是说，谦虚谨慎最后的必然结果就是学会掌握了《易经》的哲理思想。掌握了这些哲理思想才能彻底认识事物的规律性。当认识到《易经》及其事物的规律性之后，必然就会做到谦虚谨慎。因为这时你会发现世间万物都有自己的规律性。我们人类自己只不过是这个世界中的匆匆过客而已，与宇宙一百几十亿光年的存在长河相比，根本就是忽略不计的因素，你这个匆匆过客能够认识事物的某一方面的规律就很不错了，所以就不敢不谦虚谨慎，不敢骄傲自大说出"破译"什么的吹牛皮的大话来。

因为易学是"类万物之情，通神明之德"的学问，我们也经常会提到"跳出三界外，不在五行中""精气为物，'游魂'为变，是故知鬼神之情状"——"神仙"的事《易经》都知道。一推导，影响你的那个信息场在什么方向、什么位置上，用"先天八卦"的规律就能找到你那个信息场的准确位置及状态。

比如：推断是一些什么信息场造成这个病人产生的这些疾病，马上就能知道，是什么样的场造成的；它在什么方位上。如果你有功力和能力的话，就可以把它这种信息场给调整或改变过来，从而达到对病人疾病的治疗。这是民间中常用的一些"环境生物、生理学"的治疗方法。

为什么咱们不着重研究《周易》而推崇对整个《易经》（即"易学"）文化系统的研发呢？就是因为从文字上看，古时我们的老祖宗在给它们起名字的时候，就已经认识到这两个学问体系规律性的差异了，从我和我的学生大量的实践中也认识到《易经》包括的内容多而且全面完整。《周易》只是周文王、周公和后来孔子及其"儒"们（儒家的一些学者们）搞的一种局部性易学，大多数内容往往都落实到治国、治人、"内圣外王"等社会科学中了。天体运行及人类周围大自然的其他各种规律，一般往往都不能准确表述或表述的很少且不清楚，因为在其"易"著中间往往不可避免地带有某些唯心的成份存在，所以它的准确率（内涵性）相对来说也就不够高。

以上举例说明了你如果掌握了《易经》的规律之后，就可以指导你的实践了。但只不过是通过文字的笔划数来判断事物结果的一种"易学"方法。

有人问："张老师，你这是干嘛？为什么不加时间呢？"

这是因为，如果说要加时间变量进行推断，得出的结果就是

《易经》所对应的该时间条件下所处的状态。

上面表示《易经》的"本卦"火泽睽（☲☱）卦，其上下两卦相加的总数为：3+2=5。

5+ 现在的时间（时辰数）。现在的时间是下午两点多，是古时的第 8 个时辰。则 5+8=13。13 除以 6，余数定变爻。即 13 除以 6，余 1。

"睽"（☲☱）卦的一爻变。"睽"卦变成了火水未济（☲☵）卦。

"未济"卦说明大家心里对我的方法的逻辑［下卦坎（☵）卦为"体"卦，坎水克离火，为体克用，且坎为"逻辑"、"计算"］过程已经基本明白［二至五爻"互"为既济（☲☵）卦］。以后还要靠咱们去推广，使大家都能真正的认识和掌握易学思想的真谛。因为"未济"是"既济"的开始。其"未济"卦中内涵着将来［二至五爻"互"为既济（☵☲）卦］的"既济"（成功）。

现在《易经》处在大家已经开始明白一些，但是还没有完全明白的这种状态。

"未济"（☲☵）卦一发展到终极，其"旁通卦"就是"既济"（☵☲）卦。易学将来一定会被广大人民群众认识的，可能从时间上来讲，也就是 13 年的时间，13 年以后基本认识《易经》，但是那个时候又会产生许多新的问题，以后还会继续。因为"既济"（☵☲）卦中间（二至五爻）还内涵着火水未济（☲☵）卦的因素。当你从整体大面上认识了《易经》，对细致或更深层次的认识又会产生不认识，又要进行从新的认识。

事物总是在不断地相互转化着的。新事物产生的同时就预示了旧事物的消亡；旧事物消亡的同时也预示了新事物的产生。

为什么咱们现在搞《易经》的研究？就是要从新来了解、认识其规律性和科学性。

如果，想要练好功或者干些什么的话，要是不懂易学的世界观、方法论，可能就炼不好，也干不成功。特别是中国的中医和道家文化及各种传统的修炼方面的书籍，几乎到处都是以易学思想为基础的内容。

"籙躬炅桯愈偁綮，靖僡偬虥湀偁戭。"

这是道家修炼中最重要的警句之一。它一共才14个字，这些字中很多的字我们根本就不认识，其中它每个笔划都有其具体内容。如"炅"字中的"丙"，其不带勾，才为6画，以得水火既济（☲）卦，表示"抽坎添离"达到"炼精化气"的目的。它这样写的目的就是讲的这个卦意。如果"丙"字带勾的话，就是7画，此字组成的就是山火贲（☲）卦了，就成了虚假的、不真实的"空"状态了。

很多道理在道家修炼的书中都有。关键是我们学会了这种通过分析"字"，而达到对事物内涵的了解以后，就很容易破解那些不认识、不了解的内容——字不认识，确知道它的意思。

以上讲的是用字起卦分析事物的方法。下面讲讲以颜色起卦分析事物的方法。

第二节　用颜色起卦

要学会用颜色起卦的方法，首先就得知道什么颜色对应于什么卦（"经卦"）。

下面具体谈谈"八卦"中，每个"经卦"对应表述的是什么颜色。

乾（☰）卦：为大赤色（即朱砂、氧化汞的颜色）；桔红、桔黄色；金色。

兑（☱）卦：为纯白色；银色。

离（☲）卦：为红色；花色；明亮的颜色。

震（☳）卦：为青色；绿色。

巽（☴）卦：为蓝色；碧色（以蓝色为主带点透亮的绿色）。

坎（☵）卦：为黑色；紫色。

艮（☶）卦：为棕色；咖啡色；棕黄色。

坤（☷）卦：为纯黄色。

通过以上的分类，就可以确定各种不同的颜色所对应的不同的卦了。也就是说，你就可以据此对应关系起卦了。

当看到某人外面穿了件蓝色的外衣，里面穿了件黄色的内衣。

因为咱们的每个卦，都可以表述事物的上下、内外、前后、左右、远近等各方面的对应结构状态。所以，我们在观察事物的时候，按着这些层次、状态、过程等自己装卦（起卦）就可

现代易经讲课实录

以了。

又因为易学适用性规律，是"其大无外，其小无内"的适用界限。故而其结构、分布、状态等表述规律，在任何环境条件下都是适用的。

按易卦的"内外"表示规律，则由上面此人的穿着，得风地观（☴☷）卦。

其（上）外卦为表示蓝色的巽（☴）卦；其（下）内卦是表示黄色的坤（☷）卦。说明此人正坐（三、四、五爻为艮。艮为坐）在那看着（观望），正听我讲课呢。

再加上现在的时间是下午 3 点多钟，即第 9 个时辰。

在计算过程中，卦要变成与其对应的"先天"八卦的序数。

这样巽（☴）卦为 5，坤（☷）卦为 8。

（5+8+9）除以 6，余 4，是"观"（☴☷）卦的第四爻变。

这样"观"（☴☷）卦变为天地否（☰☷）卦。

由于变爻在上卦乾（☰）卦之中，故上卦乾（☰）卦为"体"卦，下卦坤（☷）卦为"用"卦。

通过对"变"卦"否"（☰☷）卦的分析，可知此人比较瘦一点（乾主骨、为瘠马）、秀气点〔三至五为巽（☴）卦巽为灵秀〕。

那么，他有什么病没有？身体状况又怎么样？工作关系又如何？现在坐在什么位置上等等卦里就都有了。

这个卦起出来以后，就知道他应坐在较高的位置上（上卦）。从前面来讲，他应该坐在整个教室向后数的六分之三和从左向右数的六分之三的交点位置上。这么一推导，他所坐的座位正好差不多在这个位置上。他坐在哪个方向呢？在我的西北方向上（乾为"后天"卦的西北方），那个方向正好也是教室的西北方。

从其形象上看，脑袋圆一些（乾卦为头、为圆），且为宽脑门［三至上爻"互"姤（☰）卦。姤（☰）中乾（☰）在上卦。上卦为前、为上头，故为脑门。且三至五爻又"互"巽，巽为宽］。

他的身体与机体状况如何呢？

有时容易头（乾为头）晕（坤为晕、为迷糊）。体质上焦寒凉，爱吃凉（乾为寒凉）的东西。怕风［三至五爻为巽（☴）卦。巽为风］。巽为左肩。左侧肩背容易酸痛。坤（☷）为腹。巽（☴）"木"克坤（☷）"土"。肚子（坤为腹）容易胀气（初至五爻"互"为"观"卦。"观"卦上卦为巽。巽为气）。脾胃虚弱［初至四爻"互"剥。"剥"卦上卦为艮（☶）。艮为胃。下卦为坤（☷）。"坤"为脾、为虚空］。（巽）"木"克"土"（坤、艮两卦）；"土"（坤、艮两卦）又生"金"（乾为金）。因此脾胃功能就更弱了。所以中间的胃（二至四爻为艮。艮为胃）容易胀气［二至五爻"互"渐（☶）卦。"渐"卦上卦巽（☴）为气］。吃凉的多了肯定胃会胀气［二至上爻"互"遁。"遁"（☰）卦上卦为乾（☰）。乾为寒凉。其下为巽。巽为气］……

这就是他的身体的某些疾患状态及特点，你发挥去吧，只要不违背卦意、卦中内涵的规律，随便怎么发挥都可以。

这是靠颜色起卦可以了解的情况状态，除了能了解身体状况外，还可以了解与他有关的其他事物的一些规律。

有人问："张老师，有时我还没说话，你怎么就道出了我的病呢？"我也不用发功去"遥感"，看你穿什么颜色的衣服，就能知道你有什么疾病，这都是你身上穿的衣服的颜色告诉我的。

　　桔红色（乾）、白色（兑）这类颜色，往往说明脏腑器官、体质等属寒凉性的，即脾胃寒凉，手脚容易冰凉，末梢循环不好，怕冷、血压血糖白血球低等。往往也容易头部、大肠、骨骼、大关节、口腔、牙齿、气管、肺或皮肤等机能不太好或有疾患。

　　红色（离）说明体内、脏器等有内热、充血性炎症（具体病症要看其与什么卦搭配了）或人的性格比较热情，但较容易烦躁。从体质的总体上来讲，其内里的器官功能还是较虚弱的（离中虚）。咱们讲过离（☲）卦代表什么事物来着？从全面整体上看，表示眼睛，内脏表示心脏、小肠等等。只要离（☲）卦所能表示的事物往上套着说就是了，保证不会错。

　　只要是这个"象"（卦），按其易象对应的内涵照着说就不会错，往往怕说错而大家不敢说罢了。就是说错了，再与对方核实后，还可以修正、归纳以达对应准确性判断的提高。关键是因为大家的卦象内容不熟的缘故。通过反复的实践对照，如果卦象的内涵内容都搞熟了的话，看看有啥"象"就说啥事，保证八九不离十。

　　比如：穿绿色衣物的人，其性格比较急躁，比较辛苦，东奔西跑的待不住，不安定，肝火旺，不冷静。肝又主痛，就看它跟谁"互"卦了。与艮（☶）"互"卦为胃痛。与坎（☵）卦"互"卦为腰痛、关节痛、颈椎或后肩背痛等。因为坎（☵）为后、主腰、主肾，肾主骨。这就跟中医学的理论与实践联系起来了。

　　喜欢蓝色（巽卦之色）的人，比较爱干净，有时干净的有点让人受不了，中医往往称其为"洁癖"，这就是巽（☴）卦的某些特性。说明此人做事比较细心、仔细认真，神经类型属于敏感性。平时性情比较直爽，但是一到节骨眼儿上，就会没主意。巽为进退、为进退不果——拿不定主意之意。这都是由蓝色对应的巽（☴）卦卦象反映出来的某些内涵。

一见是黑色或紫色，就知道是坎（☵）卦所对应的颜色。坎为冰、雪、水，在人为肾、主腰、主骨、"为血卦"。因而，可知此人肾功能不好，腰腿酸软无力，体质寒凉、水分或血液、体液循环不好，手脚容易冰凉等。因为，坎表示"北方寒水"，又为冬至时节，他还能不冷吗？故认定他体质寒凉、容易水肿、腰痛、下肢关节疼等是基本不会错的。

看到棕色、咖啡色、棕黄色之类颜色，就知其对应的是艮（☶）卦所反映的情况。见到人穿戴或使用此种颜色的衣物，就知此人不是鼻子有毛病，就是手、脚、手指、脚趾或其背部有疾患。绝大多数惯用棕色的人胃都有病，且人的脾气比较倔一些，自我感觉总是良好的，说的不好听，就是主观了点，老人往往就是个倔老头之类的。虽然，艮（☶）表示的是小孩或是小男孩，可是从人的性格上来讲，它又可以表示倔老头，或者是性格比较倔强的人（这就又不一定是老头了）。如果是老头就是表示老头的特点，如果是年轻人就表示的是年轻人的特点。

如果是黄色，其对应的应该是坤（☷）卦所反映的事物。看见某人穿戴黄色衣物，就知此人环境比较顺利。体质较虚弱，湿气重，人较懒散（"坤主老阴"说明生命活力差）。脾主湿，湿气重，中气虚。整个卦中没有阳爻，坤（☷）主空、主虚、主柔弱。故此人总感觉没气力，喜"太息"等。

意思都是从卦里来的。所以大家掌握了这些方法后，就都可以成"神仙"了。实践中起卦、得卦的方法都很简单，关键是看你的卦象熟不熟了。如果卦象搞纯熟了，甚至有时算都不用算，一看他穿戴的衣物颜色，就知道他处于一种什么状态。穿绿的就说他脾气大，女士就说她肯定内分泌或妇科有问题，来例假时容易肚子痛、腰酸、关节酸痛、人发懒等等，基本上说的差不离儿。

这是通过颜色起卦、分析卦的规律原则。

下面谈谈用方位起卦的问题。

第三节　用方位起卦

用"方位起卦"，这里指的是以"后天八卦"看得见摸得到的方位起卦的方法。

"先天八卦"的方位分布，一般我们基本是看不见、摸不着、感觉不到的。因此无法直接运用与其对应的方位起卦。

我们只能用我们看得见、摸的着、感觉得到的客观事物起卦，才符合时空对应的客观规律。"后天八卦"的方位，实际就是指"后天八卦"分布图中的"八卦"的所在方位。因为它对我们来说，是很直观的方位。

当然，这里指的也不只是东西南北的方位。其中还包括上下左右、前后左右的方位。

下面分别谈谈各卦所表示的方位。

乾（☰）卦，为西北、右下、右后方。

坎（☵）卦，为正北、正下、正后方。

艮（☶）卦，为东北、左下、左后方。

震（☳）卦，为正东、正左、正左方。

巽（☴）卦，为东南、左上、左前方。

离（☲）卦，为正南、正上、正前方。

坤（☷）卦，为西南、右上、右前方。

兑（☱）卦，为正西、正右、正右方。

下面举例说明用方位起卦、分析卦的原则及方法。

比如一位上了岁数的妇女，往往是指50岁以上的妇女。50岁以上即更年期一过，就成老太太。所以50岁以上的妇女就用坤（☷）卦表示，坤为"老母"。

她在我的什么方向上呢？

她在我的西北方向上。

即一个老太太在西北方向上。

老太太为坤（☷）卦。

西北方向为乾（☰）卦。

因而，前后概念组合，得地天泰（䷊）卦。

其中坤（☷）卦指的是人。乾（☰）卦指的是方位。

我们再把它们变成数：

坤（☷）卦"先天"八卦序数为8。乾（☰）卦"先天"八卦序数为1。

再加上现在这个第9个时辰，即（8+1+9）除以6。正好除尽，无余数。

因此，知道是"泰"（䷊）卦的上爻变。

这样"泰"（䷊）卦变成山天大畜（䷙）卦。

其中，上卦艮（☶）卦为"体"卦，下卦乾（☰）卦为其相应的"用"卦。

从卦中一看便知，此人的肠［初至四爻"互"夬（䷪）卦。"夬"（䷪）中乾（☰）为大肠。兑（☱）为小肠］胃［上卦艮（☶）为胃］寒凉［下卦乾（☰）为寒。其"互"兑为凉］。气管不好，经常咳嗽。下肢血管有些硬化曲张（乾为刚、为硬、为圆），故血液循环不好，腿发凉。右腿（乾为右足）不太好，关节酸痛等等。卦有了，病也就有了；脾气禀性也都有了——与她有关的什么事情都有了。分析、判断的水平关键是看你的易学基础如何了。

这种方法闭着眼睛也能用。

你只要知道什么方向在哪儿，坐好了。

比如：面朝正南。

西北边啪的一声，西北上来了个什么人哪？

是个老太太。

你马上就知道老太太是坐在那儿呢。

为什么是"坐在那儿"？

因为这里得到的是与前面以睁眼看到的事物起卦的结果是相同的。故从"大畜"（☶☰）卦中得知，上卦艮（☶）为坐、为背。三至四爻为震（☳）。震为足。说明坐（艮）在一个有靠"背"（艮为背）有"腿"（震为足）的椅子上〔三至上爻"互"颐（☶☳）卦〕。

其前面的讲台〔三至上爻"互"颐（☶☳）卦。其象是由下高上来且有个平面的事物〕还是圆形（初至三爻为乾。乾为圆）的呢。全都有了。

而且是坐在一个拐弯的（初至三爻为乾，乾为圆、为弯）道口（二至四爻为兑，兑为口）。其前面有个小（兑为少、小）道（三至五爻为震，震为大途、为路。其"互"卦为艮，艮为小径）口（兑为口）。她所处的位置及环境也有了，这些状况你闭着眼睛也能说准。

所以说，卦不但能表示身体情况，而且还可以表示与其相关的其他的事物。

假若，同时来了两个人问："张老师，你看我们俩合作能不能成功呀？"

他们俩站的位置是，一个站在西南方向，另一个站在西北方向上。

西南为坤（☷）卦。西北为乾（☰）卦。

起一卦，他们两个人的因素都在里面了。

即得地天泰（䷊）卦。

加上他们来时的时间（第9个时辰）。一变爻。

再一看，发现他俩的合作根本就不成。

因为，站在西南方的人是"土"生着站在西北方向"金"的那个人。

即"泰"（䷊）卦变成"大畜"（䷙）卦。

从"大畜"卦中可知"体"卦为艮（☶）卦，乾（☰）卦为"用"卦。

总体看是"体生用"，即艮（☶）"土"生乾（☰）"金"。

说明这事是合作不成的。

内里又是兑（☱）"金"克震（☳）"木"。说明你［艮（☶）卦］虽然对他［乾（☰）卦］好，内心里他［兑（☱）卦］还不领你［震（☳）卦］的情。也说明站在西北方向的那个人的条件太苛刻了，还嚷嚷［二至五爻"互"归妹（䷵）卦，其中兑（☱）为说，震（☳）为雷、为大声］，你没法干活［三至上爻"互"颐（䷚）卦］。也说明站在西南方的那个人自己就不想干了（艮为止），只想呆着（艮为坐、为止、为阻），说明双方合作太困难了。他们俩不能合作，就是根据这个"体生用"的关系得出的结论。而且内里反过来"用"还克着这个"体"，一切都的按对方说的去干，自己一点自主权都没有。这么被动，谁还愿意干呢。

从总体看，你主动对他好，拍他的马屁，反过来他还踹你一脚，这人实在太黑、太没良心，这事自然就没法合作了，谁也不会只干愿吃亏倒霉的。对他好，他还非要坑我，那我就不想给他干了，很自然合作就不成了。

所以说，掌握了卦象，在学易、研易过程中，就不会感到费劲和吃力了。不用请教什么老师，只要熟懂卦象，就能够自己自学解释卦意。也不必去死背 64 卦的卦、象、彖、爻辞，就能够分析理解这些卦里的内容了。

当然，这里我是指从方位起卦这方面来讲的。从别的方面讲也是这个结果。

这就是方位起卦的方法及规律原则。

这里的方位是运用"后天八卦"分布的自然方位。

还有一种就是"以我为核心"（坐标原点）的方位分布，也能用来起卦。

即以"我面的朝向"来确定方位。

比如：离（☲）卦表示南、表示前。

我站在这个位置的前面就可以定为"离"位，表示是南方。

我的后面就是坎（☵）位，是北方。

我的右边为兑（☱），定为西方。

我的左边为震（☳），定为东方。

这样卦在我周围的分布就都有了。

这也就是说，以自己为核心，也可以起卦。

当在你不知道东西南北方向的时候，照样可以以方位的方法起卦。

比如：还是前面的那种情况。

现在成了一个岁数大的妇女（坤为母），坐在我的左前方（巽为左前方）。

左前方巽（☴）卦已不是东南方之意了。是指左前方而不是东南方。

则二者合，得地风升（䷭）卦。

当然需要的时候，理解成左上方也可以。

这样用左上方对应的巽（☴）卦起卦也可以。

比如说：左上方有个什么东西。则得上卦为巽（☴），下卦是与那个东西对应的卦（"经卦"）。二者形成一个六爻组成的卦体。这种起卦方法，就要求对卦象的方位分布要熟习，对方位分布的整个系统要清楚。

如果用季节起卦也可以。

因为咱们前面讲"方位之象"时，"后天八卦"的不同的卦表示不同的时间（包括季节、阴历月份、每日的不同时辰等）。故而用时间所表示的不同方位所对应的卦，也可以起卦。

所以，说易学思想及规律掌握的越多，起卦的方式、方法也就能越灵活、越丰富。

比如说：什么季节什么人呆在什么位置上？

现在正是"立冬"前后。所以知道此时与乾（☰）卦对应。

则得老太太"立冬"前后的状况是地天泰（䷊）卦。

再回到老太太在我的左前方状态。

即得地风升（䷭）卦。

再把卦演变成数。

根据成卦、变卦、变爻原理，

则得（8+5+9）除以6，余4。

"升"（䷭）卦的第四爻变。

"升"（䷭）卦变成雷风恒（䷟）卦。

看到没有，得到的"恒"（䷟）卦与上面"立冬"前后得的"泰"（䷊）卦有什么相同？有什么不同？

用方位起卦与时间起卦之间有什么联系没有？

方位起卦的结果（"恒"卦）不过是将时间起卦所得卦（"泰"卦）的爻位，往上错了一个位置。

"泰"卦上面的阴爻（上六爻）少了一个；下面又出现了一个（"泰"卦）原来没看见的东西（一个阴爻）。这就形成了"恒"卦的卦象。由于"泰"（䷊）卦得卦在先，"恒"（䷟）卦得卦在后，二卦之差异只是"泰"卦的整个卦往上移了一位。

雷风恒（䷟）卦的二至上爻"互""大壮"卦，正好与地天泰（䷊）卦初至五爻"互""大壮"卦的卦象一致。时间变了，卦及卦爻也随之变化了。

表面上看，对同一个人前后得出的两卦的卦象不一样。这是因为观察事物的方法、角度或取象的方法与时间不一样所致。从其总体的内涵中分析是差不多的，是没有多大变化的。只是在分析事物内部的关系时，可能由于观察的角度不一样，你看到这方面多点，他看到另个方面多点罢了，但是基本上都是符合这个事物的规律性的。

这就是方位起卦的方法。方位起卦一定要搞的很活，而且是非常活才可以。所以会有许多人说方位起卦太麻烦，说我给病人看病，每天病人来都坐在我的某一个固定的方位上，那个位子是专门给病人就诊坐的。那么，每天来的病人得的卦都是一样，也都是一种病，一个长相，一种脾气啦？

这么做，这样去起卦就不对了。

当时遇到什么情况，就依据当时的具体情况起卦。总是固定的用某种状态和方位起卦，就不行了。

比如：张老师站在这儿讲课。当然，我的体态随时都可能在变化着。由于我周围的各种环境场在无时无刻地不断地变化。所以，我的各种状态也自主不自主地随着周围的变化而变化，这时就可以根据我当时的体态情况及"时位"取象立卦。

再比如：那儿有棵树，相对这个房子总固定地生长在房子的西南上。如果你总是用西南、总是用那棵树起卦就不对了，那不是起的卦总是同一个卦？也就是说世间的一切事物的状态及规律都是一样的了，这就违反了"不可为典要，唯变所适"的易学"变易"的思想原则，同样也违背了易学"适变""应变""通变"的思想。

易学讲的是一种客观变化的规律，只有根据当时的具体情况具体运用，才是最及时、最具准确针对性的应用。

第四节　以人物起卦

比如：一个人问你一件事情。当时你没有注意听清楚他说的每一个字，但是一抬眼，（讲到这里时，正好教室外走进来一个人）你看，咱们讲"以人物起卦"法，这不就马上来人物了。

所以说，有些事情表面上看似乎觉得是一种巧合，我及易学思想都认为这不是巧合。不能以你知道、了解的就是必然的，你不了解、不明白的就是偶然巧合的。你认不认识、了不了解大自然，它都是那个规律性。因为在此时的自然时空环境中，有这个人要走进教室来，这么一个场存在。现在就会有我受这个场的影响的存在。所以，我自主不自主地就讲到了"以人物起卦"法，他正好也就进来了。这是一种时空对应的必然性规律，并不是什么巧合。越是所谓的"巧合"，越是客观必然的（存在）。我突然想到讲这种起卦的规律，又自主不自主的（下意示）看了一下手表，因为还有几分钟才能下课。所有这些过程的发生，都是不自主地就这样去想、去做，这些事情的发生都是有一定的必然联系的。

下面拉回来，我们继续讲正题。

比如：我正在想一个什么事情，某人突然问我一件什么事情，可我又没听清楚问的是什么内容。但是，我还得判断准确问的这件事情的结果。

一抬眼，看见一个年青的男子［艮（☶）为少男］，从我的前面往北边走过去。

这就是"人物"——是青年男子。

青年男子为艮（☶）卦，艮为少男，"少男"就是"小男"的意思。古时"少""小"两字为通假字，其意思都是"小"的意思。

"方向"是向北走去。

北方为坎（☵）卦。

他去干什么？怎么回事？想判断一下。

根据他的行踪来确定你想的事是个什么结果。

青年往北走。得山水蒙（䷃）卦。

将其卦转变成"先天八卦"的序数，再加上现在的时间（下午4点多，应对应第9个时辰）数，得（7+6+9）除以6。余4。

山水蒙（䷃）卦的第四爻变。

"蒙"（䷃）卦变为火水未济（䷿）卦。

这一变看看卦里是不是反映出来的人是穿着红黑色的衣服。即穿着深红色的衣服。外面（上卦）看是红色的［离（☲）卦为红］，里面（下卦）发点黑［坎（☵）卦为黑］。

因为变爻在上卦中，所以以上卦离（☲）卦为"体"。因此以红色为主。

下卦坎（☵）卦为"用"，为次要的。所以说"发点黑"。

判断的结果基本是不带错的。大家看，他是不是就穿着这种颜色的衣服？是不是说明了易学所反映的大自然的规律性是非常准确、非常有序和非常强的？咱也不是有意预先准备好举这个例子，赶上这会儿，发生了这个事，就用这个事来说明这么一种规律性。

坎（☵）为弓轮。说明他得绕一圈才能绕过去到他自己的坐位上（这于刚才进来的年青人行动的轨迹完全一样）。所以说，易学是非常有意思的。你说反映大自然客观规律性的易学是臆造的吗？它不是臆造的。其规律性是特别强的。只有在这种很随机的情况下，才能让你能更深刻的体会认识到易学的客观真谛之所在。如果不亲自去参于实践，就根本无法理解其非常科学的客观规律性。此刻大家都看到了这种客观存在是符合易学道理的。

这就是说，通过人物的不同，也能起卦，也能判断事物的规律性。

方法就是，看到不同的人物，往什么方向活动。通过这个人的行为方向就可得出正确的判断。

假若：正赶上我在想"我调动工作的事能不能成？"

这时就要看以上卦的变卦的构成了。

山水蒙（☶☵）卦变为火水未济（☲☵）卦。

上卦离（☲）卦为"体"卦。

下卦坎（☵）卦为"用"卦。

调动行不行呢？

坎（☵）"水"克离（☲）"火"。

即"用克体"。

故而得出结论：不行！

但是调动之事还有没有余地和可能呢？

现在是不行。因为其卦的里头（二至五爻）是既济（☵☲）卦说明你已经联系好了，但是外面的一些手续、一些路子还没疏通好。好在你最后还是能够调成的［中间"互卦"既济（☵☲）卦，表示将来的趋势］，只是现在不行罢了。这连将来的调动趋势也包含在六爻卦里了。

通过这个卦例就是为了说明，不管看见什么人物，你用他（她）及与他（她）有关的事物起卦，也是一样能判断正确的。

当然不是人物也可以起卦。

用动物也可以起卦；看到植物用植物起卦也行；或者是用其他的任何什么事物对应起卦都行。

其基本原则与人物起卦方法一致。

只不过是将人物变成动物、植物或其他类型的什么事物而已。

第五节　用数起卦

"用数起卦"与"用字数起卦"的方法基本是同一种原则。

将数的位数，也按其个数的奇偶进行前后分割成两部分。

前半部分数的总和除以8，余数定上卦。

后半部分数的总和除以8，余数定下卦。

定变爻的原则也同前面的方法。

即（上卦数十下卦数十时辰数）除以6，余数定变爻的位置。

下面举例说明。

例：用电话号码起卦。

此时，课堂上有人报上来个电话号码为：8317059。

现在咱就按上面的成卦原则成卦分析一下。

因为一共是7位数字，所以前3位数的总和除以8，定上卦。

即（8+3+1）=12。12除以8，余4。"4"对应于"先天八卦"序数的震（☳）卦。

后4位数的总和除以8，定下卦。

即（7+0+5+9）=21。21除以8，余5。"5""先天八卦"序数对应的是巽（☴）卦。

上下两卦重叠为雷风恒（䷟）卦。

现在是第5个时辰。确定变爻位置：（4+5+5）=14。14除以6，余2。

雷风恒（䷟）卦的第二爻变。

"恒"（䷟）卦变成雷山小过（䷽）卦。

由于变爻在下卦艮（☶）卦内，所以下卦艮（☶）卦是"体"卦。

那么上卦震（☳）卦是"用"卦。

卦出来了，"体""用"也确定了。只要卦中所能反映的那些事物及其内涵、规律，我们如不违背这些内涵与规律，怎么联想都对，卦中只要有那个卦象就行了。

因为这是一个单位的电话。

那么，这个单位应该在哪儿呢？

原来这个号码的电话应该是在东南方向［本卦"恒"（䷟）卦为原来状态。其下卦巽（☴）卦为东南］。

现在这个号码的电话应该在东北方向上［变卦为现在状态。变卦"小过"卦的下卦艮（☶）卦为东北］。

而且是在东北方向的一个坡上。上坡（艮为坡）后的一个路口（兑为口）边上［初至五爻"互"咸（䷞）卦］。因为艮（☶）为山，是比较高的地方。所以说是个坡。

坡上头（艮卦以上），一条直路［一至四爻"互"渐。"渐"上卦为巽（☴）卦。巽为直路］，路边一个小路口［二至五爻"互"大过（䷛）卦。"大过"卦上卦为兑（☱）卦。兑为小、为口］，还挺热闹、挺吵的［三至上爻"互"归妹（䷵）。"归妹"卦兑（☱）为说、为悦。震（☳）为雷、为大声响］。是个闹市的附近。这个电话应该是在这么一个环境位置上。

因为，从总体看，卦中是震（☳）"木"克艮（☶）"土"。即"用克体"的状态。

故而知道这个单位现在的状况不太好。因为卦中间为"大过"［二至五爻"互"大过（☱）卦］卦。说明此单位正处在一个过渡时期。由于内部意见不一致［二至五爻"互"大过（☱）卦］来回扯皮，现在还没有过渡过来。

一看是这种情况，你说这个单位我跟他们合作还是不合作？

当然就不能合作了。要是真的与其做买卖，也是走"背"（艮其背，艮为止、为阻）字，做不成什么生意的。因为这个单位的状况现在很困难，我还得给他们补窟窿［初至五爻"互"咸（☶）卦。其中，艮为阻、为堵。兑为穴、为洞］。

当然，咱们这里只是为了讲讲易学的应用规律，并无他心。假如，真有这个单位的人在这里，你也别跟我打架。虽然好像我是违背了家丑不可外扬的做法，但是咱们这里都是自己人，说说而已。

护照号码、工作证号码、驾驶执照号码、自行车车证号码、电报传真号码乃至门牌号码等，只要是有数字的事物，都能起卦进行判断。

比如：是住在哪号房间？

住在 213 号房间。

你到 213 号房间一看，只要是住在这个房间里的这些人，都是泽雷随（☱）卦所反映的情况与状态。

说明他（她）们挺随和。处理事物的态度是顺其自然，决不强求的办事风格。或者是比较随便、不拘小节的人。

一问是住在 203 房间。

坏了。

因为 203 房间是泽火革（☱）卦。

说明此房间的住户特点是，无论干什么总是在不停地变革。

总是处在变化不定的环境中。此人的性格特点也是不稳定的，他（她）与人也不容易相处。办事往往没个准主意。如果与他（她）合作，事情总是很繁乱无章，成功率也低。

因此，我把你的名跟你的房子或住宅的号码、门牌号码等对照起来综合分析，看一看它们之间和谐不和谐，协调不协调。如果既和谐又协调，你就会健康而顺利。不和谐，不协调，就看这些卦之间谁生谁、谁克谁了。从而就能知道会得什么病、会出什么事、有什么样的变化规律等等。这就是场效应。

我认为易学最根本的思想就是场效应思想。其中包含了也就是我们现在"环境生物学"、"环境心理学"、"环境生理学"所研究的课题内容。

通过运用"数字起卦"。

比如：遇到像"丁"字这种字形怎么个起卦法？

"丁"字总笔划数为 3 画。

按"先天八卦"序数，其"3"对应的应该是离（☲）卦。将其定为上卦。

这是在现在这个时间提出的问题，所以要加上现在的时间。即第 9 个时辰。

得（3+9）除以 8，余数定下卦。

余数为 4。

"4"在"先天八卦"序数中，对应的是震（☳）卦。

上下两卦重叠而成火雷噬嗑（☲☳）卦。

说明是处在易卦中的一种火雷噬嗑（☲☳）的状态下。因为是处于自我吃苦受罚的状态，所以他必然提出这个"丁"字来反映自己的这种不利环境及状态。

他所以提出"丁"字来，说明"丁"字所反映的那种场与他自己所处的状态场是一样的，都是"噬嗑"这种状态场。

如果当时一个人提出"丁"，一个提出"大"，还有一个提出"川"等。

说明他（她）们所处的场的状态都是火雷噬嗑（☲☳）状态。在这种状态场的影响下，必然这时同时来提问，同时必然也都是用3划的字来表示自己的状态。

前面都说的是3划的字。

因为他（她）们自身所处的场都是噬嗑（☲☳）卦所反映的状态。联系到我们自己，好象我们所说的问题都搞清楚了。仔细咂么咂么，觉得里面还有硬的咯牙的什么东西存在——内在的一些内容还没有搞清楚。还没咂么透这件事。所以听到嘴里发出嘎吱嘎吱的声音。即能听见响，可是还没咂么出滋味来。因此，才这样提问，并用3划的字来反映这种问题的环境、条件、状态。

当然这种起卦的方法可能还不能满足大家的要求。

那么还可以用以下的方法起卦。

比如：有的人说我要举个"川"字为例。

前面我们举过其同"大"字、"丁"字，三个人一同提出的都是3划的字。所以他（她）们都是处在同一种状态中。

"上海"的"上"字是几划呀？

是3划。3=1+2。

故可以将1定为上卦序数，2定为下卦序数。

由于"1""先天八卦"序数对应的是乾（☰）卦。

"2""先天八卦"序数对应的是兑（☱）卦。

则上下卦重之得天泽履（☰☱）卦。

"履"（☰）卦说明是小心谨慎且提心吊胆的状态下提出这个问题的。天泽履（☰）卦说明提（兑为提）心（离为心）吊（乾为高、为吊）胆（巽为胆）在里面〔三至五爻为巽（☴），巽为胆。二至四爻为离（☲），离为心。二者在卦的中间，故曰"里面"〕。心里没底的时候问这个问题，心里会想老师是回答还是不回答？批不批评我呀？说不说我呀等等，心里有点胆心。

提这问题是在下午 4 点多钟时发生的。所以加时间变量确定变爻。

即（1+2+9）=12。12 除以 6，正好整除。

所以是天泽履（☰）卦的上爻变。

"履"（☰）卦变成兑为泽（☱）卦。

变爻在上卦，所以上卦兑（☱）卦为"体"卦。

下卦兑（☱）卦为"用"卦。

上卦兑（☱）"金"与下卦兑（☱）"金"，金金相合。

即二者是"体用比合"关系。

"兑者，悦也。"高兴了。说明双方说明白了，互相可以进行交流（上下两个兑，兑为口、为嘴、为说、为讲。为两个嘴对讲、对说之意），并与易学（问题）之间成了朋友（兑为朋友讲习）。所以也就能弄明白其规律了。

因此说，在起卦过程中，不管怎样都可以把事物变成数，复杂的事物更应该变成数。

不管是什么事物最后全都要变成数。由数上来定对应的卦就行了。因为数在任何空间和参照系中，它与它的规律都是通用和不变的。

比如：11520 是 64 易卦的总体数。"类万物之情"、"当万物之数"就是指的这个数。64 卦的产生，其所使用的全部蓍草数就是这么多根。

也就是说 64 卦中，一共反映了 11520 个事物之间的矛盾。即 64 卦总体反映的是 11520 个事物的矛盾群（体）。

按以数起卦的原则以上数得泽山咸（䷞）卦。

11520 这个数现在处在什么状态下呢？

因为上卦为 1+1=2。

"2"对应于"先天"卦的兑（☱）卦。

下卦为 5+2+0=7。

"7"对应于"先天"卦的艮（☶）卦。

上下卦重叠得泽山咸（䷞）卦。

再加上现在的时间（下午 4 点 45 分，第 9 个时辰）变量。

得（2+7+9）=18。

18 除以 6，正好整除。为上爻变。

泽山咸（䷞）卦的上爻变。

"咸"（䷞）卦变成了天山遁（䷠）卦。

即 11520 现在正处在一种隐藏、隐遁的状态。这不正说明了，此数是暗含在 64 卦中吗。

对于我们大家来说，由于变爻在上卦乾（☰）卦之上。

故乾（☰）卦为"体"卦，下卦艮（☶）卦为"用"卦。

全卦说明，大家已经有些开窍了，能够理解明白一些易学道理了。

怎么弄明白的呢？

你坐［初至三爻为艮（☶）卦。艮为坐］在那里，踏踏实实不断地［二至四爻为巽（☴）卦。巽为不断］用脑［四至上爻为乾（☰）卦。乾为脑］筋［三至五爻为巽（☴）卦。巽为胆，胆主筋。巽为灵感］来想。

全卦为艮（☶）"土"生乾（☰）"金"。

即"用生体"。

其中艮（☶）是坐着，巽（☴）是来回不断地，乾（☰）为头脑。脑筋（乾）里来回（巽）转（乾为圆、为转）才能悟到这个道理。卦象把怎么来认识这个问题的方式、方法都告诉了大家。

最后一变卦，成为"遁"（☰）卦的"旁通卦"地泽临（☷）卦。

咱们前面曾讲到过什么字时也得到过地泽临（☷）卦呀？

"宇宙"二字也是地泽临（☷）卦。"类万物之情"易卦可以表述宇宙的事，中国汉文化的很多语言都是符合易学规范的。

如果不相信以上论点，可以在见到"易经"中的卦辞、卦意、爻辞时，如果不明白其意思的时候，就可以把不认识、不清楚的那些字、辞，按"用字起卦法"的原则把它们都变成卦。然后在卦象中去寻找那个卦的象意（那个卦就表示着这个字的象意）。

只要有笔划数，就能找出来与其笔划数相对应的卦，这个卦就代表着它的意思。大可不必再去查字典或训诂了。

我之前在天津遇到一位搞中国古代历史研究，同时也在搞《易经》研究的一位学者，他也在写有关《易经》的书，他参加了我举办的《易经》学习班。学习班将结束的时候，他对我说："看来我原来研究易经是走了弯路了，易经中的很多道理我都没真正理解。"接着他又说："我的老师（不是说他的老师笨。而是为了说明我研究易学的这种'象数'方法比较好而已），为了研究一个'礻'字旁是表示什么意思的，他想从甲骨文、钟鼎文、大小篆、楷书、隶书、草书、行书等等中得到启示。几乎查遍了所有有关解释、介绍汉文字的书。用了两年半的时间终于得出了结论：这个'礻'字旁，表示的是古时候祭祀时，用做祭天用的那根旗杆。"

如果按易学的规律来解示这个字，是非常简单的。

"礻"字共五划。

"五""先天"卦对应于巽（☴）卦。

"巽为绳直"，这不就是一根细长的杆子吗。

所谓笔在纸上写字〔风火家人（䷤）卦〕，其中巽（☴）为笔，离（☲）为纸及书写内容，也是细长的东西（笔）在写字〔风火家人（䷤）卦〕。

"巽为进退。"上面一会儿挂上去个什么东西，待会儿又挂个别的什么东西；一会儿升上去，一会儿又降下来。这是不是一个（旗）杆子的作用？

巽（☴）还为"僧尼之道"、为"灵气"、为气功及修炼之"炁"。巽（☴）卦是不是可以用来表示一种显灵气的事物？

这样做，马上卦里就可以将其内涵反映出来。因此，就不必要再花那么多的时间和那么费劲的去查训了。这种方法就能使你节省很多的时间。剩下来的时间，就可以研究一些其他的课题了。所以掌握了易学道理，熟懂了易学的"象数"规律后，在研学易学的过程中，就非常省事啦。

当然了，在研学易学过程中会有许多的方法。我们力图将这些方法糅合在一起，随心所用。即在不违背易学思想及规律的情况下，怎么用都可以。

我曾经在焦作办班的时候，当众做过一次有趣的实验。那是我在全国第一次办普及性的"易经学习班"，有位石家庄的老先生，他对我说："你能推算出我心里想什么吗？"

我说："好，我先给你起一卦，你说你心里想的事。"

他就站在那儿说起来，说完了以后，我将起的卦给他看。一看，卦象中所反映的就是他刚才说的事及其过程。

他说："我换个方向再说呢？"

我说："你换个方向，我就给你换个方向起个卦。"

根据他站的新方向，我又给他起了一卦。

他又说了好半天。说完后，一看我给他起的卦，正是他所说的内容及过程。

最后他又站到我的南边来了。

我又根据他的站位给他起了一卦。

结果这次他说的是他夫人与女婿之间的事。结果最后一看，卦中其夫人与女婿之间的生克关系，跟他说的是一模一样。

我说："你们看看，站在什么方向的什么位置上，你就得想说什么内容的话。这是一种场效应的问题。不是说你想说什么就说什么。而是处在这种环境条件下，受周围环境场的影响，你一定这样去想，用这种语言方式，这样去表达自己的这个想法。你的想法是自主不自主的受到周围时空场的制约的。不是孤立存在的。所以说，一切事物都是有其严格的规律性，都是互相联系着互相制约着的。没有任何一个可以孤立存在的事物。一切事物都是符合'对应统一'规律的。"

人的一言一行都是自主不自主的符合着易学场效应时空规

律的。

比如说：我现在说，我有个电视机（进口）批文，咱们来做做这个电视机的买卖吧。话刚一从嘴里说出来，马上就能知道这话是真是假。立刻就知道我有没有批文。

在这个时候，用这种语言方式来说这件事，到底是不是这么会事儿？是真是假？起一个与这种语言方式及内容相对应的卦，马上就知道了。

"我有电视机批文。"这句话共 8 个字。

按规则将其对半一分，定其上下卦。

即前面有 4 个字，后面也是 4 个字。

按"先天八卦"序数 4 对应于震（☳）卦。

因此上下卦重叠得震为雷（☳）卦，说明都很激动。

加现在说话的时间（下午四点多。第 9 个时辰）确定变爻。

即为（4+4+9）=17。17 除以 6，余 5。

所以震为雷（☳）卦的第五爻变。

"震"（☳）卦变成泽雷随（☱）卦。

"随"卦有随意、顺其自然、顺便之意。因此说，是随便一说而已。

由于变爻在上卦兑（☱）卦之中，故上卦兑（☱）卦为"体"卦，下卦震（☳）卦为"用"卦。

表面看此卦中，为兑（☱）"金"克震（☳）"木"，是"体克用"的事实状态。

但是从整个卦中并未见表示批文的离（☲）卦。虽然初至四爻"互"颐（☶）卦，有"离"象，但"颐"（☶）为"自求口食"，自己找饭吃、自食其果的一种状态而已。因此全卦也只能说，我只是说［"体"为兑（☱）卦。兑为说］的好听［震（☳）卦为声音、为听］。这是吹［三至五爻为巽（☴）卦。巽为风、为吹］牛皮呢。只不过是激动［本卦上卦为震（☳）卦。震为冲动］时，说说［变卦上卦为兑（☱）卦。兑为说、为朋友讲习］而已［"旁通卦"山风蛊（☶）卦。其上卦为艮（☶）卦。艮为止、"艮其背"。这表明是在说反话。不会有结果的］。说明我根本就没有批文。只不过是随便说说而已。马上就能知道我在撒谎。从全卦的体用关系看，也是说兑（☱）"金"的口说克制住震（☳）"木"的实际行动。故而其话不真实。

无论什么时候，在什么地方，想干什么，是真是假、能否成功等，都是受时空场效应规律制约着，都是有一定的规律的。当时说真话还是说瞎话都是一定的。所以说，当大家都掌握了易学规律的时候，社会上谁也甭想撒谎了。撒谎不撒谎一张嘴大家就都知道了。所以也没法也不必要去撒谎，否则在社会上就会被孤立而无法生存下去了。

从长远人类社会的发展来看，学习易学思想、方法还有个提高人类思想道德素质的积极作用。可以"逼"着人类在社会中去做好人，说真话，办实事，做一个正直的人并提高人类精神文明和物质文明的总体水平。

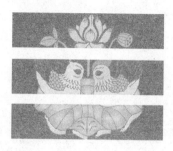

第四课　易学应用杂说

平时在易学界，常常会听到"善易者不占"这么一句话。

其意思就是说：当我们全面的掌握了易学的各种思想规律以后，就用不着去占卜、算卦了。

在香山我举办的易经学习班上，有一天午饭后，有位女士伙同其同组学员走到我的面前。她突然用手一拍她前面的一位老年女学员的肩膀说："张老师，你看她多大岁数了？"

我立刻斩钉截铁地说："62 岁了！"

"哟！张老师，你真神啊！你怎么知道的？"

我说："你告诉我的！"

她说："我什么都没说！"

实际上，这个年龄数是她无意中告诉我的。

因为她是说话的主"体"。

她站在岁数大的这位妇女的正后方。

正后方是坎（☵）卦之位，坎"先天"数为 6，6 为主"体"，即高位数。

用右手去拍前面人的左肩。

右手为兑（☱）卦之位，兑"先天"数为 2。

因为手是她身体上的一个局部性"客"体。

为次要的因素，即低位数。

所以断定是 62 岁。

当然用起卦的方法也可以得出这个结论来。

她的右手拍在他人的左肩上。

从"方位之象"中可知：右手为兑（☱）卦所对应，左肩为巽（☴）卦所对应。

上下组成泽风大过（䷛）卦。

正值下午 1 点多钟，即第 8 个时辰。

加时辰后，为"大过"（䷛）卦的三爻变。

变成泽水困（䷮）卦。

由于第三爻是变在下卦，所以下卦坎（☵）卦是"体"卦。

即高位数值卦。

上卦兑（☱）卦为"用"卦。

表示低位数值的卦。

按"先天八卦"序数，坎（☵）卦为 6，兑（☱）卦为 2。

因此得 62 岁之结论。

由此例应该按我所体会到的易学规则确定数的位置。即大、"体"数（高位数）应放在数字排序的上面或者左边。小、"用"数（低位数）应放在数字排序的下面或者右边。

这是由易学顾大局思想所决定的排序原则。

易学这种"莫明其妙"的时空对应性，处处皆是。只不过"百姓日用而不知"罢了。

比如：还是在香山学习班期间。

大家在香山寺的左边坡道上围着我。

突然有个老太太问："张老师，你看我住在什么地方？"

　　当时我们正好是在香山的香山寺门厅下面，正好也是走道下坡的坡底下，我右侧坡道上面站了一群人，我对面下坡的路上也站着一拨儿人，我左边是块平地，大家围着我聊天，谈论如何断卦的问题。这时就出现了这个老太太及其问话。

　　这时我以我面对的正前方，做为正南方。

　　因为当时我们到底站的都是什么方向，我也来不及管了。

　　只见这位老人，站在我的右侧坡上的中间偏前一点的位置上。

　　我就说："我也不知你是哪个城市的。不管怎么说，反正你住在你们那个城市的西边略偏一点南的地方。

　　因为她站在我的右侧略偏前一点的位置上，按'后天八卦'方位分布应如此判断。

　　并且是住在一个高坡上的大院里面。"

　　"唉呀，张老师，你说的太对了！你怎么知道的？"

　　我说："你看，你站在我右边略偏一点前方的坡上（的确她站在我的右边靠前一点的方向）。从'后天八卦方位分布'来看，应该是对应于西略偏南的方向，又是站在一个坡上。所以说，是住在一个高坡上。

　　为什么说是一个大院子里呢？

　　你看你脚下是一个个既大又方的水泥砖，每块与每块之间排列的整齐而有序，每一块周围都有间隙，这不是'离中虚'的大院子吗（水泥砖周围有个框框）？"

　　接着她又说："你看我住几楼？"

　　我说："你住二楼。"

　　"唉呀，张老师，你太神了！"

为什么知道她住在二楼上？

因为从我的脚底下，往她站的坡上的位置上数。她正站在坡上的第二块水泥砖的方格里。

紧接其后，是站在她后面的一个年青的女士又问："你看，我住几楼？"

我说："反正我也不知道你住在哪里，你可能跟这位老同志不是一个城市，也不是一个单位。不管你住在什么省市地区，反正你是住在三楼上。"

"唉呀，张老师，你说的真对！"

因为她站在刚才前面问话的那位老太太斜后方的第三块水泥方砖的格子里。

当时的时空场效应就是这么强。

此后，接着就是与前面那个老太太一块来的另外两位女士，想从我右侧的人群中挤进来。由于大家都想听清结果，所以谁也不谦让，因而她们就挤不进来，于是乎就转到我前面偏左人少的方向上去了。

她着急地问："张老师，张老师，你看我在哪儿？"

我说："你在你们城市的南边偏东一点的方向上，你住的那个地方的地势较低（她站在我前面偏左比我地势低的下山坡上），离市中心比较远一些（因为与她同来的人相较，站的离我的距离最远）。"

转到我左边与她们一同来的另一位女士，也急切地问："我呢？你看我呢？"

我说："你离她（指我左前方的那位女士）住的地方很近，你在城市的正东面（她正好站在我的左边）。你在你们三个人中间，是离市中心最近的一个（她站的位置，三个人中间离我最近）。"

　　站在我右边坡上的老太太说："张老师，太神了！"

　　我说："不是我神。都是你们自愿告诉我的。"

　　事情就是这么离奇。为了表示自己所住的位置，当大家有意无意地谈到住家位置的时候，她们都会自主不自主地转到自己应该所处的位置上。无意中告诉大家，我住在什么方向、什么样的环境及位置上。

　　这种情况是非常有意思吧。无论是开会或是聚会等场合及处在一种什么组合状态下，你所坐的位置，无论是别人有意安排的，还是随机选择的，都很明确反映出在这种场合下，你所处的地位、结果、将来的发展趋势以及人事之间的关系等等。

　　比如：在饭桌、会议桌、礼堂、教室等，任何一个物体的周围，全是按照"后天八卦"分布的规律分布的。只要熟练掌握分布规律之间的生克制化原则，在任何事物周围铺开套用就行了。其适用于"其大无外，其小无内"系统。分布结构状态永恒不变。

　　易学的这种整体观，是非常显而易见的。

　　为什么？

　　你想想，就我现在站在这个地方，每位先生、女士跟我之间的距离、位置都不一样。每位人士之间的长相与距离差异也各不相同。每位人士之间的结构、分布、层次、过程等同样也是不可能相同的。我与每位之间及每位与我相互之间的这种分布、逻辑、层次、结构、过程等，都是一样且一定的。

　　比如：从我这里到屋外的那棵树或那棵树所处的位置上，好像在过程层次上反映的都不一样。从我这儿下去到地面，沿着地面过去一直到你或谁那儿。其中，这一层一层的结构层次是不一样的。表面看是不一样的。

可是，从我这儿到你那儿的逻辑层次及结构过程，和从你那儿到我这儿的逻辑层次及结构过程确是相同的。从我这儿按照咱们之间的联系过程我能找到你。同样，你按这种联系过程也能找到我。咱们之间的这种逻辑过程及规律是不变的。也就是说，不管从你到任何事物或任何位置上，相互之间的这种结构、层次及逻辑过程是不变的。

我到那位人士之间的层次虽然又是另一个结构，但是，他到我这儿的结构层次却还是一定的。

因此，我们可以将大自然的各种分布结构形式，看做是瞬间是相对静止无变化的。它在这个时间段内的这个时候（就是问事或需要判断的这段时间），看做是一刹那相对静止的。虽然，大自然中的任何事物都是在不断地运动变化着的，可是，只有运动变化到这种状态时，在这种整体场的作用下，不由自主的你才想到了这件事，说出了这样的一句话，干出了这么个事……自然界中的任何事物，都处在这种整体场效应的作用之下。每个位置上的每种特点的事物，都与其他任何一个位置上的个别的事物客体，紧密相联系的。既能找到他，也能找到你；既能找到你，又能找到我；找到我根据关联关系，也能找到他或者你，乃至其他的任何一个与我相关的人或事物。

也就是说，宇宙中的一切事物，此时是整体地联系在一起的。无论哪个位置上反映出的信息，都能反映其整体的规律原则。这儿一动，相应的那儿也一动。二者在相互制约的作用下，都会发生各自的变动。这么说，就是说这个环境场都有它自己对应的固定结构模式。在同一个状态结构模式中，各个事物间的规律模式也必然是相通的。他的事中反映了你，你的事中反映了他。二者之间通过各种可能的形式，互相表达着自己的规律状态。所以，我们才有可能做到"善易者不占"的境地。

因此，我们才确定判断推理的原则为"不动不占"。

还是香山学习班期间，一位学员问我："张老师，你看我来干啥的？"

说完话，紧跟着"啪"的弹了一下香烟的烟灰。

说明他是来告状的。他的房子被别人给扒了，其住家是在一个什么环境条件下等，全都通过这烟灰的一弹告诉给了大家。因为，在这个时间条件下，这么一种环境状态中，他想到了这件事，发表了这种言论，（处在这种场的综合作用下）他必然出现弹烟灰这个动作。从大自然及易学思想规律来讲，这都是必然存在的客观规律。

平常大家应该养成善于观察周围事物的好习惯。这样你就会深刻地体会到易学思想的科学性及包容性。

春节前后，由于回家探亲的优秀传统思想的影响，城里的流动人员剧增，是观察人最活跃最有意思的时候。往往我会因为观察、统计一些人及事物的规律时，经常在公共交通车上坐过了站。

春节前后，也是北京人从全国及全世界各地赶回家探亲及外地人回家探亲较集中的时期，回家人员的流动性特别大，是观察，分析、了解各种各样的人的好时机。上街时，我坐在公交车上，顺便观察一下各类人群及其各种易学规律与其之间的对应性关系。

比如说，观察颜色、服饰与人的长相有什么规律。

一看，这人穿什么颜色的衣服，判断一下他（她）大概是什么样的相貌、眼睛什么样、鼻子如何、颧骨是什么样、嘴巴如何等等。判断得出后，再走到他（她）的对面，偷偷地看一看对方，将判断的结果与实际情况比较比较，看是否正确。又不敢正眼盯着看。正眼盯着看，弄不好别人还以为我要流氓呢。因此，经常坐过了站。往往都坐到终点站去，回头再坐回来。再观察一番。反正我买了月票，问题也不大。就这样总结出了好多经验及相关规律。

中国传统文化的研究，非常注重细心的观察事物的每一个细节的变化（易学中称之为"研几"）。当你注意观察事物的时候，就会发现每一个细节的不同。易学是跟什么事情都联系在一起的一种学问，而且这种联系性还特别的强。就像前面咱们讲到课堂上进来的人一样，一看上面穿的是红色的，下面穿的是黑色的，就得出了符合实际的正确判断。他必然就这样运动、就是这种状态，完全符合易学的道理及客观实际。咱们讲的是"人物起卦"的问题，结果马上就进来个人物（大自然此时就突出人物）。对应性多强。

易学的规律性特别强。如果要基本掌握这些对应性规律，关键是希望大家不要爱面子，不好意思。咱们小组长可以组织一下，反正大家都是学易的同学。如果小组长来不及组织，同一个宿舍的同学互相间你给我出点题，我给你出个问题，用咱们今天学到的方法，大概齐地判断判断。看看有什么好事、有什么病？有什么不好的事没有？以及其他的什么状态等。

下面咱们继续讲具体的应用。

比如，易学规律在医学临床上怎么用？判断分析药味上怎么判断？在气功修炼中、在诊病治病方面等等怎么来应用这些易学知识。

第一节　笔画数起卦的一些说明

在用字的笔画数起卦中，再强调一下我的原则。

比如：用"刘"字起卦。

按现在我们通常用的简化汉字及我的场效应规律，它应该是 7 画。

7 画按"先天"卦序应该对应的是艮（☶）卦。

而传统的繁体字的"刘"字，总笔画数应是 19 画。

19 除以 8，余 3。

"3"按"先天"卦序应是对应于离（☲）卦。

这样，两个卦所表示的是两种意义，同时表示的场性意义也不一样了，这就不符合伏羲创卦与后人创字时的真实意义了。

一个卦，在同一范畴内不能自身同时表示几种意义。只能表示一种意义。

我认为，一般还是应该尊重传统习惯。根据我和我的许多学生的大量实践经验，一般在用姓名或者什么公司的名起卦时，就得符合宋体的繁体字笔画。这样得出的判断结果比用简体字得出的结果，正确率高出的相当的多。

举例：比如"丰丰公司"。

公司希望富裕再富裕，繁荣再繁荣。内容越多越好，经营项目越广泛越好，钱赚的越多越好，"丰"（☳）卦是丰富的意思。

按"丰丰"的简体字起卦进行分析，看看"丰丰公司"最后是不是能达到富裕的目的呢？

上下卦都为 4 画。

所以，得"丰丰"为震为雷（☳）卦。

说明该公司一天到晚紧张地在奔波劳碌，经常与他人把关系搞得很紧张，常常与人吵嘴打架，干什么都容易冲动、着急。工作粗糙，效率低下，擦屁股的事太多，浪费了很多的宝贵时间，长期处于发展方向选择不定状况等。这就是震为雷（☳）卦所表述的内涵。

长期这样下去就要走向自己的反面。

即成为其"旁通卦"巽为风（☴）卦。

"巽为进退不果"，说明将来还是处于干什么事重复性很大。经常做一些重复性工作，经常是内外扯皮、犹豫不决；不断地选择自己的出路。可是，总定不下来自己的目标。所以用这个"丰丰"为名字的公司，状况是不会太好的。

如果用繁体字的"豐豐"二字来起卦分析，还是不是这种状况、这种规律呢？

此时"豐"字不只是 4 画，而是 20 画了。

20 除以 8，余 4。

"4""先天"卦序对应于震（☳）卦。

结果，依然得到的是个震为雷（☳）卦。

依然要奔波劳碌、紧张辛苦。正好与简体字所组成的卦与其内涵一模一样。

这也就是个别人说：我用简体字起卦也行，也挺准的原因之一。这是因为"繁""简"两种字形的笔画数从总体上来说，正巧相合了。如果不是巧合的话，就像前面所提到的"刘"字分析的结果一样。那分析出来的结果可能就差多了。

比如，再举个例子："永顺公司"。

用繁体字起卦。

"永"字8画。为坤（☷）卦。

"坤者，顺也"。本身就有顺利的意思。

"顺"字共14画。除以8，余6。

"6"对应为坎（☵）卦。

"永顺"二字得地水师（䷆）卦。

也就是说，该公司经常处于像要打仗、出师征战、被人当枪使的冲锋在前的情况下。所以，此公司往往起到一定的率领或指导的带头作用。敢于冒险，永于冒险。因为坤（☷）"土"克坎（☵）"水"（"坎为险也"）。故而也经常处于令人担忧的状态。

如果用简体字起卦。则"顺"字就成了10画啦。

除以8以后，余2。

"2"对应于兑（☱）卦。

这样"永顺"二字就组成了地泽临（䷒）卦。

那就与前面的地水师（䷆）卦不一样了。

这个"临"（䷒）卦它能不能代表这个公司的全部特点呢?

起码从全卦上面（二至五爻）这一段来讲，还是代表了这个公司的一大部分特点。如果再根据"半象"的规律来讲，把它展开以后，它是"师"卦上面（二至上爻）这一截。但是，它["临"（䷒）卦]却丢掉了"师"（䷆）卦下面这一个阴爻。也就是说，没能完全研究透并全面、完整地表述这个"永顺公司"的状况。只是大部分的反映了"永顺公司"的状况。

因为这个"永"字没有简体字。所以笔画数还没变。如果这个"永"字要是存在简体字时，可能此公司就变成了类似"顺顺公司"的话，那变化可就大啦。

"顺顺"按繁体字的笔画数，得到的是上下两卦都是坎（☵）卦的坎为水（䷜）卦。

而这个简体的"顺顺"得到的却是上下卦都是兑（☱）卦的兑为泽（䷹）卦。

虽然，兑为泽（䷹）卦中的三至上爻"互"大坎之象，但下面兑（☱）卦之象却又丢掉了坎（☵）卦"半象"的下半部。这样一看两者的差异也就比较大了。

为什么我们要提倡用繁体字，就是因为其内含了较多的事物内容与因素。而简体字却无意中丢掉了许多因素，其反映的信息内容就不完善、不全面了，故而不能全面地反映这个事物全部的特征了。这些简繁体字的表述差异，直接就可以从其得卦的结构中看出。

某些简化汉字的笔画数刚好与繁体字约减后的笔画数相等。这就说明了二者还是处在同一类性质的场中。所以它们总体所反映的规律也必然是一样的。繁体字的这个"豐"字，共20画，可为内涵丰富。简体字的这个"丰"字只有4画，其中少了很多因素（笔画）。所以说，从场的结构来讲，它就不如前者反映的内容更多、更丰富。虽然都叫"丰丰公司"，前者的经营项目要比后者的经营项目可能会多些。当然事物的繁琐性及内外的矛盾，相对也会多些。所以说，一切事物的好坏都是相对的。都不可能违背"一阴一阳之谓道"的规律的。

这是说一般用字起卦时，尽量用繁体字而不用简体字。可是对方想让你给判断事物时，他（她）主动给你写的是简体字。那我们就可以利用他（她）所直接提供的因素（简体字）起卦进行判断。但是，这些方法的前题要求，可不要弄混淆了。

第二节　卦象与人物年龄段的对应关系

　　从卦象上，是如何来表示不同年龄段的人或人群呢？

　　从传统的卦象中，"八经卦"不同的卦可以表示是长男、少女、父亲、母亲等"乾坤生六子"的规律。通过震（☳）卦、兑（☱）卦、乾（☰）卦、坤（☷）卦等不同的卦，将他（她）们区分开来。

　　这不同的八个"经卦"，可以表示不同岁数及不同年龄段的人或人群。

　　下面举例说明。

　　比如说，"经卦"乾（☰）卦。

　　一般表示的是父亲。也可以表示古人、老人（包括女性）、表示祖辈或爷爷、外祖父、叔父、叔叔、舅舅之类的人群。多数情况都用来表示长辈的男性。

　　可是，也可以描述与儿子、孙子有关的事物。

　　为了描述儿子、孙子的事，往往有时也会用到乾（☰）卦。

　　那这是怎么一会事呢？

　　因为乾（☰）卦还可以表示头圆、大脑门、骨瘦如柴、大肠、右足之类的形象。所以可以表述你儿子、孙子的圆圆的脑瓜子或大脑门。这是遗传性的结果。你做父亲的是圆脑瓜、大脑门，所以儿子也是圆脑瓜、大脑门。孙子又随其父（你的儿子）也是个圆头圆脑的大脑门。

乾（☰）卦不是代表老人的吗？怎么又表示起小孩的某部分了呢？

表示老人，是从整个社会或家庭的结构来说的。

表示小孩，是从小孩自身的整个局部个体来说的。

这些不同范畴内的不同表述内容，可千万不能搞混淆了。

因为任何一个卦，都可以是"类万物之情，通神明之德"的。同一个卦在不同的范畴、范围、环境、条件、层次、位置上等，它所表示的具体内容或意义往往都是不一样的。

我经常讲，乾（☰）卦"先天数"不是"一"吗？表面上看只是个"一"，这是从总体上来看，才抽象出来成为一个"一"。但是只要谈到与"一"有关的具体内容，那其具体内容可就差别大了。比如：这是一台录音机，这是一个麦克风，这是一位解放军同志，这是一位女士……就与前面的事物有很大的区别了。解放军同志、女士之类这还都是人类。这与其他种类的事物相比较，其具体内容就大不一样了。

那么，到底是表示的是一个老同志呢，还是个年轻的同志？

是个男的，还是个女的呢？

在这个以人类、人群为范畴的概念中，易学中有长男、长女、中男、中女、少男、少女、父亲、母亲，有老人，有小孩等，都可以并且也能够将其严格的区分开。

可是，当你谈到事物的时候，比如，一个麦克风，一个录音机。是一个大的还是一个小的录音机？是一个单声道的还是一个双声道的？那么这个"一"的具体内容也就又大不相同了。

由以上分析来看，好像就没法说，到底从卦里怎么才能表示不同年龄的人呢？

我认为，怎么都能表示。就看谈话时是站在哪个角度、状态，谈哪方面的问题了。

要是从你们大家整体来讲，或者从咱们这个学习班的总体人员结构来讲。

乾（☰）卦可以表示50岁以上的男人，老同志、老先生、老大爷之类。

坤（☷）卦表示50岁以上的女人，老同志、老太太之类。

其他的中年男女，从20岁到35岁左右是坎（☵）卦或离（☲）卦表示。

35岁到50岁的成年男女，用震（☳）卦或巽（☴）卦表示。

20岁以下的青少年男女，用艮（☶）卦或兑（☱）卦表示。

要是从整个家庭来讲呢？

震（☳）卦表示家庭中年龄最大的男孩。

坎（☵）卦就表示男孩中老二或老三、老四之类——排行在中间的这些男孩。

艮（☶）卦表示家中男孩子最小的那一位。

巽（☴）卦表示家里女孩子中年龄最大的那一个。

离（☲）卦表示女孩子中排行老二或老三、老四、老五之类的，女孩排行中靠中间的那几个。

兑（☱）卦表示家中年纪最小的那个女孩。

乾（☰）卦为父亲。

坤（☷）卦为母亲。

我这种表示范畴就与一般易学认为的"乾坤生六子"的家庭表述模式有所不同了。

假如是个老干部合唱团，其成员中最小的也在60岁以上。

兑（☱）卦在这里就不是表示女的婴幼儿了，而是表示合唱团中，年岁最小的老太太。

巽（☴）卦就表示这帮老太太中，岁数相对来讲比较偏上的那个（群）老太太。

坤（☷）卦是合唱团中岁数最大的那个（群）老太太，可能已是80岁以上的老人了。

那么离（☲）卦就是合唱团中间年龄段（平均年龄上下）的那部分老太太。

合唱团中老头、老爷子们的分布原则与老太太们的一样。在此就不细说了。

这种分布原则与家庭中的表示范畴与内容就又不一样了。

因为所要表示的范畴不一样，所以这个老少区分的界限也就不一样了，表示的具体人物类型也就随之发生了变化。

比如：这群人中都是年轻人。

则坤（☷）卦所表示的是这群年轻人中间岁数最大的那个女人。

兑（☱）卦表示这群年青人里岁数最小的那个女人等等。

这样看，卦象在这种人群中所表示的岁数大小就又不一样了。

所以，得看在什么范畴、范围之内来谈这个卦与岁数、年龄段的对应关系。同样的一个卦，在不同的范畴、范围内所表示的具体意义是大不一样的。

有人问："张老师，你怎么能够判断出是祖父、祖母、妻子还是同事呢？"

易学中并没有说给你个如何判断岁数的死格式。"唯变所适"，看你谈的是哪个范畴，哪个范围之内的岁数问题啦。同样的一个卦，在不同的环境条件下，表示的老少、岁数的大小及其界限是有区别的。

第三节　各种卦数的应用特点

前面咱们讲过，使用"先天数"的主要目的是为了保证判断结果的准确性。

可是，为什么要使用"后天方位"而不用"后天数"起卦、分析卦呢？

因为"后天方位""后天数"还要加上许多其他的转换系统，才能保证其判断的准确性。又因为"先天数"的准确率在百分之九十五以上，而与"后天卦"相对应的"后天数"的一般准确率只在百分之七十五左右。为了提高其准确率，往往还要增加一些辅助系统（纳甲、爻辰、亲兽之类）。这样就容易把系统搞复杂，反而更不容易抓住主要事物。

比如：《卜筮正宗》的方法里，得出来卦之后，还要加上什么"六兽""六亲""兄弟""官鬼""妻财"之类的系统。同时还得加上与时空对应的"爻辰法"，加以仔细的分类。这样就加上了很多的内容及系统方法，补充了"六爻"法的许多内涵内容。最后，通过各种系统方法的通盘分析，再确定各爻的具体意思。所以，这种方法就变得极其复杂，虽然可以将事物的具体内容搞得相对更细致、针对性更具体一些，但是其针对性的大方向内容，可就相对地较难以把握和确定了。这可以说，也是因为违背了易学"易简"思想所造成的主次不分的后果。

如果，运用"先天数"得卦，那将是简单又易掌握的一种分析判断方法。因为"先天数"是带有普遍性规律和本质意义的。

我们在用我教给大家的易学方法时，不管是什么时候，什么地点、环境等条件，都千万不要忘了是用"先天数"来确定卦。

按"先天数"，乾（☰）卦是对应于1。

可是，在一些书中，乾（☰）卦除了是1以外，还可以是4或9。

这是为什么？

咱们还没有讲《河图》《洛书》——"先天自然之易"的规律。

4和9就是《河图》规律中的一对"生数"和"成数"。即"地四生金，天九成之"。四是"生数"，九是"成数"，一是"先天八卦"之序数。正因为乾（☰）卦"五行"属"金"。所以将《河图》的这一组数，分配到了乾（☰）卦的身上。

那么，卦中所反映出的这些数是干什么用的呢？

比如：这些数用在判断在你家中，你排行是老几时，可以使用。如果出现的是乾（☰）卦，则你不是老大，就是老四，要么就是老九。可是，在现今计划生育的时期，排行往往不是一个就是两个，个别情况可能还会有几个，但是已经没有什么普遍性意义了。

比如：卦中出现了离（☲）卦，其"先天数"是三，从《河图》数上看为"地二生火，天七成之"。如果是老二、老三还能反映出来，老七可能就没多大意义了。现在一般家庭可能连老三都不会有了，在这种特殊的历史时期，卦中的这些意义可能就不太大了，所以也不要死钻这些数与人的某些排行意义。

但是在现今时期，在判断一些较老或者较大的家族的排行情况时，这种分析方法还是用得着的。

　　比如 1970 年我被分配到宜昌接受"再教育"的时候，我们住在"小溪塔"的一个山沟里。我们对这个沟里生产大队的人口情况做了个调查，49 岁以下具有生育能力且结了婚的妇女。平均一家子有 7 到 8 个孩子。那个地方非常偏僻、落后，没有什么文化生活，就是生孩子，一家占据一个小山头，这山叫"自留山"。因为一个山上是一户人家，生产队在山沟沟里拉了有 8 公里长，几乎家家都有很多孩子，个个都长的又瘦又矮，最多的一家有 17 个孩子。计划生育当时可能很难在这个地方开展，因为真是太偏僻、太落后了。再加上文化水平又低，业余生活又不丰富，交通又不便利。生产队要开个全队会议，都得等上三四个小时人才能基本到齐。生活非常辛苦，主要是靠天吃饭。他需要劳力，所以也就使劲地生孩子。在这类地区我们通过卦来确定家中的人员排行，还是很有实际意义的。

　　以上卦数是用在家庭排行上的。可是我们日常生活中，到处充满着数。特别是现今的商品经济社会中，更是充满着各种数值。所以易卦的数理作用更是越来越重要。除了可以判断排列名次之外，在股票、黄金、期货等领域，更是能超过现有的任何理论指导，都能收获意想不到的回报率。要想知道是什么数，就得知道其对应的是什么场（卦）效应环境。知道是什么样的场（卦），就知道对应的是什么数值。数即是场（卦），场（卦）即是数［我另有《易理数理》（一二三册）一书论述］，二者紧密联系而不可分。

　　下面我总结一下前面讲过的内容。

用名字起卦时，不一定局限于人名、公司、单位、企业、社会团体等方面，地域名、小区、街道及楼房名和国家名等也可以运用。

比如，一条什么大街或街道，按照街道的名字起完了卦，那么这一条街的情况就都能知道了。这条街大概的情况，街两旁的情况，街两头的情况，中间的情况等都能够从卦上搞清楚。

因为用名字很容易起卦，而且名字是某个事物的总括代表，即一个事物总的代号，其中含有这个事物的一切信息，所以有街就有街的名字与代号。有（名）字，有（代）号了，这卦也就能起了。头几个字，后几个字，按"用字起卦"的原则那么一分，就行了。

由于我起卦的方法都是有严格的规律的。

字数是单（奇）数时怎么起，字数是双（偶）数时怎么起，方法都有了。所以起卦也就不难了。也可以说，如果卦象熟习的话，一般来说往往是"起卦容易，分析卦难"。

比如说，看见一个穿黄颜色衣服的少女。

怎么起卦？谁定上卦，谁又定下卦？

此时，其他与她有关别的别的情况就不用管了。

你起卦如果用"人物与方位"起卦，你是看见南边站着个少女呢，还是少女站在南边，或是少女在南边动……起出的这些卦的结构就可能不一样了，这要看你指的主体是什么。

如果主体指的是（方位）南边，即得"南边有个少女"的概念。

则离（☲）卦为南边，兑（☱）卦为少女。方向与少女起的卦是火泽睽（䷥）卦。

如果当时你起卦时的思想概念是"有个少女在南边"。

则同样是兑（☱）卦为少女，离（☲）卦为南边。少女与方向起的卦是泽火革（䷰）卦。

由于指的事物的主次不一样，所以就出现了主客体不一样的这两种（状态）情况。前者指的是"南边有个少女"火泽睽（䷥）卦，后者指的是"有个少女在南边"泽火革（䷰）卦。

按我们一般情况下的理解，这两件事没有什么差别。可是按易学思想的理解，其本质意义是有很大差异的。因为当时起卦时表述的场的次序变了，主体变了。这个"睽"（䷥）卦是表示判断少女站在南边干什么。而这个"革"（䷰）卦是表示少女必然往南边去，这是两种意义。前者是表示她自身的内在状况（"睽"卦之意），即在南边那个地方是处在一种什么场的结构状态下。而后者是表示她的去向（"革"卦变革之意）。它们所反映的意义和规律是有区别的。

实际上，这两个卦之间是属于一种"交卦"的关系。即"睽"（䷥）卦中的下卦兑（☱）卦转换到上卦位置上来，上卦离（☲）卦交换到下卦位置上来，即二者交换一下位置，看看其规律的异同。同样一件事情，从不同的角度来看这件事情，往往得出的结论是不同的。因此，必须及时的抓住当时的第一个（灵感）感觉。想如何起卦就如何起，千万别犹豫。因为此时的时空对应性是最紧密相连的，反映的也是最准确的。时间变了，所对应的空间结构也就不同了。所反映的规律也就不同了。

如果你想把当时能看见的一切事物都排成卦，然后排队比较筛选出一个卦，作为其时空的对应卦。可是等你排选完之后，时间也流失过去了，刚才对应的空间场的结构也改变了。靠此时的场（卦）起出来的卦，已不能对应表示刚才时空结构对应下的那件事情了（此间已违背了易学中"初筮告。再三渎，渎者不告。终吉"的原则）。此时往往你的主观（理性）意识已经起作用了，已经不客观（感性认识）了。因为易学思想、易学方法是一种客观规律，因此，一定要是客观（感性意识）的意识才能与其相应，当时怎么反应、怎么感觉就怎么起卦，"不动不占"。

看到某个事物有动向（不管其动向大小），或是一抬眼看到了某个事物（不是说那个事物有动向，而是你自己有了动向，你的眼神有了动向），就以它起了一个卦。这个卦就表示了你想判断的那个事物的全部规律。因此我们强调起卦的方法和思路一定要灵活。

关键是自己不要怕出错。起完分析完卦以后要问问人家，跟人家说说。如果人家听完之后说："不是！你这都不对。我根本就不是那样。"那你检查一下，看看起卦方面有没有错。假如没有错，符合起卦原则；再看一看变卦有没有错。假如变卦也没有错，"体用"关系也没有搞错；那么你再找一下，看看卦象概念搞没搞错；实在找不出错的原因，那你就得承认说："我搞错了。到底你的事是怎么回事？"他会告诉你他的那个事是怎么怎么一会事。等你了解了这件事情的真实情况后，你回过头来再在卦中或卦象里找一找，对应对应。假若找到对应关系后，马上就会发现：噢，这个地方刚才疏忽了，或分析错了。找到正确的思路后，就顺着这个思路再往下分析着去说，怎么怎么着。他说："对对对！"那么，以后就知道碰到这类事情应该是怎么来分析卦意了。

分析准确性的提高，初期阶段往往主要是靠提问对象来教育、提高、丰富你的思路。因此，千万别怕丢面子，别怕出错。任何事物的发展变化，其开始的初级阶段总是朦胧且幼稚的。小孩在开始学走路的时候，经常会摔跟头的。甚至有时会摔得鼻青脸肿的，乃至连牙齿可能都磕掉了。不过没关系，万事开头难。要是没有从开始敢走出那第一步，摔那么多大跟头的话，他（她）将来可能就不会走路了。所以不用怕，要敢于用，敢于修正。当然，也不是说你在张老师的学习班学完回去后，你就老子天下第一了，别以为你自己什么都清楚，不是这么简单的事。还要有一个较长的学习、消化、认识、掌握、熟练的过程。

第四节　有关太极图的一些看法

关于"太极图"的一些图形问题。外面"太极图"的画法真是太多了。

"阴阳鱼"的布局位置，有横着的、竖着的、斜着的……怎么个画法的都有。

到底谁画的最正确呢？

我认为这些画法可能都对，都正确。关键是你得说出你的那个太极分布结构图，你是什么时间、在哪个方向上所看到的图形。

因为，我认"太极图"它不只是一个平面的表述方法，它还是个立体的表述模式，即它还能立体的表示一个"太极球"。这个球你是横着这么看、竖着这么看呢？还是斜着这么个方向看。那么，你在不同的方向（角度）看，看到的分布结构形式（投影状态）是不一样的。所以在研究分析"太极图"的过程中，就不要追求到底是哪个画的对啦。也许都对，也许都不对，也许都对了一部分。因为你观察分析时的（角度）方位不一样，看到的分布结构就不一样。

就像一个脸盆。当你从正上方看时，它是个圆；可是，当你慢慢地由正上方，向侧面下方移动观察角度时，脸盆口的形象就变成了一个短（垂直）半径不断变小的一个椭圆。最后，当你观察的视线和脸盆口的边沿重合在一块儿的时候，脸盆口由宽椭圆变成窄椭圆，最后就变成一条与脸盆直径相等的一段直线段了。

因为你观察事物所处的角度不一样，那么所看到的事物的"象"（卦）也不一样，"太极图"也是这样。由于你从不同的角度去看，你可能认为这是正面，是正确的。可是从其反面看呢，正好认识与前面是反过来的结论。从斜（侧）方向看，它又得将图横过去等等。所以就会产生一些不同的"太极图"的分布结构形式概念。

学习易学思想之后，就会理解分析事物的正确与否，是与观察事物时的角度（方位）有很大关系。如果观察的正确，事物的全面的性质及特点都能了如指掌。要是观察的角度偏斜了一点，那么事物的内涵和形象相应也会发生变化。等你观察的角度几乎乃至到了死角的时候，可能很多事物的本质内涵你就看不见了。这也充分说明，不一定非要追求一种什么死的方式、方法来固定的看待事物或同一个事物。

咱们重审一下，大家不要死钻"数术"与"易学象数"中的某些内容。先用我这个"象数定卦"的方法，看看自己用的对不对。不要光坐在那里用脑袋空分析，假若这样认识，违背了什么主义了；假若那样吧，又违背了现行的某某定律了等等。违背不违背，你先用一用看看嘛。"实践是检验真理的唯一标准"，用过之后，既简便又准确，它就不违背什么主义、什么定律。到底是谁违背了这些主义和客观规律，历史会做出公正的评价。况且，现在也没有那么多的空余时间去空对空地去争论。

第五节　年月日时起卦法

今年是戊辰年。在用"年月日时起卦法"时，只用"地支"而不用"天干"。

"辰"在"地支"中是排在第5位的，故其对应于5。

月份是阴历九月。

日子是阴历二十六。

现在的时间是申时，即"辰"时是"地支"计时的第九个时辰。

这里有几个问题，就看你是想判断哪个范畴的事情了。

假若：你想判断戊辰年整个九月份的天气情况的话，后面的日子与时间，就不要用来起卦了。即将其忽略掉，只用前面的年辰及月份数起卦就能判断戊辰年九月份的情况。

假若：你想判断阴历九月二十六日这一天的情况，后面的时辰就不用来起卦了。

假若：你想判断现在这个时间段是处在一种什么状态时，你就要用年月日数及现在的这个时间数来起卦了。

如何针对性的起卦，就要看你所判断的这个事物定在哪个时间段之内了。

当然起卦的方法及原则还是与前面讲到的一样，起卦的方式、方法不变。

上卦：（年数十月数十日数）除以8，余数定上卦。

下卦:（年数十月数十日数十时辰数）除以 8，余数定下卦。

变爻的确定:（年数十月数十日数十时辰数）除以 6，余数定变爻的位置。

这年、这月、这日、这时辰，天气是什么情况，或者会发生什么事情，什么事情这时是什么状态等等，就可以用"年月日时起卦法"起卦进行判断。

落实到我们现在的情况。

上卦:（5+9+26）=40。40 除以 8，正好除尽。所以是坤（☷）卦。

下卦:（5+9+26+9）=49。49 除以 8，余 1。1"先天数"对应于乾（☰）卦。

变爻:（5+9+26+9）=49。49 除以 6，余 1。初（第一）爻变。

即上下卦重之得地天泰（䷊）卦。其初（一）爻变。变为地风升（䷭）卦。

因为变爻变在下卦内，故下卦巽（☴）卦为"体"卦。上卦坤（☷）卦为"用"卦。

分析:

巽（☴）为"体"卦。故表示前面。前面，巽（☴）卦表示细长的条条。讲台下面高出地面的部分，从其侧面看是这么一长条。二至四爻为兑（☱）卦。兑为说。与巽（☴）卦合为大过（䷛）卦。"大过"（䷛）卦有来回说，来回比划之意。

卦再往上分析，是站（震为立）着一个高个子〔三至五爻为震（☳）卦。震为高〕。肚子挺大〔四至上爻为坤（☷）卦。坤为腹、为肉〕，浑身是肉（坤）的一个人。那就是我了〔二至上爻"互"复（䷗）卦〕。

还有一种情况：

要从我周围的某个局部来看。一支白色［二至四爻为兑（☱）卦。兑为白］的粉笔［初至三爻为巽（☴）卦。巽为笔］在动［三至五爻为震（☳）卦。震为动］。即初至五爻"互"恒（䷟）卦。在什么东西上动呀？三至上爻为坤（☷）卦。坤为平、为方。在这上面（上卦）动。同时中间内里［二至五爻"互"大过（䷛）卦。大过有大坎之像］是黑色的（大坎）上面来回（巽）划了些道道［大过（䷛）卦］。即往黑板上写字。

还可以表示：

因为"体"在前，表示前面。说明前面在来回［初至三爻为巽（☴）卦。巽为进退、来回］地大声说［二至五爻"互"归妹（䷵）卦。其中二至四爻为兑（☱）卦。兑为说。三至五爻为震（☳）卦。震为雷、为大声］。跟谁说呢？后面（上卦）坐着一排排［三至上爻"互"复（䷗）卦］的人。在跟大家［三至五爻为震（☳）卦。震为大。四至上爻为坤（☷）卦。"坤者众也"］说［二至三爻为兑（☱）卦。"兑者，说也"］。

本卦是地天泰（䷊）卦。

其下卦为乾（☰）卦。乾为圆。圆又为光顺、光滑之物。所以刚才我用粉笔在黑板上写字时，就比较滑溜。刚才写到下面这些位置时（黑板的右下方。即乾位上），就完全应了这个［乾（☰）及之卦初至四爻"互"大过（䷛）卦］卦的卦意规律了。即这部分地方很滑溜，根本就写不上去字。这是原来状态［地天泰（䷊）卦状态］。说明大家［三至上爻"互"复（䷗）卦］都在动着脑筋［初至三爻为乾（☰）卦。乾为头、为脑］。动脑筋的结果变成了地风升（䷭）卦的这种状态。说明现在大家［三至

上爻 "互" 复（☷）卦] 不只是头脑中想的问题，而是互相交流 [初至四爻 "互" 大过（☵）卦] 探讨的问题了。

再回过头来看看这个麦克风。

这个麦克风的头上是圆 [本卦下卦为乾（☰）卦。乾为圆、为金] 的。其头上有个金属的 [二至三爻为兑（☱）卦。兑为金]，带点绿头 [二至五爻 "互" 归妹（☳）卦。其中震（☳）卦为绿色。兑（☱）为金属的银白色]，带格子 [上卦为坤（☷）卦。坤为方、为格] 的网。看看其结构是不是这样。正好是一个金属的高 [震（☳）为高] 出来带格格的网。

因为坤（☷）卦属于这种情况。

通常坤（☷）卦表示方、表示平、表示布帛之类的事物。又因为布帛之类都是由经纬纱编织而成的。正好麦克风的头上是用金属丝编织而成的格格状的网。

所以，讲到这个卦的时候，现在拿出任何事物来，差不多都是符合地风升（☷）卦的这种状态。

包括这个录音机。

外面看起来基本是黑色的。有的部位是浅灰色发点金属蓝的光泽 [初至四爻 "互" 大过（☵）卦]。又带点绿头 [二至五爻 "互" 归妹（☳）卦。其中震（☳）为绿。兑（☱）为金、为银白色] 的金属色。在其左边（上卦）这个部位发点绿 [上卦坤（☷）卦的 "互卦" 为震（☳）卦。震为绿]，发点黄 [上卦坤（☷）卦为黄色]。右边为黑（下卦）是黑 [初至四爻 "互" 大过（☵）卦。大过卦是大坎之象。坎（☵）为黑色] 中带点银白的金属色 [二至四爻为兑（☱）卦。兑为金、为银白色]。

非常有意思。在这年、这月、这日、这时，你周围的环境中，无论从哪个角度上讲，随便抽出一件事物来。它都自主不自主地符合了这个卦所反映的规律状态。

包括桌子这时也是这样：

高出地面有水泥做的这么一条［巽（☴）为绳直，为条状］。再往上来。上来离讲台前沿还有段距离。空着一块（兑为缺）。这一截是桌子腿（震为足、为腿）。再往上来是方且平的木质的［震（☳）为木］桌面［坤（☷）为方、为平面］。

不管从什么角度上看任何事物，大自然的场到这个时候，好多事物之间的结构状态都是一定的。随便拿出哪个事物，其规律往往都是符合这种场的规律的。

再从我这方面看看是不是也符合这个规律。

张老师的右手（兑为右）在动（震为动），在用粉笔（巽为笔）写。这中间兑（☱）为右手。巽（☴）为粉笔。其在右手［兑（☱）卦］上动［震（☳）卦为动］。在木［震（☳）为木］板［坤（☷）为平、为板］上写。也都符合这个地风升（☷☴）卦的卦象。

因为在这年、这月、这日、这个时辰，时间是已经确定的。其对应的这个空间场相对也是确定的。其空间结构必然也是这种状态。无论从空间内任何一个事物的哪个方面来讲，都是符合这种时空结构状态的。因此，我们的结论就是：有什么样的场，就对应有什么样的结构状态（形式）存在。有什么样的结构状态（形式），就对应于什么样的场。场与其结构状态（形式）就是这么一种不可分割的关系。

所以，当有人来问事的时候，比如问："张老师，你看我调动工作行不行？"就可以用当时阴历的年月日时起个卦，判断一下其调动一事的变化规律。

如果用现在的阳历年月日时起卦可不可以？

按易学道理来说应该也是可以的！

因为我的易学场效应规律认为：只要有了数，就会有与其对应的场（卦）。数就是卦，卦就是场，场就是数。它们是不可分割开的。

因为自古传承下来的，一直是以阴历的年月日时进行起卦的。打破传承，下面咱们举个例子，看看到底用阳历可不可以起卦。

要从阳历来讲，现在是 1988 年 11 月 5 日，15 点 30 分。

如果仍按"年月日时"起卦的原则来起卦，看看它会是个什么结果？

上卦：（1+9+8+8）+（1+1）+5=33。33 除以 8，余 1。1"先天数"对应于乾（☰）卦。

下卦：时间是 15 点 30 分。省略掉 30 分。（1+5）=6。6"先天数"对应于坎（☵）卦。

确定变爻：（33+6）=39。39 除以 6，余 3。3 爻变。

即上下卦重之，得天水讼（䷅）卦。

"讼"（䷅）卦的第三爻变。变成天风姤（䷫）卦。

"姤"（䷫）卦的将来趋势（其"对卦"）是地雷复（䷗）卦。

天风姤（䷫）卦比天水讼（䷅）卦几乎少了一半（实际是三分之一）的内容［只是"讼"（䷅）卦三至上爻的"互"卦部分］。再与地风升（䷭）卦相比，只是其下卦［巽（☴）卦］的这个部分。从"半象"的规律来讲，也只剩下了下面［天风姤（䷫）卦压缩为巽（☴）卦］这一部分了。它另外一半靠谁呢？只有靠

"姤"（☴）卦的"旁通卦"来完成了。这样"姤"（☴）卦"旁通"成地雷复（☷）卦。地雷复（☷）卦的"半象"为四个爻的复（☷）卦。这正好将地风升（☷）卦的上半部〔三至上爻复（☷）卦〕接上了。

所以说，用阳历起卦也可以。但是通过这个例子看，它的系统状态可能反映的信息量可能会少了一半。必须借助于用其"旁通卦"进行补充，才能反映其全面的规律。

从此也可以看到，中国传统的思维方法是大内涵性的。这样一比较，可以发现，即使在确定年月日时的历法方法论方面，我们的传统方法也要比现在西方流行的方法，内涵的内容要多一些。按我们传统的方法，用一个卦就能表示的内容，按西方的方法却要用两个卦才能表示完全。这充分反映出用阳历的表示方法就会少了两个卦所反映的内容。这也正好符合了西方天文历法只有1988年，而我们的易学文化（比如《周易》及《干支》）在3000多年前的周朝以前及殷商时期（差不多4000年左右），就创立了"干支"纪年及其历法方法。两种历法记年方法，正好从所记述的年代来说，也相差了差不多一半。故其记年中所含的历史内容，也差了一倍。

如果将我们的地风升（☷）卦，再"旁通"一下子的话，又会得到一个天雷无妄（☳）卦。这样我们的方法又比西方的方法多出了更多的内容。

从这个比较的例子也可以看出，咱们中国古时候创造的易学思维方式的内涵性，是非常之大的。

第五课　易学知识在中医学中的应用

易经讲堂

你如果想知道一个人有没有病？有什么病？除了用现在社会上一般通用的各种检查、化验等方法外，只要知道他（她）的姓名，你就可以知道他（她）大概有什么病了。知道他（她）姓名并用来判断他（她）的疾病的时候，这个姓名的场与疾病的场是有一定的对应关系的。因为姓名是一个人全部信息的代号与（缩写）标志。姓名中包含着他（她）的长相、形象、性格、身体状况、知识状况、工作、生活、环境等各方面与他（她）有关的事物信息。一提及他（她）的姓名，与他（她）有关的事物就会在你的脑海中展现。

又因为咱们前面讲过"先天八卦"讲的是一切事物的波动性特性，讲的是共振性原理。这个时间条件下（这个时候），只要你能找到一个与他（她）的姓名或疾病起出来的卦是一样的卦的方法（药方"汤头"的卦、经络穴位的卦、某种中药名的卦等）进行治疗，就一定能达到一定的治疗效果。

现代易经讲课实录

第一节 用姓名判断身体状况

比如：判断某个人得了什么病。

再比如，还是判断判断前面举例时，我们曾提到过的"刘大亨"是不是得病了？得的是什么病？用咱们的方法应该如何诊疗等等。

"劉"字 19 画，"大"字 3 画，"亨"字 10 画，按三个字的起卦法为其起卦。

先确定上卦：19 除以 8，余 3。3"先天卦数"对应的是离（☲）卦。

再确定下卦：（3+10）除以 8，余 5。5"先天数"对应于巽（☴）卦。

上下两卦重叠得火风鼎（䷱）卦"本"卦。

这是"刘大亨"本来的状况。上面是离（☲）卦，下面是巽（☴）卦。说明其身子骨不是太好，有点上下难受的感觉。

刘大亨现在找我来看病。你知道"大亨"他到底是得了什么病吗？

那么，我们就得先看看他现在是处于火风鼎（䷱）卦的什么位置、状态上，才能确定他现在的身体与疾病的状况。

火风鼎（䷱）卦说明刘大亨一生的本来总体状态。

早年［初至三爻为巽（☴）卦］的时候不错，很有灵性（巽为神经、为灵敏），发展余地很大（巽为进退）。中年［二至五爻

"互"夬（☱）卦］走点官运［其中乾（☰）为正职，兑（☱）为副职］。到老年［四至上爻为离（☲）卦］比较旺一些［离（☲）火为旺］。但是"离（☲）中虚"，身体体质较虚弱一些。可是有钱赚。老年可能是当律师、教师［三至上爻"互"睽（☲）卦］之类吃"开口饭"的职业。也可能是搞公共关系的攻关职业。或搞服务行业［三至五爻为兑（☱）卦。兑为服务业］、搞广播、宣传［三至上爻"互"睽（☲）卦］，口［兑（☱）为口］才不错［离（☲）者丽也］。也可能是做翻译［睽（☲）卦］、也可能是歌［睽（☲）卦］星［兑（☱）为星星］等等。这咱们就不管那么多了。反正他晚年有钱，中年钱少点，可是有官运。

早年瘦一点［初至四爻"互"姤（☰）卦。其中乾（☰）主骨。巽（☴）为绳直］。体寒［二至四爻为乾（☰）卦。乾主冰、主寒］体不经风［初至三爻为巽（☴）卦。巽为风］。性格、处世等摇摆性［巽（☴）为进退］大一些……反正有了卦，他一生的情况也就都有了。

一（初）至六（上）爻表示其一生的话，如果一个爻表示其12年一个小周期，则一卦起码可以表示72岁，即72年的状况。

并将他的一生分成六个大的阶段。不同年龄走在哪一段（爻）上，也就是走到哪一卦了（按其易学性质"爻变，卦就变"局部的变化将影响全局的变化）。此阶段应该怎么办？就可以根据卦象的规律要求进行选择。你该什么时候干什么职业？什么时候该向哪一方面发展？跟什么样的人合作、打交道等，基本就都有了。

这里讲的都是"共振"原理。只要搞清楚卦中的生克关系就成了。本来中年［二至五爻"互"夬（☱）卦］做官［乾（☰）

为官］应该去西北［乾（☰）为西北］，或西边［兑（☱）为西］，或西南［坤为西南。坤（☷）"土"生乾（☰）兑（☱）之"金"。乾兑都为官］，或东北［艮（☶）为东北。艮（☶）"土"生乾（☰）兑（☱）之官"金"］做官，官会做的既主动又顺利。可是偏偏要去南方［离（☲）为火、为南］做官。结果是离（☲）"火"克乾（☰）兑（☱）之官"金"。官是做上了，但是工作很被动，下面有些指挥不动。工作环境还挺别扭，挺难受。各方面克制、压制、抵制着你，使你发挥不了自己的才华和作用。

如果，你是按着前者的要求来安排自己的工作与前程，就会是顺利的。假如，是按后者的状况来安排自己的前程与工作，那就不会太顺利。

"刘大亨"这一辈子是这样一个发展过程。

那么，刘大亨，今天这个时间（时辰）是处在一个什么状态下呢？

这就要靠确定变爻的位置来确定其状态了。

现在是第 9 个时辰。

则（3+5+9）除以 6，余 5。

第 5 爻变。

即火风鼎（☲☴）卦的五爻变。

"鼎"（☲☴）卦变成天风姤（☰☴）卦。

这正好与刚才我举的 1998 年 11 月 5 日 15 时的卦相同。

其也是个天风姤（☰☴）卦。

现在，在这个时空条件下，不得以，我又自主不自主的举了这么一个卦例。其结果还是天风姤（☰☴）卦。

"姤"有沟通的意思。即沟通大家的思路。使大家对易学能够体会感受到它那巨大而必然的内涵性。你们看看，这就是易学所表述的大自然的规律性。我又不由自主地举了个例子，可还是得出了与年月日时起卦法得到的卦是一样的卦，此结果就又符合了易学的这个统一性规律。因此说，这段时间发生的一切事情，必然符合此时的时空结构与状态的需求。连随便举的例子都没能跑出它的规律的制约。所以，很多事情表面上看好像是一种巧合，是一种偶然性的。当你按易学的道理进行仔细认真的分析、归纳的时候，就会发现世上是没有巧合和偶然的事情发生的。它都是符合易学中的"对应统一"规律的。按常理往往你越认为是巧合或偶然的事物，它越是客观必然的。

　　刘大亨现在得的是什么病呀？

　　因为是天风姤（☴）卦的五爻变。

　　所以上卦乾（☰）卦为"体"卦。下卦巽（☴）卦为"用"卦。

　　乾（☰）卦表示寒凉。说明刘某的体质太寒凉了。这么多的乾（☰）卦相重［二至上爻均"互"乾（☰）卦］。同时又受风［初至三爻为巽（☴）卦。巽为风］寒［二至上爻"互"乾（☰）卦。乾为寒］。可能是南方天气热，吹冷气［全卦为天风姤（☴）卦］吹的多了，才受的风寒。巽（☴）又为左肩。左侧肩膀受风寒后，会疼痛。头［乾（☰）卦为头］风［巽（☴）卦为风］内（下卦）动［初至四爻"互"姤（☴）卦］。又因为巽（☴）为绳直。所以可以表示其所维系的神经系统。说明他头眩、头疼，受凉感冒了。他现在是这种状态。

　　原来是什么状态呢？

　　是火风鼎（☲）卦的状态。

　　原来刘某：其上卦为离（☲）卦，且为"体"卦。离（☲）卦为热、为红、为火气。兑（☱）为喉、为嗓子。离兑相合［三至上爻"互"睽（☲）卦］，是嗓子里充血［离（☲）为红、为充血状］，得了咽［兑（☱）为咽］炎［离（☲）为炎症］。由于原来体质为热性［离（☲）为火、为热］体质，因此就容易贪凉。所以，现在［天风姤（☴）卦］从整体上看，说明他受凉感冒了。体质已不属于热型体质，而属于寒凉性［二至上爻"互"乾（☰）卦。乾为寒、为凉］体质了。

　　这就是刘大亨现在所处的状态——天风姤（☴）卦。

　　这个"体"卦乾（☰）卦就是他自己，同时也表示刘大亨他身体疾患的主要状态是头疼、头眩、感冒伤风了。

　　而这个巽（☴）卦呢？就是"用"卦，也就是说，是次要的疾病状态，受风、是表症。巽（☴）为表皮、为半里半表之症。因为巽（☴）卦又对应于胆，故为"少阳症"。

　　此时，上卦乾（☰）"体"可以表示刘大亨他自己。

　　而"用"卦巽（☴）卦可以表示与刘大亨有关的大夫。

　　比如说："张大夫，你能不能治好他的病呀？"

　　一看卦象，得！治不了。

　　因为现在是处于"体克用"的状态。

　　即乾（☰）"金"克巽（☴）"木"状态。

　　是刘大亨克制大夫、不服从大夫的状态，因此张大夫很难以治疗他的疾病。

　　所以张大夫也别逞强了。那也得赶快给他找个办法，告诉他说，你的病我是看不了了。你赶快到我这儿的西北方向［乾（☰）为西北方］上，去找个拐弯［乾（☰）为圆、为转圈］的路口

［巽（☴）卦的"反卦"是兑（☱）卦。兑为口］边，靠近机关［乾（☰）为政府、为机关］单位西北［乾（☰）为西北］角的那个医院，或那个卫生（院）所。找个脑袋圆圆的［乾（☰）为圆］的脑门宽宽的［巽（☴）为宽］有些秃顶［乾（☰）主骨、为光顺］的那么一个大夫。这个大夫能治你的病。或到西南，或到东北哪个方向去找医院或大夫。因为坤（☷）"土"与艮（☶）"土"都生着乾（☰）"金"吗。能主动积极地给你治疗。当然到正南方向［离（☲）卦］，找个大医院或部队的医院［离（☲）中虚为大院、为医、为兵戈］，其中找个大眼睛、漂亮又丰满的中年女大夫［离（☲）者丽也。离为目、为明亮、为中女、为乳房］，她能治好你的病。因为离（☲）"火"克乾（☰）"金"。她能控制住你寒凉的病情。我这儿是治不了了，你的场克制着我的场呢，我连你疾病的信息都难以扑捉到，怎么能进行对症性治疗呢，而且你又不会相信我。

如果，不信你就试试。怎么想办法你［巽（☴）卦］也很难治好他［乾（☰）卦］的病。因为你们两个之间的场力方向是定死了的。他的场力强过于你，把你的场力给压制住了。你就感应或摸不准他病场的状况了。也就是说，他的场强，你的场弱。他的强场不断地干扰压制着你的弱场。你无法控制掌握他的场性。也就是说，没法找到对应性的方案反馈回去制约他的场（包括疾病之场）。一般弱场是无法去控制和干扰强场的。因此，这时候你一定要实事求是地说，我可能治不好你的病。我给你介绍哪个方向上的医院或大夫；或找个姓金［乾（☰）为金］的大夫。别找带草字头或木字边（"木"、"禾"之类）姓氏的大夫，更不能找水姓的大夫，这些大夫往往一般都治不了你的病。不管他（她）

的名气、知识结构、社会地位等如何。实在不知谁能治好他的疾病，不能给他推荐大夫，最好再找其他的大夫大家一起诊治，千万不要强行地给他治疗，以免耽误了治疗的最佳时机。当然我们这里是打个比方举个例子，只是为了启发大家一些分析卦的思路而已，并不是说此大夫的水平就差到不能给人治病了。

平常我们有时也会发现，很简单的一个小毛病，结果还是挺有名望的大夫就是治不好。可是找了一个一点名气也没有的普通大夫，到她那儿去，没费多大劲，开点儿药一吃就好了。这期间可能就存在这么个场效应的问题。

所以，当大夫一定要谦虚谨慎。碰到难治的疾病时，其中不只是病理、病机、生理、生化等原因，在此中间还有场效应的环境存在。病人的遗传场压制住你的遗传场，你根本就摸不清楚他的场效应规律，相继也就没法反馈回去找出针对性的可行性方案进行诊治了。

咱们再拉回来谈刘大亨现在得的是寒凉病，是伤寒感冒了。那么，我们就得看看得了病怎么用易学的方法进行治疗。

一种方法是选择药方。表示药方子的"汤头歌"中，寻找汤头名字其本身所能形成的卦，与刘大亨现在的"姤"（☰☴）卦是一样的卦的药方，进行治疗。

要么是选择用穴位的名字起得的卦，与刘大亨现在的卦["姤"（☰☴）卦]是一样的卦的穴位，进行治疗。

再要么我们选择用经络名字起出来的卦，与刘大亨现在的卦是一样的卦的经络，进行治疗。

你可以选择不同的经络，把经络的名字及穴位的名字都排成卦。只要选择的这些经络、穴位所形成的卦，跟病人现在的卦一样，再结合中医的辩证适治，你往这些经络及穴位上按照"法于阴阳，合于数术"的原则，敲一敲、捏一捏、针一针、灸一灸等，病就能得以治疗。因为这是按易学"同声相应，同气相求"的共振原理确定的方案。

我这里所提供的方法不是唯一的——只是一种参考方法。它要与其他的医学诊治方法共同进行诊治，才是最完善的诊治方法。

第二节　中药名与药性、结构、疾病的关系

现在我们开始来给刘某选择药方子。

在选择药方子之前，我们先研究一下易学在中医学里是怎么来应用的。

我的这些应用方法，有许多是与传统的应用方法不大一样的。我认为，其更接近易学的本质规律性。从传统的中医学内容中，不管是《内经》也好，《伤寒论》也好，《难经》也好，还是"四诊八纲"也好，其中很多内容往往都是根据易学的哲理来发挥的。

首先，中国传统中药的药味名都不是随便起的。

因为中药的名字，就像你父母给你起名字时一样，考虑来考虑去，考虑权衡了很久，好不容易才把你叫做"刘大亨"的。那么，你刘大亨很多的事情都是受制于你名字的这种场态。那么，中药也是这样。刘大亨的相貌、脾气秉性、身体状况、工作、生活、人事等等，都会从名字里体现出来。

中药也是如此。一旦这味中药的名字被定下来之后，名字中的这几个字，就表述了某类性味、结构、特点等的这味药物。那么，药物的药性，其最佳的收获季节，哪个地方、区域产的质量最地道，哪个地方、地域产的质量次，或者其药性有什么特点、差异等等，就都有了。

下面我们举个"甘草"为例。

用易学方法分析一下，看看有什么启发没有。

"甘草"的"甘"字为 5 画。"草"字为 11 画。

上卦为"甘"字："甘"5 画。5"先天卦数"对应的是巽（☴）卦。

下卦为"草"字："草"为 11 画。除以 8，余 3。3"先天数"对应于离（☲）卦。

上下卦重叠得风火家人（☲☴）卦。

说明"甘草"是跟谁都像一家人一样的一味中药。从其本身的药性上来说，甘草有"合百药"的特点。几乎能与所有的中草药相合作、相配伍，与百药相和谐（协调）。中药的药典上就是这样论述的。

从总体上来分类分析，"甘草"到底是入什么"经"，起什么作用的呢？

其总体为（5+11）除以 8，正好整除。

所以"甘草"总体是走坤（☷）卦，说明它是入脾经的；主肌肉［坤（☷）为腹、为肉］。甘草走坤（☷）卦，主甘甜［坤（☷）主甜］。故"甘草"，"性甘"。

再从"甘草"的具体结构来讲，即我们从"甘草"的横断面来看：外面（外卦）是一层很薄的皮［巽（☴）卦。巽为薄、为皮］。这层皮是什么颜色的呢？这层皮是发红［三至五爻为离（☲）卦。离为红］并带点蓝［四至上爻为巽（☴）卦。巽为蓝］的颜色。也就是发点紫颜色的皮［三至上爻"互"家人（☲☴）卦］。一般"甘草"的皮也就是发点紫、带些暗颜色的那么一层皮。其中间往往都有一个芯儿［二至四爻为坎（☵）卦。"坎中满"。故为芯儿］，是个硬芯［坎（☵）卦中的那个阳爻。阳爻

为刚性、为硬〕儿。这芯儿的周围都是松
的，干燥的〔初至五爻"互"离（☲）卦。
"离中虚"。故中空、故松。离（☲）为干
枯、干燥〕，也是松软的〔坎（☵）卦上
下都是阴爻。阴爻表示柔、弱、虚、空。
故松软〕。所以"甘草"的截面中间是有

上为甘草断面图

芯儿的，芯儿的周围是松软的，并且是还有很多裂纹状的纤维组
成的。

　　从其断面看，"甘草"的结构状况是这样的。

　　那么"甘草"这味药是入什么"经"的呢？

　　是入胆经的〔四至上爻为巽（☴）卦。巽（☴）为胆、为
胆经〕及半里半表的这种状态；也入心经〔初至三爻为离（☲）
卦。离为心、为心经〕；肾经〔二至四爻为坎（☵）卦。坎主
肾、主肾经〕；或者入于血分〔初至四爻"互"既济（䷾）卦。
其中坎（☵）为血卦、为液体。离（☲）为红〕。红色的〔三
至五爻为离（☲）卦。离为红〕液体〔二至四爻为坎（☵）卦。
坎为液、为水〕是入血〔二至五爻"互"未济（䷿）卦。其中
离（☲）为红。坎（☵）为液。体内的红色液体就是血〕的。
它分别是入胆、心、肾经及血液的。总括全卦的总体作用是入
脾和脾经的。

　　大家都知道"炙甘草"是治疗（心脏的）"结带脉"的一味
很重要的中药。如果不"炙"，只用生甘草的话，往往有许多人
吃了这味药以后，心脏病反而会加重。人也往往会产生较严重的
浮肿。

　　为什么一般的"甘草"不能多吃多用呢？又为什么多用了以

后会引起浮肿呢？

从其"甘草"的卦中分析。其内涵着一个坎（☵）卦。说明它是入肾经的。现在我们来研究研究是什么成份造成浮肿的。

是"甘草"中间的这部分［坎（☵）卦］造成的浮肿。把中间［坎（☵）卦］这部分按"半象"规律将其展开一下，得四个爻的大过（䷛）卦。是中间这个比较硬的芯儿［二至四爻为坎（☵）卦］造成的浮肿。

那么这个芯儿［坎（☵）卦］是什么结构？

它里头是什么结构成份引起的浮肿呢？

是发点白［大过（䷛）卦的上卦兑（☱）卦为白色］稍带点蓝头［大过（䷛）卦下卦巽（☴）卦为蓝色］的一种东西。新鲜的"甘草"其芯儿就是发点白，微微带点蓝头的颜色。

再将其四爻"连互"展开一下，得泽风大过（䷛）卦。

是一种什么东西呀？

原来是乾（☰）卦［泽风大过（䷛）卦的中间"互"乾（☰）卦］。乾（☰）卦是一种结晶（体）的东西［乾（☰）为玉、为宝石］。是一种白色［兑（☱）为白］稍微带点蓝头［巽（☴）为蓝］的结晶体［泽风大过（䷛）卦］。这就是我们所说的钠离子［坎（☵）为钠］的衍生物——氯化钠之类的什么东西。就因为是这种物质在作怪才造成的浮肿。

如果想多用点"甘草"又不会发生浮肿的话，就得把甘草中间的那个芯儿抽出去才行。将甘草芯儿抽出去以后，再服用就不容易发生浮肿，也就不容易增加心脏的负担了。

从"甘草"总体说，是入脾的。脾主湿，也会引起湿气重而肿胀。

"甘草"本身所组成的风火家人（☲☴）卦。

其上面三至上爻也是个家人（☲☴）卦。将其四爻"连互"，又会得到一个六爻的风火家人（☲☴）卦。

将风火家人（☲☴）卦中间的二至五爻未济（☲☵）卦，四个爻再来"连互"一次，又会得到一个六个爻的火水未济（☲☵）卦。其中卦象基本上还是前面所分析的那些意思。

从其整体意义上来看，基本还是这种意思。也就是说，在"甘草"除了芯儿以外的其他的组成结构部分中，也含有一些比较硬的纤维组织。基本与前面分析的一样，是含有一定量的钠［坎（☵）卦］的成份的。实在用的太多了的时候，可能也会引起浮肿的。

那么，具体说，"甘草"是哪个地方出产的质量最好呢？

从风火家人（☲☴）卦的整体来看，是巽（☴）"木"生离（☲）"火"。

内里（下卦）是主要的内涵。

为什么说"甘草"能对心脏起作用呢？

因为从整个风火家人（☲☴）卦的内里（下卦离）讲，是入心经［下卦离（☲）为心、为心经］的。外部（上卦）巽（☴）卦"木"生着内里（下卦）离（☲）卦这个"火"。

哪个地方产的"甘草"质量最好呢？

从卦里看，是不是东南方向的质量好呀？

还不能说是东南方向产的甘草质量最好［巽（☴）为东南"木"生着离（☲）"火"］。此方向正被泄着气呢。故地场气不足，不能长出质量特别好的甘草。

哪儿好呢？

根据"连半象"原则将卦全部展开后［得11个爻的风火家人（☲☲）卦］，知我国西北方向产的"甘草"质量好。其中三至八爻为泽风大过（☱☴）卦。泽风大过（☱☴）卦中，其二至五爻"互"乾（☰）卦。乾（☰）卦为西北方。而大坎（坎为水、为川、为河）之象的泽风大过（☱☴）卦就是河（大坎为河）西［兑（☱）为西］走廊［巽（☴）为廊、为过道］一带。可能就是我国西北河西走廊一带的"甘草"质量较好。因为"连半象"的初至四爻"互"颐（☲☲）卦。其中下卦震（☳）为高，上卦艮（☶）为山。应该是西北高原上［"连半象"中的四至十爻"互"山天大畜（☶☰）卦。其中，上卦为艮（☶）卦。艮为山。下卦为乾（☰）卦。乾为西北方］的"甘草"为上乘。

这样"甘草"质量好的地方也找到了。

一般中药书中讲："甘草"从总体来讲是肉黄，味甘，性平温。这是因为甘草从总体上来讲是坤（☷）卦。坤（☷）为黄、为肉、为平、为顺。即性味甜而温顺。

"甘草"还有一种性质是"嗅香"。即是说它有一种香的气味。这气味是哪里反映出来的呢？是其上卦为巽（☴）卦。巽为嗅、为气味的缘故。是这里反映出来的。这种气味的特点在卦象里也都能体现出来。

所以，我们在为病人开药方子的时候，一定要尊重原来方子中的那些药名的写法。不要随便乱造字。因为随便造的字，可能那个字就不能正确地反映表述这味药的性味特征了。那么，这个字新产生的形象场（电磁场效应）及发音场（机械波效应），往往会对这味药物的性味、疗效产生干扰。甚至，可能会导致疗效的降低乃至起到一种反作用。因此，做为一个大夫，如果你工作不认真负责任的话，根本想不到你会给患者带来什么意想不到的危害。有可能就是因为你那个药名字的字写错了造成的。

因为字写错了，字是不是产生了场的变化呀。一个是直观上给人产生一种场的变化概念，要对病人及疾病产生一定的影响。抓药的人看到这个字时，猜测了半天，头脑的概念中也已经产生了干扰因素。弄不好，理解错了，再将药抓错了，可就麻烦了。

大夫看病时，随便乱写，说明大夫的心理状态是不稳定的，是烦躁不安，不冷静的、应付差使、不认真，不负责任的。那么，这时大夫本身的场也是紊乱的。当与病人诊断治疗时，这种场也会对病人的场产生不同程度地干扰，对病人的诊治很不利。因为咱们讲的都是场效应问题，讲的都是运用共振原理，使其周围的场尽量都是一致（同样）的，这样才能共振起来，和谐起来。增强对病症及患者的治疗效果。如果，大夫的心理状态与病人或疾病的状态不一样，那就不能产生共振调整效应。使疾病的信息加强，借以达到对大夫的头脑神经的强烈刺激，使其接受这种疾病的概念，从而做出正确的应对诊断。

当然诊断正确后，除了运用手术、医药、理疗、体疗等常规方法外，高明的大夫还可以运用精神暗示的治疗方法。实际就是一种神经（心理）治疗法。

除了神经治疗法外，其还内涵着一些其他的场效应的东西。就像传统的画符、念咒之类的治疗方法。画完了符，念完了咒，烧完了纸，好像什么都没有似的。可是病人喝下去"符水"以后，病症就消失了。这是什么原因？那些符、纸被燃烧后，都挥发了，留下的只能是原先画的那个场了。"有什么样的场，就有什么样的结构状态存在。"只要有了场，不管你看得见看不见，场与场之间就能起到场效应作用。

以后有机会，咱们再深入地探讨这类问题。

第三节　病症与疾病的关系

下面再谈谈用易学思想如何辨别病人的病症，再用易学手段研究一下中医中的某些病和症之间的异同。

中医的病和症不完全是一回事。症是疾病反映出来的症状，不完全是疾病的本身，即不一定是疾病本身的那种状态。"症"某种意义上来说是"表"，即表面或外表所表现出来的状态。"病"相对来说就是"里"，即与表面或外表所表现的"症"状相对应的疾病本质。

我们在处理这类问题时，也要按中医学"由表及里，由里及表"等表里原则，来判断疾病的本源。

下面举例说明，以示其异同。

比如：中医中的"少阳""少阳症""少阳病"其三者有何异同？

按易学方法知：

"少阳"中，

"少"字是 5 画。其对应于巽（☴）卦。其可定为上卦。

"阳"字是 17 画。除以 8，余 1。其对应于乾（☰）卦。其又为下卦。

上下两卦重之，得风天小畜（䷈）卦。

"少阳症"中，

"少"字是 5 画。对应于巽（☴）卦。其定为上卦。

"阳"字 17 画。加上"症"字 10 画。得 27 画。除以 8，余 3。3 为离（☲）卦。将其定为下卦。

上下卦重叠得风火家人（䷤）卦。

"少阳病"中，

"少"字为 5 画。其对应是巽（☴）卦。巽（☴）为上卦。

"阳"字 17 画，加"病"字 12 画，得 29 画。除以 8，余 5。5 对应于巽（☴）卦。其定为下卦。

上下两卦相重，得巽为风（䷸）卦。

一看，我们就会发现，这些词从字的笔划数上就不一样。因此，也可以断定从其各自的场效应上，也是不完全一样的。

"少阳"从总体上是表示什么意思？

通过运用"用字起卦"的方法，来确定其结构状态。

即（5+17）=22。22 除以 8，余 6。6 对应于坎（☵）卦。是"北方寒水"。受了水寒。是入于肾经与血液、水分循环有关的状态［坎（☵）主肾、主生殖、主水、为血卦］。

从"少阳"本身的内涵来讲，就是我们前面所得的风天小畜（䷈）卦状态。

其卦意是，外面（总卦）有头［下卦乾（☰）卦。乾为头］风［上卦为巽（☴）卦。巽为风］，有风［上卦巽（☴）为风］寒［下卦乾（☰）为寒］。同时还有点表［上卦巽（☴）为表皮］热［三至五爻为离（☲）卦。离为火、为热］。即风［巽（☴）为风］热［离（☲）为热］，巽（☴）离（☲）二者上下"互"为家人（䷤）卦。表面（上卦）看，有点风热［三至上爻"互"家人（䷤）卦］，内里（下卦）看，有些［二至四爻为兑（☱）卦。兑为少、为小］寒凉［乾（☰）为寒、为凉］。又因为巽（☴）为进退。所以，外面的风热会造成人一会感到热，一会感到冷的。

那么，"少阳症"的情况又如何呢？

按成卦原则：其总体为（5+17+10）=32。32除以8，正好被整除。

故其卦应对应于坤（☷）卦。

说明是与脾、腹腔及肌肉等有关的事了。是带有一定的湿［坤（☷）主湿］的成份。因此，人病为"少阳症"时，往往会呕吐。就是因为大脑中或体内的水分循环不好，造成了水分分布的不均匀，不稳定。故而造成容易头昏、头晕，近而造成一定程度的呕吐现象发生。

从总体来看，"少阳症"是入脾经的。

就其具体的内涵状态讲，就是前面我们所得到的风火家人（☲）卦。同样也是外部（上卦）有风［上卦巽（☴）为风］热［上卦巽（☴）卦的"互卦"离（☲）卦为热］。内里（下卦）有湿热［初至四爻"互"既济（☵）卦。其中坎（☵）为水。离（☲）为热。二者合为气化之湿热］，有寒［坎（☵）为"北方寒水"］热［离（☲）为热］。说明体内有热有寒。虽然有些寒水［一个坎（☵）为寒水卦］，但主要还是以热［内涵两个离（☲）为火、为热卦］为主。两者综合分析应确定为是湿热。

那么"少阳病"的状态又是如何呢？

从其总体来看，即（5+17+12）=34。34除以8，余2。2对应于兑（☱）卦。

兑（☱）为肺，"肺主皮毛"，病表现在表皮，病症发展到了表皮，开始对口腔、气管、肺与肺经起作用。此时会产生咽炎，伴有呕逆、咳嗽等现象出现。说明是外感风寒造成的。因为兑（☱）为金、为肺、气管。肺主皮毛。这时疾病就反映到身体外部来了。

看其具体结构状态，就是前面所得到的巽为风（☴）卦所反映的状态。

具体看，说明外面（上卦）有风［四至上爻为巽（☴）为风］热［三至五爻为离（☲）卦。离为火、为热］。内里（下卦）有风［初至三爻为巽（☴）卦。巽为风］寒［二至四爻为兑（☱）卦。兑为秋分时节。故为寒凉］。风寒其卦为初至四爻"互"大过（䷛）卦。大过（䷛）卦有大坎之象。大坎（☵）也为寒、水。

这与前面的"少阳""少阳症"的状态又不太一样了。

这种状态（"少阳病"）还会肚子里（下卦）有胀气［初至三爻为巽（☴）卦。巽为胀气］。这时病人也会有寒热往来的感觉。就是一会儿感到全身发热［三至上爻"互"家人（䷤）卦。其中上卦巽（☴）为进退。下卦离（☲）为火、为热。］，一会儿感到发冷［初至四爻"互"大过（䷛）卦。其中下卦巽（☴）为进退。上卦兑（☱）为寒、为冷］。

总之，以上的这三个词，反映的冷热情况是不一样的。

"少阳"是里寒表热。

"少阳症"是表有风热，里有水热（湿热）。

"少阳病"是表有风热，里有风寒。

虽然表面上看，它们是大不一样的，但是"少阳症"状态中的二至四爻为坎（☵）象，与"少阳病"状态中初至四爻"互"大过（䷛）之大坎（☵）之象相比，是较相似的。都是"坎"

象。其中"少阳"状态中初至四爻"互"夬（☱）卦。这个夬（☱）是泽风大过（☱）卦的上半部。按"半象"原则，其也是大坎之象的上半部分。可是，它们的表症都是风热［三至上爻"互"家人（☲）卦］。

这是一件相近的事情有三个名词。虽然，多年来中医界的多数人仍将它们做为一种概念来看，实际上它们内里的具体内涵往往还是有些区别的。

第四节　病、症与"汤头"、方子的对应关系

　　为什么中医界的"经方派"，对一般的"少阳病"，往往都用"小柴胡汤"为主来进行治疗呢？

　　那么，我们现在从易学的角度来看看，"小柴胡汤"为什么能治疗"少阳病"？

　　先得看看"小柴胡汤"是什么卦？

　　"小柴胡汤"：其中"小"字4画，加"柴"字13画，共得17画。将其除以8，余1。1对应于乾（☰）卦。乾（☰）卦定为上卦。

　　"胡"字12画，加"汤"字15画，共得27画。其除以8，余3。3对应于离（☲）卦。将离（☲）卦定为下卦。

　　上下两卦重叠组成六爻的天火同人（䷌）卦。

　　"小柴胡汤"是天火同人（䷌）卦。

　　说明它和谁都能够像同志仁人一样的进行合作，所以"小柴胡汤"的治疗范围就相当广泛了。不但其治疗的范围广，而且治疗的病症也特别多。所以中药方以"小柴胡汤"方为基础的加减合方特别多。因为其为天火同人（䷌）卦，说明它跟谁都能配合协同，起到一定的治疗作用。

　　你们看，"少阳"卦的风天小畜（䷈）卦的三至上爻"互"家人（䷤）卦。

　　"少阳症"卦的本身就是风火家人（䷤）卦。

"少阳病"卦的巽为风（☴）卦的三至上爻也"互"家人（☲☴）卦。

而"小柴胡汤"卦的天火同人（☰☲）卦中，初至四爻也"互"家人（☲☴）卦。

因为它们之中都内涵有家人（☲☴）卦。因此它们之间有大部分的共性存在，故能产生共振，达到和谐的治疗目的。同时，由于"小柴胡汤"的天火同人（☰☲）卦中，外面的（上卦）乾（☰）"金"的寒凉可以抑止住外面的风［巽（☴）为风、为木］。因为是乾（☰）"金"克制着巽（☴）"木"。同时，外部的（上卦）乾（☰）"金"滋生着内里的"水"。中间的水可以抑制内里（下卦）的热［离（☲）为火、为热］。使其体内各脏腑器官之间达到一定的稳定平衡。

"小柴胡汤"的（主症）适应症为什么是"胸胁苦满，寒热往来"呢？

这是因为《伤寒论》中的这句话是由天火同人（☰☲）卦的卦象中来的。都是根据其卦象的特点，按卦象顺序，一层一层的解说出来的。

因为在其"汤"相对应的天火同人（☰☲）卦中，反映出的状态正如其所言：

先说的是"胸"［上卦乾（☰）卦为胸］；"胁"［下卦离（☲）卦为胁］；苦［下卦离（☲）为心。心主苦］；"满"［上卦乾（☰）为圆满］。接着说的是"寒"［上卦乾（☰）为寒］；"热"［下卦离（☲）为热］；"往"［上卦乾（☰）卦为外卦。外卦为"往"］；"来"［下卦离（☲）卦为内卦。内卦为"来"］。

因此说，你如果要是掌握了咱们这个正宗的易学思路，以后再研究《伤寒论》时，就会发现其有很多的内容，往往都是根据易学的卦象之意确定来的。

"小柴胡汤"为什么能治疗"少阳症""少阳病"？就是因为它们三者之间存在着共同的共振特点。

总结"小柴胡汤"，其主要辨别证明的适应症应该是："胸胁苦满，寒热往来。小柴胡汤主治。"记住这两句话，"小柴胡汤"的适应症及适用范围，基本上就够用了。无论患者是先发烧，后感到浑身发冷，还是先感觉到浑身发冷，后再发烧，这都是"寒热往来"的"小柴胡汤"的适应症。

"小柴胡汤"在治疗患者发高烧的时候，往往都会加"生石膏"这味药。

加生石膏的目的是什么？

一个目的是，为了利用生石膏中间的钙［Ca，正好 C 排行为 26 音图的第三个英文字母，对应于离（☲）卦。a 是 26 音图的第一个英文字母，对应于乾（☰）卦。二者上下重之，得火天大有（䷍）卦。正好是天火同人（䷌）卦的"反卦"。二者能互相抑制且互补］离子抑制杀伤病毒。火天大有（䷍）卦是外热内寒；天火同人（䷌）卦是外寒内热，二者相遇正好互补达到中和平衡。

而另一个目的，是因为"生石膏"是凉性的结晶体［乾（☰）卦］。它对热能起到抑制的作用。同时，对风［乾（☰）"金"克巽（☴）"木"之风］也有抑制作用。乾（☰）金又能生坎（☵）水。所以就容易把火、热［离（☲）卦］之类给中和掉。

况且，"生石膏"一共 26 划。应与兑（☱）卦相对应。故其凉性除能抑热外，还入肺、气管与呼吸道。"肺主皮毛"，体内的热主要靠皮肤来散热。这样就加强了散热的效果。故而其能退烧。同时也加强了呼吸系统功能。同时兑（☱）"金"生坎（☵）"水"，除能增加体液外，还增强了肾系统的功能。

我们在需要选择药方时，是这样按易学思路运用和选择的。

如果，熟习掌握了易学规律的各种思想方法和思路的话，查看一下中药方的"汤头"，并将这些"汤头"都变成卦。只要"汤头"的卦与患者疾病的卦相同，将"汤头"对应的对症治疗药方抄下来用基本就行。当然，还要根据你所掌握的西医和中医药知识，综合分析、挑选一个最适合的药方为最好。因为不同的"汤头"（药方）有可能是同一种卦象状态，但是其适应症往往还有所不同。

用"小柴胡汤"治刘大亨的病能不能治呀？

能治吧。

刘大亨现在所得的"姤"（☴）卦，与"小柴胡汤"天火同人（☲）卦中二至上爻的"连互"卦象是一模一样的，故而能产生共振效应，以达到治疗的目的。所以说，掌握了易学知识后，再来学习中医药学就相对简单易学了。

但是，还要有前面我们所掌握的易学知识为基础才行。不全面具备那些易学知识，你也不会理解这个方法的真实内涵的。掌握了易学思想及思路，再学习中医知识就可收到事半功倍的效果——掌握了学习中医的相对性"捷径"。

第五节　治疗的捷效原则：“法于阴阳，合于数术”

《内经》曰：“上古其知道者，法于阴阳，合于数术。”

一般的药方中都有药名及其剂量。多少味什么药、几两、几钱、几分、如何泡制、如何服用、如何保存等等项目构成。

看看《伤寒论》中，医圣张仲景在使用大枣时，都是多少多少枚。并不会说大枣几两或多大个的大枣多少个。我看到过，山西临汾一带，有的大枣像鸡蛋那么大。而山东、河北的某些大枣，只有小手指肚那么一顶点儿大。但《伤寒论》中的药方内，大枣它只论个。最少时，只用一个大枣。最多时，大枣能用到六、七十个之多。一般常用的大枣量是 5 个、7 个、10 个之类。因为，它要通过数（场）来对应其治疗的那个病场（状态）。以通过场与场之间的共振效应，达到更准确、更迅速的对应性疗效。

天津市的南郊有个姓魏的瞎子大夫。他什么也看不见。他诊治疾病的方法也特别绝。你一来，什么也没说，他就知道你患的是什么病？

摸一摸你身上的某些部位，问一问你所住的地方（区域名）。然后，就可以说出你的疾病及有关你的某些事情。核实准确后，给你确定一个治疗的方子。

不过，其大多数的方子往往都是多少个绿豆、多少根黄花菜、多少两或多少个葡萄干、多少个什么方向上的苹果、鸭梨之类的东西。或再加用两碗水煎成一碗水，里面放点白糖。连食物带汤水一同喝下去。喝多少天就可以了……就这么简单。很多的疑难杂症也就治好了。

按一般传统常理来说，葡萄干是"上火"的热性食物。往往秋冬季较干燥，嗓子容易上火，按现代医学叫咽炎、嗓子充血发炎、咽喉发炎等，中医讲肝火旺、上火等，在治疗上往往是不能用燥性物品的。而魏大夫往往会给你出个"葡萄干4两，每次20粒，加20粒绿豆（有时是十几粒绿豆，根据病人的具体病情来确定具体的粒数），然后，再加两碗水。用砂锅将其煎成一碗水，喝水，吃葡萄干及绿豆。这4两葡萄干喝吃完了，你的嗓子疼也就好了"。病人按这个方法去做，真的是4两葡萄干吃喝完之后，嗓子真的是不痛了，而且是百试百验。

这种方法一般人们就不好理解了。按一般大家的生活经验是葡萄干吃多了以后，是容易上火的，应该是越吃越热，喉咙会越发的干燥，咽炎会更加严重的。

那为什么吃了那么多的葡萄干，反而咽喉不但不干燥，反而湿润了呢？

因为每次需吃20粒。20除以8，余4。4对应于震（☳）卦，震（☳）卦是与肝及肝经相对应的。按中医理论："肝主疼痛"，疼痛的感觉主要取决于肝经的，因为肝经与神经系统是紧密相联系的。实际他用的葡萄干的粒数是为了与肝经的调节功能相应，主要不是什么葡萄干不葡萄干。因为是肝经引起的疼痛感觉，葡萄干是甜的，"甜者，入脾，入胃。"中医之"上工"（好的大夫）治肝病有"实脾，则肝病自愈焉"之说。所以用这个数量的葡萄干，既实了脾，又抑制住了肝经之火盛。

"4两"也是为了应震（☳）卦之肝经。控制肝经就可减少疼痛感。

"20粒绿豆"的数也是震（☳）卦。其中"绿"（色）也入肝经。而且绿豆为圆形。这形状与乾（☰）卦相应。乾（☰）"金"又可以克制震（☳）卦肝经之"木"性。借以达到调大肠而抑制肝经之疼痛。

"两"〔二数为兑（☱）"金"。"金"可生"水"。水寒制火。且兑（☱）"金"克震（☳）"木"，抑制肝木之疼痛。况且兑（☱）卦又对应于口、咽喉、气管、呼吸道之类，达到针对性治疗的目的〕"碗"〔一般传统的碗主要是陶、瓷制品。陶、瓷为坤（☷）"土"之卦。坤主脾、主甜〕"水"〔兑坤两卦相和，组成泽地萃（䷬）卦。"萃者，聚也。""聚集精华"之意。可以吸收凝聚对人体最有益的东西〕；"一"〔为乾（☰）"金"。"金"能生"水"且克制震（☳）卦肝"木"之火〕"碗"（其同上作用）"水"（水寒制火）。

"放点白糖"之意，是因为糖主甜，入脾经。脾实则肝经疏泻能力加强，故而肝中营养充盈就不容易积热以生肝火。

无论使用之物及其数量，从场的类型上，都是为了通过场效应的增强，借以达到调治其病患的目的。

在治疗其他与神经疼痛有关的病患时，他也是采用了数和事物类型等与病患之场相对应的方法。

比如：我有一次，外受风寒了。脖子、肩膀都很疼痛。

我一到他那里，他问我："多大岁数了？"

我说："45岁了。"

"45岁，脖子疼。哪边疼啊？"

我说："左边疼。"

左边疼，按咱们易学的原则，

它应该是对应于什么卦呀？

是巽（☴）卦。其"先天数"对应的是5。

他对我说："好吧。你回去，每次用13根黄花菜，加上13粒绿豆，并用两碗水，将其煎成一碗水。再加上点白糖，把它们一块儿吃喝掉。45天准好。"

我用易学方法一分析：45被8除，余5。这不就是对应于巽（☴）卦吗。

黄花菜是一根儿一根儿细长状的。细长的也是对应于巽（☴）卦的〔巽（☴）为绳直〕。

那加上绿豆是干什么的？

绿豆形圆且硬，是对应于乾（☰）卦的〔乾（☰）为圆、为金〕。是用绿豆之乾（☰）"金"来克制巽（☴）卦之风"木"的〔巽（☴）为胆、主木、主风、为左肩〕。

"两碗水""一碗水"的作用，也与前面分析的作用是一样的。

当我明白了方子的构成原理之后，觉得这个方子既简单又全面——方子真是神奇。

这些"法于阴阳，合于数术"之类的内容，在《串雅外篇》中有记述。还有许多著如《千金翼方》之类的中医著作中，都有所发挥。

也就是说，用同样的一个东西，将其数量进行一定的变化，同样也可以治疗与其相对应的疾病。

学习掌握了易学道理之后，在其应用过程中，重点应放在数、术的规律应用上。这样特别容易发现各种事物规律的数学模式，近而达到对各种事物的深刻了解与认识。

数理在中医临床上的应用，我再举个我的学生实践过的例子。

她是北京一个姓靳的女学生，对易学象数理论在中医临床上的应用，很感兴趣。

她曾运用易数规律治愈过一个长年哮喘不得而卧的患者。

我现在正让她总结写出这方面的思路及分析治疗过程。

事情是这样的：一位老先生，得哮喘病已经两年多了。这两年来，每天晚上都是抱着被子坐着渡过的，根本就不能躺下来休息，一躺下，就感到憋气。北京能请到的名老中医及西医，或医治水平比较高的医生，几乎全请到了。可是谁也没有办法将他老人家的病完全治愈。我的这位女学生当时是在某个宾馆当服务员，哮喘者的女儿听说她在诊治疾病上有两下子。于是就迫不急待地找她来了。

见面没说几句话就问："你看我爹得的是什么病？"

她一起卦说："你爹的肺部及呼吸道不太好。有些喘。"

"唉呀！你说的太对了！"接着就问："你看怎么治才好？"

她想了一会。因为她马上就得上夜班，去接班啦，没时间去出诊治疗。于是她说："我也去不了您家啦，我给你出个治疗方法，剩下的就是你自己去想办法照我出的治疗方案给老爷子治治啦。"

那女孩说："好。你给出的是什么办法？"

这位姓靳的女学生又想了想：巽（☴）为进退（来回）、为喘。属气上的问题。好，就选个与巽（☴）卦的场相对应的方法进行治疗。

从哮喘的总体状况来分析，喘是属于以巽（☴）卦为主的状态。喘时气是来回上下运行的，呼吸及胸肺来回起伏的运动着，这不就是巽（☴）喘所对应的状态吗。

既然，巽（☴）的卦数为5，就给她选5对穴位吧。

选5对的目的也是为了与巽（☴）数的场共振，又因为经络上的穴位往往是左右成对对称构成的，所以选择了5对穴位，借以达到经络气血分布的对称与平衡。

而且，选择的这5对穴位的穴位名字的笔划数起的卦，正好都是与刚才问病时起的卦基本一样或有关联的。

并且要求，今晚回去在亥时（21到23点之间）时，给老人进行治疗。

因为，"亥"时对应的是乾（☰）卦——晚上9到11点钟之间。

在每对穴位各自的每个穴位上，各敲13下。

实际上，13除以8，余5。5还是对应于巽（☴）喘之卦的场。

结果，这个女孩回去以后，晚上就按这位女学生规定的时间，按照她交代的那些穴位及使用的工具（梅花针）进行敲击（扣打）。5对穴位按次敲下来之后，她爸爸躺下来就睡着了。

结果，第二天一大早，7点多钟。这位学生值完夜班，刚刚躺下，还没合眼，电话就来了。对方说："唉呀！太神了！我爸爸一晚上躺着睡的呼呼的。今天早上起来，好像也不太喘了。"这学生说："既然管用，今晚上你还是照法治疗。"3日后，其父亲就不再喘了，又继续治了数天，停止治疗到现在，再也没有喘过。

在《易学象数理论在中医临床治疗中的应用》论文中，有有关此案例的详细内容。

用这么简单的治疗方法，没花一分钱，十来天，就把那么多名老中西医两年多都束手无策的哮喘给治愈了。当然，这是为了说明"易医学"在中医诊治方面的作用，举得是一个较典型的例子。一般说，疾病还应该是各种方法进行有规律地综合、系统治疗为益。

为什么？

因为她掌握了事物的本质。掌握了易学的本质思想，也掌握了易学的场效应规律，因而就相对简单的敲它个 13 下，就解决了问题。

为什么选择在晚上的亥时其间进行治疗呢？这也为了对应于中医针灸中"子午流注"方法，亥时为水。水能生巽（☵）木，增强治疗效果。什么时候哪个经强，什么时候哪条经弱。根据中医的生克、盛衰、补泻等原则进行对症治疗，可收到意想不到的疗效。

你看，如果把易学的知识学活了以后，在医学诊治中应用的多好。

第六节　穴位与疾病的对应关系

下面谈谈穴位与卦的场效应问题。

以如："合谷"穴。

"合谷"穴是治疗什么状态（症）的疾病的呢？

"合"字7画。"谷"字8画。二字前后（上下）组成山地剥（☶）卦。

当你处在"剥"（☶）卦的状态下时，只有最上面（第六爻。上爻）这点阳刚（因上九爻是阳爻）之活气了。马上元气（阳爻）就要离体而去。当你中气又不足〔坤（☷）为腹、为虚、为空〕的时候，"合谷"穴一扎上针，由于"合谷"穴既通脾〔坤（☷）为脾〕经又通胃〔艮（☶）为胃〕经，就可将"后天"气（宗气、谷气、营气、卫气之类）调动起来。

从"合谷"穴的整体来讲，7+8=15。15被8除，余7。

"7"对应于艮（☶）卦。

因为艮（☶）卦对应于胃。说明"合谷"穴主要是与胃及胃经有关。能补"后天"之中气。艮（☶）又为鼻、为背、为指等，故而也能治疗这方面或与这方面有关的疾病。

再如："足三里"穴。

其中"足"字8划。对应于坤（☷）卦。

"三里"二字为（3+8）=11。11除以8，余3。3对应于离（☲）卦。

前后（上下）三个字组成地火明夷（☷☲）卦。

从其穴位整体来讲，它是属于离（☲）卦范畴，是"离中虚"，能治疗中气虚和体质虚弱之症。离（☲）为心，其又入心经，可治疗心气虚及气虚，治疗虚热之症。

为什么"足三里"穴能"肚腹三里留"呢？

从"足三里"穴得到的地火明夷（☷☲）卦来看，说明用它可以治疗一些暗藏在体内意想不到，或者确定不了又发现不了原因的一些莫名其妙的一些疾病。

例如：肚子疼［三至上爻"互"复（☷☳）卦。其中坤（☷）为腹。震（☳）为疼］、腰疼［二至五爻"互"解（☳☵）卦。其中坎（☵）为腰。震（☳）为疼］、肾虚［初至四爻"互"既济（☵☲）卦。其中坎（☵）为肾。离（☲）中虚］或血液循环不好［"明夷"（☷☲）卦中，坎（☵）为血卦。受上卦坤（☷）"土"克制。故坎液流动受制］等疾患，通过它都可以调理及治疗。

"肚腹，三里留"说的是肚子里或腹部有什么疾病时，选择"足三里"这个穴位进行治疗，通常对于一般疾病都能收到较好的疗效。也就是说，一般肚子、腹部里疾病的治疗，选择"足三里"穴进行治疗，是最基本和最常用且疗效最好的穴位之一。

这是因为，地火明夷（☷☲）卦中，

四至上爻为坤（☷）卦。坤（☷）为脾、为腹、为上焦。故"足三里"穴入脾胃之经，通腹部。三至五爻为震（☳）卦。震（☳）为肝、为中（上）焦。其中二至四爻为坎（☵）卦。坎（☵）为肾、为膀胱、为生殖、为中（下）焦。初至三爻为离（☲）卦。离（☲）为盆腔、为下焦。这样腹中的上中下三焦也对应上了。

因此，穴位治什么病，与哪几条经相通等卦里也都有了。古代在选择确定某个穴位的名字的时候，也不是轻易随便地确定的。它要符合"天人地"三才相应合一的中医及易学理论。况且，事物之间必须是相互呼应及紧密联系的。所以在选择任何事物的命名时，这些名字的场，都要符合这个事物自身的场态需要的。

有的人说："有事没事的我长期灸'足三里'行不行？"

什么叫"灸"？

它与针是不是一会事？

当然，"针"是针，"灸"是灸了。

二者是不同的治疗手段。但在治疗过程中，它们之间从治疗理论和方案选择上，也有许多共同之处。往往都是通过一定的经洛、穴位对患者的疾病进行治疗。所以，人们往往很容易地把"灸"与"针"混为一谈，叫做"针灸"了。

一般大家常说的所谓"针灸"实际指的基本都是"针"的疗法。"灸"是用艾卷薰烤穴位，用一种热量的渗透来疏通经络、穴位，以达治疗目的。这与"针"的过程中的"烧山火"法，还是不完全一样的。

不论怎么个"针"法，总还是要伤气、破气的。

而"灸"只要不违背禁忌穴不灸的原则，不会出现"针"法的伤气、破气的情况。

"灸"本身就是利用"香窜走散"芳香开窍的药物，通过热效应，将各种药物的成份由经络、穴位疏导到身体对应部位的一种疗法。

热对应于离（☲）卦。离（☲）卦"先天数"是3。

如果常期灸"足三里"穴［地火明夷（䷣）卦］时，其加热的结果是：

（8+3+3）=14。14除以6，余2。

地火明夷（䷣）卦的2爻变。

变成地天泰（䷊）卦。

使你由不断意想不到地遭暗病所伤的状态转变成了地天泰（䷊）卦的全身经络气血"通畅"状态。为什么有人说，长期灸"足三里"穴可以达到延年益寿的效果呢？道理就在这里。

因其二爻变在下卦乾（☰）卦之中，所以乾（☰）"金"为"体"卦。坤（☷）"土"为"用"卦。

"泰"（䷊）卦现在的总体是"用生体"的状态。

即上卦坤（☷）"土"生下卦乾（☰）"金"。故而能强其筋骨［乾（☰）主骨、健也］。体质达到外柔［上卦坤（☷）为柔顺］内刚健［下卦乾（☰）为刚健］的健康状态。

从"泰"（䷊）卦中还可以看到，灸"足三里"穴还能治疗咳嗽｛初至五爻"互"大壮（䷡）卦。其中乾（☰）兑（☱）为气管受寒，震（☳）为雷、为动、为大声。合则为气管、呼吸道、胸［乾（☰）为胸］部震动发声｝、咽炎［三至上爻"互"归妹（䷵）卦。其中下卦兑（☱）为咽喉。上卦震（☳）为疼］等病症。筋骨壮了嘛。还能驱寒。驱内寒［下卦乾（☰）为寒］或下肢、关节之寒［下卦乾（☰）为寒、为骨节，为右下肢、为血管曲张弯曲］等。

中医的有些治疗方法，可以通过与其相对应的易卦中分析得出。往往许多的中医学道理也在卦里内涵着。有时你也会发现一些中医著作中，没有设及到的规律和原则，这些规律、原则可以通过对易卦的分析被挖掘出来。

以上就是易学思想在中医学中怎么来应用的部分例子。

当然，这里只是给大家简单的介绍了几种。也是为了借以给大家启发点思路。将来大家如果对研究中医有兴趣，想研究中国传统的中医学时，那么我劝大家，到时请将你们所掌握的易学知识，尽量运用到分析研究中医学理论与实践中去，那将会收到显而易见的效果。

这些就是易学思想在中医学中的某些应用。可以根据"甘草"、"甘草梢"、"甘草根"、"生甘草"、"炙甘草"的不同名字所起出的不同的卦，可以分析得知它们的药性、药味的特点及其异同。可以知道在什么情况下用"生甘草"、什么情况用"炙甘草"、什么情况用"甘草根"、什么病情用"甘草梢"、什么病况用"甘草"等等。它都有其很严格的对应性规律的。当你还没有掌握太多的中医、中药等这些知识的时候，没有系统的学习并掌握中医、中药等知识的时候，可以根据卦象所反映的辩证规律，只能是简单而大体的判断后，才能决定采取使用哪一种甘草。

现在就讲到这里。

主要讲的内容是：

在中医学中我们怎么来使用易学思想的分析方法。怎么用它诊病、怎么用它来治病、怎么用它来选择或开方子、怎么用它来确定针灸方案、如何用它来分析确定药性等等。当把中药方的这些"汤头"的规律掌握清楚之后，只要"汤头"方子的场（卦）与患者疾病的场（卦）共振（一样）了，那么经过一定的分析选择后，将其对应的方子抄录下来，就能治疗他（她）的疾病。

经络、穴位也是一样。只要经络、穴位的场（卦）与病人疾病场（卦）一样，就用这个对应的穴位进行治疗，也能收到较好的疗效。

为什么咱们要讲"法于阴阳，合于数术"呢？

因为在许多中医学著作乃至最经典的《内经》中，都在论述这方面的内容。至于如何来体现这个"法于阴阳，合于数术"的原则，当你在远古的一些中医著作中看到很多叫绝的方子（包括长沙马王堆汉墓中的某些方子）时，你就会明白的。因为，这些方子都是按这个原则进行配伍确定的。社会上一直都流传着形容好的中医大夫或所谓的神医，在治疗疾病的过程中是"针不过一两针，药不过两三味"。

如果你选择到治疗效果好的穴位时，千万不要忘记我们前面讲到过的。

任何一个穴位的周围还有一个对应的八卦分布。8 个卦分别分布在其穴位周围。不同的卦，对应表示不同的脏器、部位、经络等。还要将这些内容结合在一起考虑。再加上选择的卦（场）又与病人或病人疾病的卦（场）是一样的；再根据具体的针对性，可以去"针"。针在同一个穴位上，可以根据需要向不同的方向斜刺。借以沟通不同的脏器与部位。这样做疗效会更好。如果，再加上"子午流注"规律的运用，将其最佳的治疗时机把握住，我相信一定能达到速捷性的疗效。

甚至可以不用针法。因为"针"时往往会伤气。干脆就在穴位上对应性轻轻地敲敲，也会达到一定的效果。但是敲的时候，要让病人安静下来；尽量不要有什么其他的杂念想法。像前面举的例子所说的一样，要有信心。敲完后，他也就不太喘了。

当人的情绪不安定或思想境界肮脏不健康时，所施放出来的信息场也是紊乱和肮脏的。这些干扰场都是对人身体的健康不利的。不但不能用于治疗，如果用于治疗还能致伤。为什么说，要求中医大夫也好、气功医师也好，心地都要善良，要与人为善。就是这个道理（心平气和，场的稳定性好，抗干扰能力强）。保证他（她）自身的场（人体场、气场）始终都是温温柔柔、热乎乎、潮乎乎（元气的特性）的那么一种平衡稳定的场状态。这种场进入人体之后，到哪里就会对那里起到调治作用。不会产生任何副作用性的干扰因素。

第七节　易学象数理论在医学临床中的应用（论文）

张延生　张静　靳少敏

我们的祖先通过长期的实践和内省，总结出了一套对世间万物相互关系及演化规律进行表述的完整的符号系统。这就是易学中的易卦系统。其中的易学"象数理论"是先哲们取浅近事物为例，仰观俯察、远取近取总结出的一种"类万物之情、通神明之德"的表述方法。人们熟知的"八卦"，可以看做是事物存在的最基本的八种形式（按先代物理学知识也可称之谓八种"场"）；其再相互排列组合成六十四卦，这又可以看做是事物存在的六十四种状态、范畴、结构、形象、环境、条件等等。通过它们即可对事物作出准确的定位，又可分析它的左邻右舍过去、现在及将来等结果与趋势。现在的"二进制"计算机曾从中得到重要的启示，很多现代科学家称其为"宇宙数学"系统。

"不研易，不可为良医。""不研易，不足以言太医。"这说明中医学是在《周易》博大精深的思想体系中生根、发芽、开花、结果，又在几千年实践中逐渐发展和完整的。今天的中医学已自成体系，成为人类医学知识宝库中的一颗耀灿的明珠。她的"天人地"合一的理论，为今天的整体免疫学、"环境生物学"、"环境心理学"、"环境生理学"等医学理论与实践提供了很简捷的思路。

易理对中医各学派的理论和临床都有着显而易见的重要影响。我国自成体系的中医学基础理论，如"阴阳学说"、"五行学说"、"气学说"、"脏象学说"等莫不源于易学"象数理论"，而且通过大量的医学临床实践认识到：易学体系不仅为中医学提供了理论框架，也可以在指导诊治具体的病例中应用并取得良好的实际效果。

下面分别从按摩、气功、针灸、方剂等方面举例论述。

一、按摩、气功临床治疗方面的应用

1. 按"六爻比例对应关系"在患者肢体上选取疾患的对应部位及区域进行治疗。

2. 按"卦象取意"及易学"同声相应、同气相求"的理论，运用医生及患者的意念及暗示活动，将"病气"转移到周围相类似的物质中。

3. 根据辨证诊断的结果，按"上古之人，其知道者，法于阴阳，合于数术"之理，在手法上运用特定的方向、方式及次数。以合于"河图"及"先天八卦"的相应数术。

4. 用卦象辨证诊断结果，寻找与其诊断结果相对应的物体（如：门窗、桌椅、手表、钟表、金属健身球、打火机、电冰箱、电视机、电话、收录机、树木花草、手电筒、各种食物等等），加强治疗效果。

张ＸＸ　男　1岁6个月

患流行性感冒3天，高热达39.8℃。倦怠、瞌睡，恶寒发热，不思饮食。曾口服及静脉注射抗菌素 3 日，未见明显效果。

按中医辨证：此属外寒里热型感冒。

按易卦理论：此为天火同人卦（䷌）。此卦象也是外有寒里有热的状态。当时患儿室中正有白炽电灯。灯泡外面是玻璃制品，为乾卦（☰），为同人卦（䷌）的上半部分，灯泡内有热，为火、为离卦（☲）。是同人卦（䷌）的下半部分。按"同气相求"原则其正合患儿内热外寒之病象。因此采用意念及手势驱病气入电灯泡中。按中医："法于阴阳，合于数术"之法则，手势挥动 18 次，以合（肺经）兑（☱）2 卦象之数。

治疗后患儿当即体温正常，从其父亲怀抱中挣脱下地玩耍。夜间睡眠良好。第二天早上体温、饮食均为正常，能去幼儿园了。

帕姆（英籍专家）　女　39 岁

一个月前持续发烧，全身关节剧痛。到中日友好医院就诊，排除风湿病，予对症治疗。就诊时双侧肩关节及膝关节疼痛、恶热。

按中医辨证：此属痛痹证，治疗为散寒止痛。

按易学理论此乃外热内寒之病象。故用冰箱将寒引出。因冰箱特性也是火天大有卦（䷍），与其病的卦象相同。按易学"同气相求"理论治之。结果关节痛很快消失，但又出现肌肉疼痛。说明内病已愈，已成内热外寒之症。按中医脾主肌肉，当属坤卦（☷）之主。坤数为 8。故将病气排入电视机中，"火生土"。电视机，外面荧光屏为玻璃制品，当属乾卦（☰）所主；收视节目画面当属离卦（☲）所主。"离者丽也，明也。"故打开的电视机应为天火同人卦（☲），与其病象相符。因此经三次治疗后患者疼痛全部消失，并且到此论文完成时未再复发。

吴XX　男　26岁

右侧偏头痛一周，针灸治疗及服用止痛片均无效果。

中医辨证：肝阳上亢。治法为清潜肝阳。

按易学"河图"中"天三生木，地八成之"之数，用课桌的方木腿，按顺时针转3圈，逆时针转8圈为一组。共进行20组。使其合于震（☳）肝木之4数。转动之后，将木棍交给患者。令其双手握住，5分钟后患者称头痛完全消失。以后再也没有发作过。

马XX　男　41岁

双腿内（左、右、后）3侧，出现红色丘疹两个月。经西医皮肤科诊断为过敏性皮炎。经中西医治疗两个月有余，均未见效。

按中医辨证：脾经湿热。治疗应以清热祛湿辅以便脾。

因患者住得很远不能来就诊，故采用遥治方法。在进入"功能态"时，将患者成像于意念之中。想像用双眼按摩患者背部脊柱双侧的"脾俞"穴，按"河图"之数，"天五生土，地十成之"之数，向外旋转5圈，向内旋转10圈为一组。反复进行18组。皮肤属肺经之主（"肺主皮毛"）。肺为兑（☱）"金"。而补脾"土"就能生"金"。"金"生则皮肤病自愈。

患者3天后，丘疹全部消失，再未复发。

金ＸＸ　男　37岁

左侧扁桃体烫伤后化脓两个月。形成一分钱硬币大小的溃疡。曾服中药、西药无效。已与医院约定91年2月22日做扁桃体摘除手术。

扁桃体脓肿呈丘状，卦象属艮（☶）象。其象又为棕色。方向为东北方。2月14日打电话与他联系时，他正参加"春节联欢会"。痛说自己既不能吃又不能说唱——感到很没趣。故马上通过电话请他面朝东北，左手［为震（☳）"木"主痛之象］拿一块棕色巧克力糖，用意念想像病气从咽部逐渐排到巧克力糖中。5分钟后患者在咽口水时，咽喉已不觉疼痛。3日后脓肿消退痊愈，免除了手术治疗。

黄ＸＸ　男　37岁

长期以来，饭前饭后均有胃痛发作。来就诊时，疼痛较重，已持续一周。服中、西药均无效果。

按中医辩证：脾胃虚寒。治疗应采用温脾便胃，散寒止痛。

按易学理论，胃为艮（☶）卦所主。艮为石。故取一卵石，置于患者胃部片刻。意念想像将痛气由胃导入于卵石之中，（石象为"土"，胃亦属"土"。"同气相求"）。又让患者伸出右侧小臂，将其分为6等份。取其腕关节向肘关节6分之3正中处（合六爻卦中第四爻。四爻为腹胃部对应区）。用拇指按压旋转。顺时针（往左）旋转5次，逆时针（往右）旋转10次（合于"何图"中"天五生土，地十成之"之数）为一组。共进行15组，合其艮（☶）卦之数。10钟后，疼痛停止。次日后电话随访，未复发至今。

蒂蒂（英籍） 男 二个半月

出生后头部即发生少量湿疹，逐渐加重。就诊见头部，阴囊周围及腹股沟内均密布鲜红色的湿疹。且患儿烦燥不安。其母诉，曾使用国外带来的药，无效。（至就诊时未停用外用药）。

中医辩证：脾经湿热，清热利湿，辅以健脾。

故点穴按摩耳穴"荨麻疹"区，"肩髃"穴及背部俞穴等穴。因脾湿卦象为坤（☷）。属"土"（数为 8），故从患儿头部向地面方向排赶病气（24 次），以求达"同气相求"之目的。经 3 次治疗后复诊。头部全愈，但腹股沟内侧湿疹未消。说明脾阴不足，除前述点穴按摩及按象数驱赶病气外，还加上用补法，点按双侧"血海"穴、"三阴交"穴。并引地气（坤"土"相求）入穴位。又经两次治疗（共 5 次）湿疹全部消失。

二、针灸临床方面的应用

根据经络及穴位的名称，先将其所有的经络及穴位编排成相对应的六十四卦及八经卦卦形。

1. 按易学辨证诊断结果，选取与其诊断结果相同卦形的经络及穴位进行治疗。这是根据"同气相求"的原则进行的。

2. 在手法上，根据"法于阴阳、合于数术"的原则（除了应用针灸理论中"提、插、捻、转；迎、随、补、泻"等中医原则外），合于"河图"及先天八卦之方位和比例次数。在"行针"时间上，也力图合于此数。

3. 根据辨证诊断结果及"同气相求"的原则，使用不同物质及结构形状的针（如：金针、银针、钢针、铜针、玉针、竹针、木针、石针等不同物质构成的针；针形上除一般针灸用的毫针、寸针、长针等以外，可有方形针、扁形针、圆形针、椭圆形针、弧形针、菱形针、多头针等；也可在针头上作文章，制成圆头针、尖头锐针、尖头钝针、方头针、双头针、菱头针、球形头针，扁平头针等），加速治疗效果。

赵ⅩⅩ 男 57岁

患者患慢性气管炎20年。1989年1月23日下午6点来就诊时，喘咳已甚为严重。据患者及家属主述，此喘咳已一年有余。昼轻夜重，夜不能卧。晚上只有坐着俯被而睡，已年余。经中西医治疗，均无见效，非常痛苦。诊断发现其还伴有低烧，乏力，胃纳差等。

当时以患者姓名得（☷☶）谦卦。酉时就诊，变卦后得明夷（☷☲）卦。根据"同气相求"、"合于数术"之原则，选取与明夷卦相同及有关的穴位5对，以应喘咳〔喘为进退、为风，故为巽卦（☴），其"先天八卦"数为5，其属"木"性〕之数。

5对穴位即：

"足三里"。其卦形合于明夷卦（☷☲）；

"外关"。为既济卦（☵☲）。应明夷卦（☷☲）初至四爻的连互卦形；

"足临泣"。为师卦（☷☵）。应明夷卦（☷☲）二至上爻的连互卦形；

"列缺"。为复卦（☷☳）。应明夷卦（☷☲）三至上爻的连互卦象；

"丰隆"。为丰卦（☳☲）。应明夷卦（☷☲）初至五爻的连互卦象。虽"丰隆"为小过卦（☳），但小过下卦艮（☶）为大离之象颐卦（☲）的上卦；据"半象"理论，为离卦（☲）之上半部分；"丰隆"穴总卦形也为离卦（☲），故而也能相应。

治疗方法：令其家属协助用梅花针［其卦应肺喘天风姤卦（☰），其旁通为复（☷）卦］，在当晚亥时（以亥"水"生巽"木"，加强疗效），在以上的穴位上，每穴扣打 5 分钟（以应巽喘之 5 数）。共扣打 50 分钟（应巽 5 数及兑 2 之肺"金"）。扣打完毕，当时喘咳即止，

当晚得卧而息。第二天，仍有少许喘咳。随嘱家属每晚继续用上法扣打。六日后全愈，停止扣打。至今无再犯。连 20 年的慢性气管炎也治愈了。

另有，在北京 3×× 医院偏瘫门诊部，用易卦对应治疗偏瘫患者，原来经过气功，中西医针灸、服药，体疗等方法综合治疗，4 个月才能下地的患者，现在同样患者用易卦对应治疗只需 13 到 14 天就能下地了。现在他们正在总结 3 年来的临床经验。下面从方药方面举例论述。

三、方剂临床治疗方面的应用

先将所有的汤剂（一般多用"汤头"）排成相应的六十四卦及八经卦的卦形；将每位中药名也排成相应的六十四卦及八经卦卦形。

1. 根据易学诊断结果，选取与其诊断结果相同（"汤头"卦形相同）的方剂或中药进行治疗。

2. 根据"法于阴阳，合于数术"的原则，在药位数的运用及

份量、数量的多少上，力求能合于其诊断的数术。

3."按六爻比例关系"理论，选取与人体比例相对应的动植物、矿物等药物进行治疗。

孙×× 女 52岁

患者患肝硬化腹水，经西医治疗，效果不明显。1990年10月12日下午7时去医院为其会诊时，又出现咯血，腹部胀满难忍，肢体均肿胀等症。欲试中医治疗。

去医院会诊时，见病房号为107，随即以房号取卦，即遁卦（☰☶）。又是下午戌时。变卦为同人卦（☰☲）。根据"同气相求"原则，选取"小柴胡汤"（同人卦）为主方，配以茯苓〔合于卦数4，应震卦（☳），震卦对应于肝，其又有利水作用〕、芍药〔应乾为天卦（☰），"乾为金"，故也应其肝硬化；乾"金"克震"木"，又有泻肝火作用。且其数与茯苓数合为坎卦（☵）所主，正与去水目的相合〕。

服药两日后，腹水胀满大减。随嘱继续服本药直至腹水完全消退为止。4日后腹水完全消退，再无腹胀。

下面就中药与易卦的对应关系及使用上做些说明。

《内经》言："人与天地相应"。《神农本草经》云："药与天地人相应"。其法《周易》之象，将三百六十五种中药，分为上中下三品，以应天地人"三才"。

《神农本草经》曰：

"上品药一百二十种为君，主养命以应天。无毒，多服久服不伤人。

中品药一百二十种为臣，主养性以应人。无毒有毒，斟酌其宜。

下品药一百二十五种为佐使，主治病以应地。多毒，不可久服。

三品合三百六十五种，法三百六十五度，一度应一日，以成一岁。"

综观之，"上品药，法万物生荣之时，有延年、轻身、益气之功，故曰应天。如：人参、白术、甘草、黄芪等。"《本草经解》曰："黄芪气微温，禀天春升少阳之气，入足少阳胆经，手少阳三焦经，味甘无毒；禀地和平之土味，入足太阴脾经。气味俱升，阳也。"

"中品药，法万物成熟之时，疗病之辞渐深，轻身之说稍簿，祛患为速，延年为缓，故曰应人。如：当归、川芎、杏仁、芍药等"。

"下品药，法万物枯藏之时，专主攻击、毒烈之气，倾损中和，不可常服，疾愈即止。地体收杀，故曰应地。如：附子、半夏、大黄等。"

中药的地道药材，也无不与易卦有关。如巽主风，主春温之气。湖北蕲州当为巽（☴）之下爻。此地风气柔和、温而不烈，故蕲艾、蕲蛇为治风之妙药。巽（☴）为蛇、为风、为气，故巽之分野处多产蛇、艾。所以，蕲蛇、蕲艾独得风气之和，治风为上。再如：地黄色正黄，产于河南中坤地，秉"中央土"之正气。蒸晒后则变为黑色［转为坤（☷）二之黑］。人身脾为太阴坤（☷）"土"，地黄为补阴之要药，味甘益脾，脾血润，则运行不滞。女为阴，故"四物汤"用地黄滋肾补血，以养胞宫为君。故河南怀庆地黄入药为胜。

药物治疗上也合于卦象之说。如荷藕中空，为离（☲）象。生出荷叶，其形仰盂，即先天离（☲）卦（位）变为后天震（☳）卦（位）。其叶又在最上层。"清震汤""治雷头风症，头面疙瘩肿痛、恶寒发热，状如伤寒，病在三阳，不可用寒药重剂，急用荷叶一枚、升麻五钱、苍术五钱，水煎温服。"此因震（☳）为肝，主痛，为向上发展之事物。震又为"雷"，故名。句中"三阳"，即乾（☰）卦。乾为头（在人体最上头），荷叶也在莲藕之最上头。震"木"又为"风"。故能治肝阳上亢头风内动之头痛。

实际在临床治疗中，利用易理的"爻位"之对应理论选取药物治疗的疗效也是显而易见的。

比如，就人身自下而上而言。

足至膝为初爻；

膝至股，为二爻；

股至脐（小腹），为三爻；

脐至膈，为四爻；

膈至颈下（胸胁），为五爻；

项颈至头顶，为上爻。

那么，以对应的中药划分：

根为下爻；

梗为二爻；

茎为三爻；

枝为四爻；

叶为五爻；

花实为上爻。

故"牛膝"入土甚深，似卦之初爻。所以有"下达治胫"的功效。

"续断"是草根。入土不深，当应于二、三爻。所以，能"治腿膝腰股之病"。

"厚朴"是树身之皮。树身相应于三、四爻。故能"理中焦之气"。

"积壳"是果实。对应于五爻。故具"治胸中之气"之作用。"杏仁"也如此。

"荆芥穗"、"菊花"系草之颠未，对应于上爻。故能"治头目之疾"。

除以上多种方法及原则外，还可以：

1、利用颜色、方位、"五行"及脏腑的对应关系；利用"环境生理学"、"环境心理学"、"环境生物学"的原理，通过利用患者的居室朝向、床位、桌椅、室内装饰布局等，还有调整患者、医生的衣着颜色、质地、造形及在房屋内装饰各种颜色、造型等，起到脏腑生克制化、补泻等调整作用及做为辅助治疗措施。

2、利用"同声相应"的原理，选用不同音调的音乐、乐器、金属、木器等发声物所发出的声音与诊断结果相对应治疗，加强治疗效果。

3、患者意念活动应与医生的要求相配合。

薛XX 女 67岁

频繁呃逆20余年，近日进食后胃脘胀痛，中西医治疗均无效。

按中医辨证：为脾肾阳虚，经脉不通。气沿冲脉上行，虚气上逆。

　　治疗应补益脾肾，和胃降逆。先疏通经脉，顺次点按"脾俞"，"胃俞"、"肾俞"、"大肠俞"、"足三里"，然后左手食指点按"膻中穴"，右手食指点"中脘穴"，默想气从"膻中"下行至"中脘"。当右手食指下有跳动感时，说明此段经络已经"意到气通"。再从"中脘"至"关元"按上法接通气息。至使患者"任脉"全部通畅。

　　然后，以意念引电灯光（取其"火"象。"火"生"土"）入患者身体，循经脉由上至下行，共24次［合脾腹之"土"，为坤卦（☷）之数］。根据易经"同声相应"的道理，又取金属健身球（取其"金"性，"金"生"水"以补肾）摇动发出高低不同之音。低音4响，高音9响（合于"河图"的"地四生金，天九成之"）为一组。反复进行17组［合乾卦（☰），以"金"来生"水"之数］。治疗后，并嘱患者再发生呃逆时意念集中到"照海穴"。

　仅一次治疗后，即使患者20余年的频繁呃逆基本消失。后虽偶有发作，只要意想"照海穴"即能止住。

刘ＸＸ　男　46岁

　　从92年"大雪"节气这一天，腰左侧突然痛疼至12月17日（10多天）。经过中西医多方治疗，均无效果。

　　按中医辨证：为寒痹症。

　　按易理诊断治疗，腰为肾、为坎（☵）、痛为震（☳），为肝经所主。应以坎"水"生震"木"。左腰痛，应为震（☳）卦所主。震为雷、为动。"同声相应"，用"音频法"治疗。选用小提琴。弹高音弦弹一下，低音弦弹两下。重复一次为一组。反复弹拨 20 组以应震卦之 4 数。患者初听音时，感到脚冷，然后阑尾处痛了 3 下，随后腰痛即止，只是稍有疲劳感。

张XX　女　37岁

右侧下颌关节处痛疼 3 日。咀嚼时更甚，不能用力，也不能张大牙关。用手揉患处，痛疼难忍。无其他症状。

中医辩证：受寒后经络阻滞。

"不通，则痛。"按易理右下颌为乾（☰）卦所主。痛为震（☳）卦所主。寒为乾卦所主，乾为金，为圆。故让患者 11 岁小女取金属健身球一对。按"同气相求"之理令其摇高音球一下，低音球两下以应震卦（☳）。患者用意念与其配合，想像自己进入到金属球里边。反复 19 次，以"金"克震"木"。痛疼全部消失。用手揉按患处，仍有稍稍酸痛感觉。第二天，患者又有点酸痛的感觉。照前法治疗，痛疼全部消失。以后再也未复发。

江XX　女　48岁

近三四年，每年到秋季天气转凉时就胃痛。中西药如"胃得乐"、"胃泄气"、"胃舒乐"、"三九胃泰"分别长期服用，均无显效。11 月 20 日再作胃镜检查，确诊为浅表性胃炎。医主以"得乐冲剂"治疗。服后仍无效果。人还怕冷，胃痛、胀气、胸闷、气喘、大便不通畅、多梦、精神不振。

中医诊断，为肝"木"克脾胃之"土"所至。应泻肝火补脾胃中气。

因为患者的内外衣，无论春夏秋冬，单衣、毛衣、毛背心、棉衣等，均是以绿色为主。其家居中，窗帘、被罩、床罩等也都是绿色的。按易理绿色为震（☳）卦所主。震为肝，为痛。胃为艮（☶）"土"。此病乃肝"木"太旺克胃"土"所至。故建议家中，以红色为主。服饰等也适当增加红、黄颜色。以离"火"生脾"土"，以消肝火（"木"生"火"而泻弱），以离"火"增加胃"土"之气。家居换掉绿色，改用红色为主。3日后，胃痛消失，大便通畅，多梦也消失。现在人也感到身轻气足，精力旺盛了。

讨　论

从1989年1月至1993年12月间，用上述方法治疗或者辅助治疗数百名患者，其中300名病历记载完整者总结如下。

1、性别：

男130人，女170人。

2、年龄：

1个半月至82岁。

3、疾患：

即有头、关节、胸腹脏器痛疼等为主诉证状的病变，也有湿疹、过敏性皮炎、呃逆、血液病、肝病、心脏病、鼻炎、各种感冒、风湿病等有明显客观表现及指标的病变。

4、疗效：

有效者30例，占10%。显效者80例，占27%，全愈者190例，占63%。

中医对易学"象数理论"的运用已达到非常深邃的程度。但其发源却是先人对自身与周围事物的密切联系的长期观察、内省、参悟。如果我们把注意力完全集中在大量事实中提炼抽象出的理论、词句、概念之上，而对身边无时不在的种种现象视而不见或将其视为糟粕的原料而不屑一顾，无疑将失去很多宝贵的东西。作为临床中医及气功医生，我们更是深刻地感受到这一点。

为此我们在张延生老师指导下，从87年开始探讨直接运用象数于临床实践。如前所述，我们运用了直接接触（按摩、点穴）、意念转移（包括医师的意念和患者的意念两方面。实践表明患者参与意念活动时治疗效果会更好）、针灸、方药、音频振动方法，使患者与特定的事物（同声相应，同气相求的类似事物）之间建立联系，并以特定的数字组合将"病气"由前者向后者转输，取得了显著的效果。由于是对患者直接进行的临床实践，我们尚不能排除心理因素的作用和患者同时接受其它治疗效果的干扰作用。但请注意到患者中有的是婴幼儿，有的是文化背景与国人有很大差异的外籍专家，对他们取得的疗效就很难完全用心理作用来解释了。

关于意念的作用，以往常被作为一个禁区，生怕陷入唯心主义的泥潭。但近年的研究已证明，脑是物质的，思维及信息的传递就是一连串物理、电与化学活动。因而也是物质的。"意念的致动"、"超时空传递"、"超心理学"等现象，虽然还无法用现有的科学理论加以解释，却是不容怀疑的客观事实。目前，利用气功方法调节自身的功能或由训练有素的气功师发放外气治疗患者疾病的方法，已经得到较普遍的应用。我们在此基础上提出用易学"象数理论"来强调突出人体特定部位、特定疾患与外界特定事物的内在联系，就可能使驱除疾病的过程在较少阻力干扰，耗费较少能量的状态下进行。从而也就能在更广泛的人群中应用。

　　此论文 1994 年 9 月曾在马来西亚基隆波举行的"第十一届国际易学大会"、"首届中美'易医学'学术研讨会"等国际、国内易学大会上，多次得到"优秀论文奖"及好评。

致　歉

　　本书自 1997 年开始分工整理录音，出手抄初稿、再反复分隔组成正式手写书稿、即而又录入成电脑格式稿、又经过多次复议及，反复校对与改动等过程，已 7 年有余。这些工作是既繁琐又辛苦的，但是热爱与热心支持"易学"及"易学象数学"这门学问的同道们，为了始终都能保持这些学问的相对性、统一性、概括性、推演性、科学性与实用性，在整理、修正这本书的过程中，大家总是认真、细致、耐心地对待这项大家认为很有意义的工作。历经 7 年的努力，今日总算是有了胜利的果实。虽然我是作者，但是如果没有靳少敏学员、沈昕小姐、沈乃新先生、张辉女士及陈抗美女士等人的大力协助，此书绝达不到现在这么精美与合理。故而我也应与以上诸位共同来分享这份胜利的果实。可是，由于出版此书时的疏忽，却忘记对这些先生、女士、小姐们的功劳与辛苦予以真诚的谢意。在此本作者公开地对以上诸位深表歉意！以示作者本人内心的歉疚与真诚的悔改之意。

　　真对不起！

　　谢谢诸位的支持！

张延生

2004 年 9 月 28 日

　　本书只是对易学应用基础知识的传播做了初步的尝试。其目标主要是针对易学初学及爱好者而言。不完整、不完善、不全面的地方，望广大读者给以建设性的斧正。

　　本书能顺利再版，在此，我对团结出版社，及废寝忘食整理修订书稿的徐孚恩先生致以崇高的敬意！

2021 年 4 月于北京

现代易经讲课实录